# STEPHEN HAWKING

Michael White
& John Gribbin

# STEPHEN HAWKING

Tradução de
RYTA VINAGRE

Revisão técnica de
ALFREDO SOTTO

EDITORA RECORD
RIO DE JANEIRO • SÃO PAULO
2005

CIP-Brasil. Catalogação-na-fonte
Sindicato Nacional dos Editores de Livros, RJ.

White, Michael, 1959-
W586s Stephen Hawking: uma vida para a ciência / Michael White, John Gribbin; tradução Ryta Vinagre. – Rio de Janeiro: Record, 2005.

Tradução de: Stephen Hawking: a life in science
Inclui bibliografia
ISBN 85-01-06984-1

1. Hawking, S. W. (Stephen W.), 1942- . 2. Astrofísica. 3. Físicos – Grã-Bretanha – Biografia. I. Gribbin, John R. II. Título.

CDD – 925.3
05-1918 CDU – 929:53

Título original em inglês:
STEPHEN HAWKING: A LIFE IN SCIENCE



Direitos exclusivos de publicação em língua portuguesa para o Brasil adquiridos pela
DISTRIBUIDORA RECORD DE SERVIÇOS DE IMPRENSA S.A.
Rua Argentina 171 – Rio de Janeiro, RJ – 20921-380 – Tel.: 2585-2000
que se reserva a propriedade literária desta tradução

Impresso no Brasil

ISBN 85-01-06984-1

PEDIDOS PELO REEMBOLSO POSTAL
Caixa Postal 23.052
Rio de Janeiro, RJ – 20922-970

EDITORA AFILIADA

# Sumário

# Prefácio

Doze horas depois de Stephen Hawking sofrer um pequeno acidente de carro no centro da cidade de Cambridge em 1991, as redes de TV americanas estavam ao telefone conversando com sua editora, a Bantam, para apurar a história. Pouco importava que ele tivesse sofrido apenas ferimentos leves e estivesse de volta a sua mesa dias depois. Qualquer coisa sobre Stephen Hawking merecia ganhar os noticiários. Isso jamais teria acontecido a qualquer outro cientista do mundo. Embora os físicos sejam considerados meio diferentes das outras pessoas, existindo fora dos padrões normais da vida humana, não há cientista vivo tão famoso quanto Stephen Hawking.

Mas Stephen Hawking não é um cientista comum. Seu livro *Uma breve história do tempo* vendeu milhões de exemplares em todo o mundo — estatísticas do mercado editorial que em geral estão associadas a obras de Jeffrey Archer e Stephen King. O mais surpreendente é que o livro de Hawking trata de um tema tão distante da leitura normal de cabeceira que a perspectiva de lidar com seu texto deixaria em crise o leitor médio. Entretanto, como todos sabem, o livro do professor Hawking foi um enorme sucesso e ficou conhecido em todo o mundo. De alguma maneira ele conseguiu superar o preconceito e transmitir suas teorias esotéricas diretamente ao leitor leigo.

Mas a história de Stephen Hawking não começa nem termina com *Uma breve história do tempo*. Antes de tudo, ele é um cientista muito sofisticado. Na verdade, ele já estava na vanguarda da física teórica muito tempo antes de o público sequer saber de sua existência. Sua carreira como cientista teve início há mais de trinta anos, quando começou a se dedicar à pesquisa cosmológica na Universidade de Cambridge.

Durante esses trinta anos, ele talvez tenha feito mais que qualquer outro para que compreendêssemos melhor o Universo. Seu trabalho teórico sobre os buracos negros e seu sucesso em promover nossa compreensão da origem e da natureza do universo foram inovadores e com freqüência revolucionários.

Enquanto sua carreira decolava, para a maioria das pessoas sua vida doméstica era tão estranha quanto seu trabalho. Aos 21 anos, Hawking descobriu que tinha a doença degenerativa ELA, esclerose lateral amiotrófica, também chamada de doença do neurônio motor, e ele passou grande parte de sua vida confinado a uma cadeira de rodas. Mas Hawking não permitiu que sua doença servisse de obstáculo a seu desenvolvimento científico. Na verdade, muitos afirmariam que o fato de estar livre das tarefas rotineiras da vida permitiram-lhe fazer um progresso ainda maior do que se fosse fisicamente capaz. Ele alcançou a fama global como divulgador da ciência com seu livro de vendas multimilionárias e mais recentemente uma série de tevê da BBC, *O Universo de Stephen Hawking*, enquanto mantinha uma carreira dinâmica na física.

Stephen Hawking não gosta de dar demasiado destaque a suas limitações, muito menos a sua vida pessoal. Em vez disso quer que as pessoas o vejam antes de tudo como cientista, em segundo lugar como divulgador de ciência e, em todos os aspectos, como um ser humano normal com os mesmos desejos, impulsos, sonhos e ambições de todos. Neste livro fizemos o máximo para respeitar sua vontade e nos empenhamos em retratar um homem com uma profusão de talentos, mas, apesar disso, um homem como qualquer outro.

Tentamos descrever a obra do professor Stephen Hawking e a vida do homem por trás da ciência, e esperamos que o leitor possa ver as duas coisas de diferentes perspectivas. Embora haja coincidências inevitáveis nas histórias, esperamos que o livro ajude a dar um contexto humano à ciência — e que ajude a mostrar que, para Stephen Hawking, ciência e vida são inextricavelmente ligadas.

Michael White, Perth
John Gribbin, Lewes
Setembro de 2002

# Agradecimentos

Gostaríamos de agradecer a várias pessoas que, por um motivo ou outro, ajudaram a fazer com que este livro se tornasse realidade: Mark Barty-King, Dr. Robert Berman, Maureen Berman, Roberta Bernstein, a equipe da Biblioteca da cidade de Cambridge, Prof. Brandon Carter, Marcus Chown, Michael Church, Virgil Clarke, Sami Cohen, Dr. Kevin Davies, Prof. Paul Davies, Sue Davies, Fischer Dilke, Norman Dix, Dra. Fay Dowker, Prof. George Efstathiou, Prof. George Ellis, Peter Guzzardi, Prof. Edward Harrison, Prof. Stephen Hawking, David Hickman, Chris Holifield, Prof. Maurice Jacob, Dr. David Lindley, Shirley MacLaine, Dr. John McClenahan, Ravi Mirchandani, Dr. Simon Mitton, Dr. Joseph Needham, Prof. Don Page, Murray Pollinger, coronel Geoffrey Pryke, Prof. Abdus Salam, Prof. David Schramm, Prof. Dennis Sciama, Lydia Sciama, Prof. Paul Steinhardt, Rodney Tibbs, Prof. Michael Turner, Dr. Tanmay Vachaspati, Prof. Alex Vilenkin, Lisa Whitaker e Nigel Wood-Smith.

# 1

# O dia em que Galileu morreu

Em um sofisticado restaurante perto do centro de Cambridge, 12 jovens, homens e mulheres, sentavam-se em torno de uma grande mesa coberta por uma toalha de linho com seus copos, pratos e talheres. De um lado está um homem em uma cadeira de rodas. É o mais velho de todos. Ele parece terrivelmente frágil, quase completamente murcho, afundado sem nenhum movimento e aparentemente sem vida na almofada preta de sua cadeira de rodas. Suas mãos, magras e pálidas, com dedos finos, repousam em seu colo. No meio de sua garganta rija, bem abaixo do colarinho de sua camisa aberta no pescoço, está um dispositivo plástico de respiração de cerca de cinco centímetros de diâmetro. Mas, apesar de suas limitações físicas, seu rosto é alegre e jovial, os cabelos castanhos caprichosamente penteados caindo na sobrancelha e somente as rugas sob seus olhos traem o fato de ser contemporâneo de Keith Richards e Donald Trump. Sua cabeça pende para a frente, mas por trás dos óculos de aros de aço seus olhos azul-claros estão atentos, ligeiramente erguidos para examinar os rostos que o cercam. A seu lado está uma enfermeira, com a cadeira em ângulo voltada para ele, enquanto posiciona uma colher em seus lábios e o alimenta. De vez em quando ela limpa a boca dele com um guardanapo.

O clima no restaurante é animado. Em torno deste homem, os jovens riem e brincam, e de vez em quando voltam-se para ele ou lhe fazem uma observação irreverente. Um momento depois a balbúrdia de vozes humanas é cortada por um som áspero, uma voz metálica, como alguma coisa saída de *Guerra nas estrelas* — o homem na cadeira de rodas dá uma resposta que suscita um alarido de risos em toda a mesa. Seus olhos brilham, e o que foi descrito como "o maior sorriso do mundo" envolve todo o rosto. De repente podemos saber que este homem está vivo.

Quando os comensais começam o prato principal, há uma comoção na entrada do restaurante. Alguns minutos depois, o *maître* caminha para a mesa acompanhando uma ruiva sorridente em um casaco de peles falsas. Todos na mesa a encaram quando ela se aproxima, e há um ar de expectativa reprimida quando ela sorri e diz "Oi" à reunião. Parece muito mais nova do que realmente é e tem um enorme *glamour*, exagerado pelo desmazelo dos jovens à mesa. Somente o homem mais velho na cadeira de rodas está vestido com elegância, em um paletó simples e uma camisa cuidadosamente passada, sua enfermeira imaculadamente limpa atrás dele.

"Desculpem-me pelo atraso", diz ela à festa. "Furou o pneu do meu carro em Londres." Depois ela acrescenta, sorrindo: "Deve haver algum significado cósmico nisso!"

Os rostos voltam-se para ela e sorriem, e o homem na cadeira de rodas dá um largo sorriso. Ela contorna a mesa dirigindo-se a ele, enquanto a enfermeira permanece de lado. A mulher pára a dois passos da cadeira de rodas, agacha-se um pouco e diz, "Professor Hawking, estou encantada em conhecê-lo. Sou Shirley MacLaine". Ele sorri para ela e a voz metálica diz simplesmente: "Oi".

Durante o resto da refeição, Shirley MacLaine senta-se perto de seu anfitrião, importunando-o com uma série de perguntas, tentando descobrir sua opinião sobre temas que a preocupam profundamente. Ela tem interesse em metafísica e questões espirituais. Depois de ter conversado com homens veneráveis e mestres em todo o mundo, ela havia formulado suas próprias teorias sobre o significado da existência. Tem fortes crenças sobre o significado da vida e a razão de nossa existência aqui, a criação do Universo e a existência de Deus. Mas não são apenas crenças. O homem ao lado dela talvez seja o maior físico de nossa época, e suas teorias científicas tratam de questões como a origem do Universo, as leis que regem sua existência e o destino de tudo que foi criado —

inclusive você, eu e a Sra. Shirley MacLaine. Sua fama se espalhou por toda parte; seu nome é conhecido por milhões de pessoas em todo o mundo. Ela pergunta ao professor se ele acredita que haja um Deus que tenha criado o Universo e guia Sua criação. Ele sorri por um momento, e a voz de máquina diz: "Não".

O professor não foi grosseiro nem condescendente; seu modo de se expressar é apenas conciso. Cada palavra que ele diz deve ser cuidadosamente escolhida em um computador ligado a sua cadeira de rodas e operado por minúsculos movimentos de dois dedos de uma das mãos, praticamente o último vestígio de liberdade corporal que ele tem. Sua convidada aceita suas palavras e assente. O que ele está dizendo não é o que ela quer ouvir, e ela não concorda — mas tudo o que ela pode fazer é ouvir e tomar notas, porque, no mínimo, as opiniões dele têm de ser respeitadas.

Mais tarde, quando a refeição termina, a festa deixa o restaurante e volta ao Departamento de Matemática Aplicada e Física Teórica da universidade, e as duas celebridades ficam sozinhas com a sempre presente enfermeira na sala de estar do Prof. Hawking. Nas duas horas seguintes, até que o chá fosse servido na sala, a atriz de Hollywood faz ao professor uma pergunta após outra.

Na época de seu encontro, em dezembro de 1988, Shirley MacLaine havia conhecido muitas pessoas, de importantes a indignas. Várias vezes indicada ao Oscar e ganhadora de uma estatueta por sua interpretação em *Laços de ternura*, provavelmente seu nome era mais famoso que o de seu anfitrião. Mas sem dúvida seu encontro com Stephen Hawking permanecerá como um dos mais memoráveis de sua vida. Porque este homem, pesando não mais que 44 quilos e completamente paralisado, sem fala e incapaz de impedir que sua cabeça tombe para a frente, foi proclamado "herdeiro de Einstein", "o maior gênio do final do século XX", "a mente mais sofisticada entre os vivos" e até, por um jornalista, "Mestre do Universo". Ele fez inovações fundamentais na cosmologia e, talvez mais do que qualquer outro ser humano vivo, aumentou nossa compreensão do universo em que vivemos. Como se não bastasse, ganhou dezenas de prêmios científicos. Foi condecorado Comendador do Império Britânico, e depois

Companion of Honour da rainha Elizabeth II e escreveu um livro de divulgação científica, *Uma breve história do tempo*, que ficou na lista de best sellers por cinco anos, de 1988 a 1993, e até esta data vendeu mais de 10 milhões de exemplares no mundo todo.

Como tudo isso aconteceu? Como um homem com uma doença degenerativa progressiva combateu os danos de sua deficiência física, superando cada obstáculo em seu caminho para a vitória? Como conseguiu realizar muito mais do que a grande maioria das pessoas fisicamente capazes jamais sonharia?

Para os visitantes ocasionais, em janeiro de 1942 a cidade de Oxford pareceria ter mudado pouco desde a deflagração da Segunda Guerra Mundial, dois anos e meio antes. Somente com um exame mais atento eles teriam percebido as plataformas de artilharia em torno da cidade, a pintura de camuflagem fresca em cáqui e cinza-claro, as altas torres projetando-se das fábricas de carros em Cowley, a leste das agulhas de sonho, e os caminhões e transportes militares que periodicamente cruzavam a ponte Magdalen e rodavam ao longo da High, onde o gelo se fixava nas gárgulas de pedra.

Fora dali, no mundo, a guerra estava chegando a uma fase crucial. Um mês antes, em 7 de dezembro, os japoneses tinham atacado Pearl Harbor e os americanos aderiram à guerra. No leste, o exército soviético estava combatendo as tropas de Hitler na Criméia, realizando os primeiros movimentos que mais tarde precipitariam a completa derrocada de alemães e japoneses.

Todos os rádios da Grã-Bretanha estavam sintonizados em J. B. Priestley apresentando *Post-Scripts to the News*; havia Dr. Joad e Julian Huxley debatendo trivialidades e ciência primitiva no "Brains Trust"; e a "namoradinha" dos militares, Vera Lynn, entretinha as tropas no país e no exterior com "We'll Meet Again". Winston Churchill havia retornado de sua visita de Natal à América, onde discursara no Congresso e no Senado, incitando-os com citações de Lincoln e Washington e fazendo o sinal da vitória. A televisão era pouco mais que uma curiosidade de laboratório.

Talvez seja uma das esquisitices do acaso que o dia 8 de janeiro de 1942 tenha sido o aniversário de trezentos anos da morte de um dos maiores intelectuais da história, o cientista italiano Galileu Galilei, e o dia em que Stephen William Hawking nasceu em um mundo arrasado pela guerra e pela discórdia mundial. Mas, como assinala o próprio Hawking, cerca de 200 mil outros bebês nasceram naquele dia, então talvez não seja uma coincidência assim tão surpreendente.

A mãe de Stephen, Isobel, havia chegado a Oxford pouco antes do nascimento de seu filho. Ela morava com o marido Frank em Highgate, um subúrbio ao norte de Londres, mas eles haviam decidido que ela se mudaria para Oxford para ter o bebê. O motivo era simples. Highgate, junto com o resto de Londres e grande parte do sul da Inglaterra, estava sendo bombardeada pela *Luftwaffe* alemã noite após noite. Contudo, os governos antagônicos, em uma rara demonstração de equanimidade, concordaram que, se a Alemanha se abstivesse de bombardear Oxford e Cambridge, a Royal Air Force garantiria a paz nos céus de Heidelberg e Göttingen. Na verdade dizia-se que Hitler, quando sua conquista global imaginária se realizasse, destinava a Oxford o papel de possível capital do governo mundial e queria preservar seu esplendor arquitetônico.

Mas Frank e Isobel Hawking já haviam estado em Oxford antes — como estudantes. Ambos eram de famílias de classe média. O avô de Frank Hawking foi um bem-sucedido fazendeiro de Yorkshire, mas viu sua propriedade desaparecer na grande depressão da agricultura que se seguiu imediatamente à Primeira Guerra Mundial. Isobel, a segunda de sete filhos, descendia de um médico de Glasgow. Nenhuma das duas famílias podia arcar com as despesas de uma educação universitária sem fazer sacrifícios e, em uma idade em que pouquíssimas mulheres faziam um curso superior, ao contrário do que estamos acostumados agora, foi um extraordinário liberalismo da parte dos pais de Isobel que considerassem uma educação universitária para sua filha.

Seus caminhos nunca se cruzaram em Oxford, porque Frank Hawking esteve lá antes de sua futura esposa. Ele estudou medicina e especializou-se em doenças tropicais. A deflagração das hostilidades em 1939 o encontrou no leste da África estudando doenças endêmicas. Quando soube da guerra, decidiu voltar para a Europa, viajando por terra através do continente africano e depois por mar até a Inglaterra, com a intenção de se apresentar como voluntário para o serviço militar. Ao chegar em casa, porém, foi informado de que suas habilidades seriam muito mais úteis na pesquisa médica.

Depois de deixar Oxford, Isobel tropeçou em uma sucessão de empregos que detestava, inclusive um cargo de fiscal de renda. Deixando o trabalho apenas alguns meses depois, ela decidiu assumir o emprego para o qual era ridiculamente superqualificada — de secretária em um instituto de pesquisa médica. Foi ali que a vivaz e simpática Isobel, um tanto divertida com sua própria situação mas com os olhos voltados para um futuro mais significativo, conheceu o jovem pesquisador alto e tímido, recém-chegado de aventuras empolgantes em climas exóticos.

Quando Stephen tinha duas semanas de idade, Isobel Hawking o levou de volta a Londres e aos ataques militares. Eles quase perderam a vida quando Stephen tinha dois anos, quando um foguete V2 atingiu uma casa vizinha. Embora sua casa tivesse sido danificada, os Hawking saíram a tempo.

Depois da guerra, Frank Hawking foi nomeado chefe da Divisão de Parasitologia do Instituto Nacional de Pesquisa Médica. A família ficou na casa de Highgate até 1950, quando se mudou para uma grande casa irregular no número 14 da Hillside Road, 30 quilômetros ao norte, na cidade de St. Albans, em Hertfordshire.

St. Albans é uma cidade pequena dominada por sua catedral, cuja fundação pode ser datada de 303 d.C., quando Santo Albano foi martirizado e uma igreja foi erigida no local. Mas muito tempo antes os romanos perceberam a útil posição estratégica da região. Ali eles construíram a cidade de Verulamium, e é provável que a primeira igreja cristã tenha sido construída com as ruínas romanas deixadas para trás quando o império começou a se esfacelar e seus soldados voltaram para casa. Na década de 1950, St. Albans era uma típica cidade inglesa próspera e de classe média. Nas palavras de um dos colegas de escola de Hawking: "Era um lugar terrivelmente presunçoso, em franca ascensão, mas extremamente sufocante".

Hawking tinha oito anos quando a família chegou ali. Frank Hawking tinha um forte desejo de mandar Stephen para uma escola particular. Ele sempre acreditou que a formação em uma escola particular era essencial para uma carreira bem-sucedida. Muitas evidências apoiavam sua opinião: na década de 1950, a grande maioria dos membros do Parlamento havia desfrutado de educação privilegiada, e a maior parte das principais personalidades de instituições como a BBC, as forças armadas e as universidades do país tinha sido formada em escolas particulares. O próprio Dr. Hawking freqüentara uma pequena escola particular, e ele sentia que, mesmo com esta formação meio elitista, ainda era vítima do preconceito do *establishment*. Estava convencido de que foi este o motivo, além da falta de dinheiro de seus pais, de não ter conseguido maiores realizações em sua carreira, e de que outros menos capacitados, mas com hábitos sociais mais refinados, tinham passado à frente dele. Ele não queria que isso acontecesse com seu filho mais velho. Stephen, decidiu ele, seria mandado a Westminster, uma das melhores escolas do país.

Aos dez anos, o garoto foi inscrito para o exame de admissão na Westminster School. Embora seu pai estivesse se saindo bem na pesquisa médica, o salário de um cientista não bastava para cobrir as mensalidades de Westminster — estas coisas estavam reservadas aos filhos dos almirantes, políticos e capitães da indústria. Stephen tinha de ser admitido na escola por mérito acadêmico; ele teria então uma bolsa de estudos, pelo menos parcial. O dia do exame chegou, e Stephen adoeceu. Ele não deu entrada na inscrição, e conseqüentemente nunca obteve uma vaga em uma das melhores escolas da Inglaterra.

Decepcionado, o Dr. Hawking matriculou seu filho em uma escola particular local, a St. Albans School, reconhecida escola de religiosos, de excelência acadêmica, que tinha vínculos estreitos com a catedral, remontando, de acordo com alguns relatos, a 948 d.C. Situada no coração da cidade e perto da catedral, a St. Albans School tinha 600 meninos quando Stephen ali chegou em setembro de 1952. Cada série era classificada como A, B ou C, de acordo com a capacidade acadêmica. Cada menino passava cinco anos na escola principal, progredindo do primeiro para o quinto ano, e ao final deste período faria os exames para o Nível Básico (*Ordinary*, o Nível O) em um amplo leque de disciplinas; os meninos mais brilhantes prestavam exames em oito ou nove disciplinas. Em geral, os que se saíam bem no Nível O passavam aos Níveis A (Avançados), como preparação para a universidade dois anos depois.

Em 1952 havia em média três candidatos para cada vaga na St. Albans School e, como ocorria com a Westminster, cada candidato tinha de fazer um exame de admissão. Stephen estava bem preparado. Foi aprovado facilmente e, junto com outros noventa meninos, foi admitido na escola em 23 de setembro de 1952. As taxas eram de 51 guinéus (53,55 libras) por período.

A imagem de Stephen nesta época é a de um *nerd* com uniforme cinza e boina, como nas caricaturas das histórias de "Billy Bunter" e *Tom Brown's Schooldays*. Ele era excêntrico e desajeitado, magro e franzino. Seu uniforme escolar sempre parecia amarrotado e, de acordo com os amigos, ele tagarelava em vez de falar claramente, tendo herdado um leve ceceio de seu pai. Seus amigos batizaram seu modo de falar de "hawkinguês". Nada disso tinha a ver com qualquer sinal precoce de doença; era só aquele tipo de garoto — uma figura que divertia a turma, que sofria provocações e às vezes era atormentado pelos outros, respeitado em segredo por alguns, evitado pela maioria. Parece que na escola seus talentos eram motivo de controvérsia; quando tinha 12 anos, um de seus colegas apostou um saco de balas com outro que Stephen jamais chegaria a lugar nenhum. Como agora o próprio Hawking diz com modéstia: "Não sei se essa aposta foi paga e, se foi, de que forma foi decidida".[1]

Na terceira série, Stephen passou a ser considerado por seus professores um aluno brilhante, mas somente um pouco acima da média da turma mais avançada daquela série. Ele era parte de um pequeno grupo que estava sempre junto e tinha interesses iguais em seu trabalho e suas atividades. Havia a figura alta e bonita de Basil King, que parece ter sido o mais inteligente do grupo, leitor de Guy de Maupassant aos dez anos e apreciador de ópera enquanto ainda usava calças curtas. Depois havia John McClenahan, baixo, com cabelos castanhos escuros e um rosto redondo, que talvez tenha sido o melhor amigo de Stephen na época. O louro Bill Cleghorn era outro de um grupo que se completava com o ativo e artístico Roger Ferneyhaugh e um recém-chegado na terceira série, Michael Church. Juntos, eles formavam o núcleo dos mais inteligentes dos brilhantes alunos da turma 3A.

Sem dúvida este grupinho era composto dos garotos inteligentes de sua série. Todos ouviam o "Third Programme" da BBC no rádio, agora conhecido como Radio 3, que só tocava música clássica. Em vez de ouvir rock, que estava em seus primórdios, ou o mais recente *cool jazz* dos Estados Unidos, Mozart, Mahler e Beethoven vertiam de seus rádios para acompanhar a última revisão de física para a prova do dia seguinte ou o dever de casa de geografia que seria entregue pela manhã. Eles liam Kingsley Amis e Aldous Huxley, John Wyndham, C. S. Lewis e William Golding — os livros "inteligentes". A música pop, inadequada para sua classe e meio vulgar, estava do outro lado da "grande fronteira". Todos iam a concertos no Albert Hall. Alguns tocavam instrumentos, mas Stephen não era muito hábil com as mãos e nunca dominou um instrumento musical. Interesse ele tinha, mas não conseguiu progredir além dos rudimentos, motivo de grande pesar em toda a sua vida. O herói do grupo era Bertrand Russell, ao mesmo tempo gigante intelectual e militante liberal.

A St. Albans School gabava-se com orgulho de um padrão intelectual muito alto, um fato reconhecido e apreciado pelos Hawking logo que Stephen começou ali. Em pouco tempo, esqueceram qualquer tristeza por ele não ter conseguido ingressar na Westminster. A St. Albans School era o ambiente perfeito para cultivar o talento natural.

Lembrado por todos e muito considerado na escola era Finlay, professor recém-saído da universidade que, à frente de seu tempo, gravava programas de rádio e os usava como pontos de partida para discussões em aula com a turma 3A. O tema ia do desarmamento nuclear ao controle de natalidade, incluindo qualquer coisa entre estes dois. Todos contam que ele teve um profundo efeito sobre o desenvolvimento intelectual de seus alunos de 13 anos, e suas aulas ainda são lembradas afetuosamente pelos jornalistas, escritores, médicos e cientistas que eles hoje se tornaram.

Sempre atolados com montes de deveres de casa, os alunos gastavam em geral três horas por noite e muito mais nos fins de semana, depois das aulas da manhã e dos jogos compulsórios nas tardes de sábado. Apesar da pressão, eles ainda conseguiam encontrar algum tempo para se ver fora da escola. Seu estilo de vida era muito monástico. Os estudantes ingleses que freqüentaram escolas particulares na década de 1950 tinham pouco tempo para as garotas devido à sua programação, e as festas eram exclusivamente de meninos ou de meninas até a idade de 15 ou 16 anos. Somente aí eles teriam a inclinação e a permissão dos pais para dar festas regadas a vinho em suas casas e praticar os passos de dança que tinham aprendido aos sábados, depois dos jogos na escola, em uma academia no centro de St. Albans.

Até que estivessem qualificados para estes prazeres, os garotos com freqüência saíam em longos passeios de bicicleta pelo interior de Hertfordshire, nos arredores de St. Albans, às vezes indo tão longe como a Whipsnade, a cerca de 20 quilômetros de distância. Outro passatempo favorito era inventar e participar de jogos de tabuleiro. Os principais responsáveis por isso eram Stephen e Roger Ferneyhaugh. Hawking, o cientista e lógico em embrião, planejaria as regras e leis dos jogos, enquanto Ferneyhaugh desenhava os tabuleiros e as peças. O grupo se reunia na casa dos pais durante as férias escolares e nos fins de semana, e colocava o jogo mais recente no chão do quarto ou no tapete da sala de estar, acompanhado de copos de suco de laranja.

Primeiro foi o Jogo da Guerra, baseado na Segunda Guerra Mundial. Depois veio o Jogo Feudal, elaborado com base nas complexidades sociais, militares e políticas da Inglaterra medieval, com toda a infra-estrutura meticulosamente desenvolvida. Mas logo ficou evidente que havia um grande problema nos jogos — as regras de Stephen eram de tal complexidade labiríntica, e a encenação e as conseqüências de um único movimento acabavam tão enroladas, que às vezes os garotos passavam uma tarde inteira tentando resolver uma partida. Freqüentemente os jogos mudavam-se para o número 14 da Hillside Road, e os meninos subiam a escada para o quarto desarrumado de Stephen, perto do telhado da casa.

Todos contam que a casa dos Hawking era um lugar excêntrico, limpo mas bagunçado, cheio de livros, quadros, móveis velhos e objetos estranhos de várias partes do mundo. Nem Isobel nem Frank Hawking pareciam se preocupar muito com o estado da casa. Os carpetes e móveis continuavam em uso até que começassem a desmontar; o papel de parede pendia onde estava, descascando de velhice; e havia muitos lugares ao longo do corredor e atrás das portas onde o reboco estava caindo, deixando buracos na parede.

Ao que parece, o quarto de Stephen diferia pouco disso. Era ao mesmo tempo a toca do mágico, o laboratório do cientista louco e o estúdio zoneado de um adolescente. Entre as tralhas e entulhos em geral, surgiam em montes desordenados deveres de casa semi-acabados, canecas de chá pela metade, livros didáticos, peças de um aeromodelo e engenhocas estranhas. No aparador estavam dispositivos elétricos cujo uso mal se podia imaginar e perto dele uma estante com tubos de ensaio, seu conteúdo abandonado e descolorido em meio à confusão geral de estranhos pedaços de fio, papel, cola e metal de projetos inacabados e esquecidos.

A família Hawking era sem dúvida bastante excêntrica. De muitas maneiras, era uma família dada aos livros, mas com um toque de originalidade e consciência social que os colocava adiante de seu tempo. Um contemporâneo de Hawking os descreveu como "intelectualóides". Os Hawking eram muitos; uma fotografia do álbum de família incluía 88 membros. Os pais de Stephen faziam coisas típicas de esquisitões. Por muitos anos o carro da família era um táxi London que Frank e Isobel tinham comprado por 50 libras, mas foi substituído por um novo Ford Consul verde — o carro arquetípico do final dos anos 50. Havia um bom motivo para comprá-lo: eles tinham decidido fazer uma expedição de um ano na Índia, por terra, e seu velho táxi London nunca conseguiria isso. Com exceção de Stephen, que não podia interromper seus estudos, toda a família fez a viagem à Índia e voltou no Ford Consul verde, um feito surpreendentemente incomum no final da década de 1950. Desnecessário dizer que o veículo não estava em suas condições originais quando eles voltaram.

As viagens dos Hawking nem sempre eram uma aventura. Como muitas famílias, eles tinham um *trailer* na costa sul da Inglaterra; o deles ficava perto de Eastbourne, em Sussex. Mas ao contrário de outras famílias, eles não possuíam um modelo moderno, mas um *trailer* cigano colorido e brilhante. Na maioria dos verões, a família passava duas ou três semanas escalando montanhas e nadando na baía. Freqüentemente o amigo mais íntimo de Stephen, John McClenahan, se juntava a eles, e os dois garotos passariam seu tempo soltando pipa, tomando sorvete de creme e imaginando novas formas de implicar com as irmãs mais novas de Stephen, Mary e Philippa, enquanto em geral ignoravam seu irmão adotivo, Edward, que na época ainda estava engatinhando.

A importância de Frank Hawking na infância e na adolescência de Stephen estava na sua ausência. Ele parece ter sido uma figura um tanto distante, que desaparecia vários meses por ano para fazer sua pesquisa médica na África, às vezes perdendo as férias da família em Ringstead Bay e deixando os filhos com Isobel. Esta rotina estava tão incrustada na estrutura de sua vida, que foi somente no final da adolescência que a irmã de Stephen, Mary, a mais velha das meninas, percebeu que sua vida familiar era absolutamente incomum — ela achava que todos os pais eram como pássaros, migrando para climas mais ensolarados todo ano. Estivesse em casa ou no exterior, Frank Hawking mantinha relatos meticulosos de tudo o que fazia em uma coleção de diários que foram conservados até o dia de sua morte. Ele também escreveu ficção, concluindo vários romances inéditos. Uma de suas tentativas literárias foi escrita da perspectiva de uma mulher. Embora respeitasse seus esforços quando os lia, Isobel os achava malsucedidos.

Isobel teve uma influência inquestionável sobre as idéias políticas de seu filho mais velho. Ela, como muitos outros intelectuais ingleses da época, tinha concepções de centro-esquerda que em seu caso levaram a uma participação ativa na Associação Liberal St. Albans na década de 1950. Na época, o Partido Liberal era somente uma pequena força parlamentar com alguns deputados, mas em suas bases ainda era um fórum ativo para a discussão política, com freqüência assumindo a liderança em muitas questões das décadas de 1950 e 60, inclusive o desarmamento nuclear e a oposição ao *apartheid*. Stephen nunca fora radical em suas perspectivas políticas, mas seu interesse pela política e suas simpatias pela esquerda nunca o abandonaram.

Stephen e seus amigos rapidamente se cansaram dos jogos de tabuleiro e passaram para outros *hobbies*. Construíam aeromodelos e engenhocas eletrônicas. Os aviões raramente voavam bem, e Hawking nunca foi tão bom com as mãos como era com o cérebro. Em geral seus aeromodelos eram construções toscas de papel e madeira balsa, e não tinham nenhuma eficiência aerodinâmica. Hawking enfrentou os mesmos contratempos com a eletrônica, recebendo uma vez um choque de 500 volts de um velho aparelho de tevê que tentou converter em um amplificador.

Nas terceira e quarta séries, a turma heterogênea de amigos começou a voltar sua atenção para o misticismo e a religião. Perto do final de 1954, um garoto da periferia do grupo, Graham Dow, levava a religião muito a sério. O pregador evangélico Billy Graham tinha feito uma turnê pela Grã-Bretanha naquele ano, e o jovem Dow foi fortemente influenciado por ele. Dow converteu Roger Ferneyhaugh, e o entusiasmo se espalhou. A atitude de Hawking em relação a essa mania é discutível. É mais provável que tenha se mantido à distância, divertindo-se um pouco com este jogo específico; esta, pelo menos, é a opinião de seus contemporâneos. Eles falam de um intelecto muito elevado, encarando a reação dos participantes mais com fascínio do que com qualquer sentimento de convicção ou fé.

Michael Church descreve como sentia um porte intelectual indefinível quando discutia questões vagamente místicas ou metafísicas com Stephen. Lembrando-se de um encontro, ele diz:

> Eu não era cientista e não o levava muito a sério até um dia, quando estávamos embromando em sua toca bagunçada de inventor maluco. Nossa conversa girava em torno do significado da vida — um tema que eu achava o máximo na época — quando de repente percebi uma coisa terrível: ele estava me incitando a fazer papel de bobo, e me observava como se fosse muito superior a mim. Foi profundamente enervante.[2]

Seu interesse pelo cristianismo durou a maior parte do ano. O grupo de amigos se reunia na casa de um ou de outro, como faziam quando se dedicavam aos jogos de tabuleiro. Eles ainda bebiam suco de laranja e até se dedicavam a uns jogos de vez em quando, mas na maior parte do tempo teriam discussões acaloradas sobre questões como fé, Deus e seus próprios sentimentos. Foi uma época de crescimento interior, uma luta para encontrar significado na confusão dos acontecimentos e estímulos que os cercavam, mas foi também uma importante atividade de grupo. Um membro do grupo chegou a insinuar que havia um quê de homossexualidade estudantil naquilo tudo.

Foi uma época difícil para Stephen. Ele queria se envolver, fazer parte do grupo, mas seu racionalismo não permitiria, mesmo na época, que as emoções comprometessem seu intelecto. Entretanto ele conseguiu manter seus amigos, permanecendo afastado, e aprendeu várias habilidades sociais que lhe seriam muito vantajosas no futuro. Por ironia, no final do terceiro ano, no auge da mania religiosa, Stephen ganhou o prêmio de teologia na escola.

Depois do cristianismo, veio o ocultismo. O grupo começou a se voltar para a percepção extra-sensorial (PES), que na época estava começando a atrair a atenção do público. Juntos, e em particular em suas próprias tocas, eles começaram a fazer experimentos em que tentavam influenciar o resultado de um lançamento de dados com o poder da mente. O interesse de Stephen nesta atividade era bem maior — era um trabalho experimental verdadeiro e quantificável, e havia a possibilidade de a idéia ser ou não comprovada. Não era simplesmente uma questão de fé e esperança.

A mania não durou muito tempo. Com os outros, Stephen compareceu a uma palestra de um cientista que estudara uma série de experimentos com PES realizados na Universidade de Duke, na Carolina do Norte, no final dos anos 50. O palestrante demonstrou que, quando se obtinham bons resultados, podia-se provar que os experimentos eram imperfeitos, e sempre que se seguia corretamente uma técnica experimental, não se conseguia resultado nenhum. O interesse de Hawking transformou-se em desprezo. Ele chegou à conclusão de que só quem não supera as faculdades analíticas típicas da adolescência acredita em coisas como PES.[3]

Enquanto isso, na escola, as coisas continuavam como antes. Stephen era fraco em todos os esportes, com a possível exceção de corrida *cross-country*, pelo fato de seu físico espectral ser perfeitamente adequado. Ele suportou o críquete e o rúgbi, mas reservou um ódio especial à Força Reunida de Cadetes, o CCF (Combined Cadet Force). Como muitas escolas particulares para meninos da

Grã-Bretanha, a St. Albans mantinha um exército de estudantes, cujo propósito original era preparar os jovens para o serviço à nação. A cada sexta-feira, toda a escola, com exceção de seis alunos, usava uniforme militar. As exceções eram aqueles cujos pais se recusavam a combater em caso de guerra. Apesar das inclinações políticas de Isobel Hawking, os pais de Stephen não pertenciam a este último grupo, e ele participou dos mesmos jogos, exercícios e paradas militares dos outros.

Para quem tem pouco interesse em coisas militares, as lembranças do CCF são amargas — frias sextas-feiras de inverno debaixo de chuva, roupas encharcadas, a neve de janeiro picando o rosto e os dedos nus, e as ordens entusiasmadas que os oficiais mirins davam aos gritos. Stephen tinha a patente de cabo nos Signals, seção ocupada tradicionalmente por alunos com inclinações científicas. De acordo com todos os relatos, ele odiava cada minuto disso, mas suportava. De certa forma, a alternativa era pior. Quem não desejasse assumir seu papel na defesa da rainha e do país era alvo de duras críticas como tática de persuasão. Primeiro o rebelde era levado ao coronel Pryke, comandante do CCF. Se este não conseguisse convencer o desertor a se unir, a próxima linha de ataque era o subdecano, Canon Feaver, um cavalheiro formidável que submeteria o garoto a uma palestra sobre seu dever moral de servir a Deus e à rainha, a assumir seu papel no esquema maior das coisas. Se resistisse também a isso, o teste final seria enfrentar o diretor da escola, William Thomas Marsh.

Marsh foi um dos mais rigorosos e bem-sucedidos diretores da St. Albans. Foi descrito por vários colegas de Hawking como "absolutamente apavorante"; enfrentá-lo era uma demonstração de extrema tolice. O rebelde devia ter uma convicção e uma determinação tremendas para conseguir escapar à conversão pelo diretor. Mas este era só o início da provação. Quem não participava do CCF vestia uniforme de faxina junto com todos os outros e, em vez de participar como soldado, era obrigado a cavar um anfiteatro no pátio da escola. Marsh era um classicista dedicado, e via este tratamento como uma humilhação ritual adequada. A construção do anfiteatro continuava, fizesse chuva ou sol, pelo tempo que fosse necessário. Enquanto o trabalho progredia, Marsh se arrastava por seu perímetro se o tempo estivesse bom, ou supervisionava o local do conforto de sua sala aquecida quando estava chovendo ou nevando.

Nem sempre a vida na escola era árida. Toda a turma saía com freqüência em excursões a lugares de interesse acadêmico. Em geral o comandante do CCF, o coronel Pryke, era quem tinha a responsabilidade de levar o que ele chamava de "um bando de jovens desleixados" a lugares como fábricas de substâncias químicas, usinas de eletricidade e museus. Ele se lembra com ternura da ocasião em que levou a turma de Hawking à fábrica química ICI, em Billingham, ao norte da Inglaterra. Tudo parecia estar correndo muito bem até pouco depois do almoço, quando um dos cientistas que os tinha ciceroneado encurralou Pryke e disse, irritado: "Quem diabos mandou vocês aqui? Eles estão me fazendo todo tipo de pergunta que eu não posso responder!"

Quando estava com 14 anos, Stephen sabia que queria fazer carreira na matemática, e foi perto dessa época que sua aptidão científica começou a se manifestar. Ele passava muito pouco tempo fazendo deveres de casa de matemática e ainda assim obtinha as notas máximas. Como lembra um colega, "ele tinha um discernimento instintivo inacreditável. Enquanto eu me descabelava para encontrar a solução de um problema de matemática complicado, *ele já sabia a resposta* — e sem ter que pensar no assunto".[4] O garoto brilhante "médio" estava começando a revelar um talento prodigioso.

Um exemplo do *insight* muito desenvolvido de Stephen deixou uma impressão duradoura em John McClenahan. Durante uma aula de física da sexta série, o professor fez a pergunta: "Se você tem uma xícara de chá, quer tomar chá com leite e o chá está quente demais, o que você faz para chegar a uma temperatura agradável mais rapidamente: coloca o leite em seu chá, ou deixa o chá esfriar e depois acrescenta o leite?" Enquanto seus colegas lutavam com uma confusão de conceitos para justificar a questão, Stephen foi direto ao cerne e quase imediatamente anunciou a resposta correta: "Ah! O leite por último, é claro", e depois passou a dar uma explicação completa de seu raciocínio: como um líquido quente esfria mais rapidamente que um líquido frio, deve-se colocar o leite por último; deste modo o chá esfriará mais rápido.

Passou tranqüilamente pelos exames do O *Level*, o Nível Básico, obtendo o nono em julho de 1957 e o décimo, em latim, um ano depois, a meio caminho para os Níveis Avançados. Quando se sentou para decidir pelos temas dos A *Levels*, a pressão dos pais começou a pesar em seus planos. Ele queria fazer matemática, física e em seguida matemática como preparação para um curso universitário em física ou matemática. Mas Frank Hawking tinha outros planos. Ele queria que o filho seguisse sua carreira na medicina, e para isso Stephen teria de estudar química nos A *Levels*. Depois de muitas discussões e debates, Stephen concordou em fazer matemática, física e química nos A *Levels*, deixando em aberto a questão de seu curso universitário até que surgisse a necessidade de uma decisão final um ano depois.

A sexta série foi provavelmente a época mais feliz de Hawking na St. Albans. Os meninos tinham mais liberdade nos últimos dois anos, e aproveitavam um pouco o respeito que tinham conquistado por seu sucesso no O *Level*. Na sexta série, o grupo íntimo de colegas de escola começou a se fragmentar com a divergência de suas disciplinas dos A *Levels*. Os que escolheram ciências humanas começaram a perder contato com os "cientistas", e formaram panelinhas diferentes, o que é muito natural. Basil King, John McClenahan e Hawking só escolheram disciplinas científicas; os outros seguiram humanidades. Os cientistas congregaram outros alunos de mesma mentalidade e novos grupos se formaram.

Na primavera de 1958, Hawking e seus amigos, inclusive os novos recrutas do grupo, Barry Blott e Christopher Fletcher, montaram um computador chamado LUCE — Logical Uniselector Computing Engine (Mecanismo de Computação Lógico Monosseletor). Na década de 1950, somente alguns departamentos universitários e o Ministério da Defesa tinham computadores na Grã-Bretanha. Mas, com a ajuda e o entusiasmo de um jovem professor de matemática de nome Dick Tartar, que tinha sido recrutado especificamente para gerar novas idéias e injetar algum ânimo no departamento de matemática, eles projetaram e construíram uma máquina lógica muito primitiva.

Levaram um mês para conseguir alguma coisa da máquina. O maior problema, ao que parece, não era o *design* nem o aspecto teórico do projeto, mas simplesmente uma soldagem ruim. As entranhas do dispositivo eram feitas de peças recicladas de uma velha estação telefônica, mas era necessário um grande número de conexões elétricas para fazer o dispositivo funcionar, e o grupo sempre encontrava defeitos na soldagem. Quando por fim conseguiram, houve uma empolgação considerável na sexta série. O artigo da Sociedade de Matemática no *Albanian*, o jornal da escola, parecia ter saído direto de uma dobra do tempo:

> Para o matemático, não é estranho sair de sua torre de marfim e atender a seu papel original de calculador. Assim, em 1641 Pascal inventou uma máquina aritmética — precursora do computador moderno que especificamente substitui a talha, o ábaco ou a régua de cálculo [como] ajuda para o cálculo. Até o feliz dia em que todos os quartanistas tiverem um Ernie* no bolso, temos de nos contentar com as tabelas logarítmicas. Enquanto isso, como um modesto começo, temos LUCE, o Logical Uniselector Computing Engine da St. Albans School.
>
> Esta máquina responde a alguns problemas lógicos inúteis, embora bastante complexos. As reuniões da sociedade da última série foram dedicadas a ela e foram animadas e bem freqüentadas. Com a experiência adquirida, [os projetistas] assumiram a dianteira com a construção de um computador digital, que ainda não teve sua estréia, que realmente "fará somas". (Coragem, quartanistas!)[5]

Hawking e seus amigos apareceram na imprensa pela primeira vez quando o jornal local, o *Herts Advertiser*, cobriu a história dos "cientistas estudantis" que construíram sua máquina inovadora. E, como prometeu o artigo da revista da escola, eles passaram à construção de uma versão mais sofisticada da máquina ainda na sexta série.

Quando assumiu o cargo muitos anos depois, o atual diretor de computação da St. Albans School, Nigel Wood-Smith, encontrou uma caixa sob uma

*O computador usado para escolher os vencedores dos títulos de capitalização do governo britânico.

das mesas da sala de matemática. Para ele, a caixa parecia conter nada mais que uma pilha de lixo, transistores e relés velhos, com "LUCE" em uma placa jogada por cima de um emaranhado de fios e metal. Ele colocou toda a tranqueira na lata de lixo. Só muitos anos depois é que percebeu como, sem ter consciência do possível significado histórico das coisas, ele havia jogado fora o computador construído por Stephen Hawking.

# 2

# A cosmologia clássica

A cosmologia é o estudo do Universo em seu conjunto, de seu princípio, sua evolução e seu destino final. No terreno das idéias, é a maior das grandes ciências. Mas é menos impressionante em termos de equipamento. Os cosmólogos fazem uso de informações sobre o Universo coligidas em telescópios gigantes e sondas espaciais e às vezes usam grandes computadores para fazer seus cálculos. Mas a essência da cosmologia ainda é a matemática, o que significa que as idéias cosmológicas podem ser expressas em equações escritas com caneta e papel. Mais que qualquer outro ramo da ciência, a cosmologia pode ser estudada somente com o uso da mente. Isso é tão verdadeiro hoje como era há 75 anos, quando Albert Einstein desenvolveu a teoria geral da relatividade, inventando assim a ciência da cosmologia teórica.

Quando falam das idéias "clássicas" da física, os cientistas não estão se referindo ao que pensavam os gregos antigos. Estritamente falando, a física clássica é a física de Isaac Newton, que no século XVII deitou as fundações do método científico para a investigação do mundo. A física newtoniana reinou suprema até o início do século XX, quando foi superada por duas revoluções, a primeira deflagrada pela teoria geral da relatividade de Einstein, e a segunda, pela teoria quântica. A primeira é a melhor teoria que temos de como funciona a gravidade; a segunda explica como todo o resto funciona no mundo material. Juntos, estes dois tópicos, a teoria da relatividade e a mecânica quântica, formaram os pilares gêmeos da ciência moderna do século XX. O Santo Graal da física moderna, procurado por muitos, é a teoria que combinará as duas em um todo matemático.

Mas para a moderna geração em busca do Graal da década de 1990, mesmo estes dois pilares da física, em sua forma original, são antiquados. Há outra forma, mais coloquial, em que os cientistas usam a expressão "física clássica" — essencialmente referindo-se a qualquer coisa desenvolvida pelas gerações anteriores de pesquisadores, e portanto com mais de 25 anos. Na verdade, se voltarmos 25 anos, chegaremos a um acontecimento fundamental para a ciência: a descoberta dos pulsares, em 1967, o ano em que Stephen Hawking comemorou seu vigésimo quinto aniversário. Estes objetos são conhecidos agora como estrelas de nêutrons, os núcleos colapsados de estrelas maciças que terminaram sua vida em grandes explosões conhecidas como explosões de supernova. Foi a descoberta dos pulsares, objetos colapsados nos limites de buracos negros em formação, que deu nova vida ao interesse pelas implicações radicais da teoria da gravitação de Einstein, e foi o estudo dos buracos negros que levou Hawking a realizar seu primeiro casamento bem-sucedido entre a teoria quântica e a relatividade.

Mas, como lhe era típico (e veremos isso adiante), Hawking já estava trabalhando na teoria dos buracos negros pelo menos dois anos antes da descoberta dos pulsares, quando somente alguns matemáticos preocupavam-se com as implicações exóticas das equações de Einstein e a expressão "buraco negro" ainda não havia sido usada nesta ligação. Como todos os seus contemporâneos, a formação científica de Hawking baseou-se nos conceitos clássicos de Newton e na teoria da relatividade, e na física quântica em suas formas originais. O único modo de apreciar o quanto a nova física tinha se desenvolvido desde então, em parte com a ajuda de Hawking, é dar uma olhada nesses conceitos clássicos, um exercício leve nos contrafortes antes de encararmos a estonteante altura da montanha. "Cosmologia clássica", no sentido coloquial, refere-se ao que era conhecido antes da revolução criada pela descoberta dos pulsares — exatamente o que estavam aprendendo os estudantes da geração de Hawking.

Isaac Newton fez do Universo um lugar ordenado e lógico. Ele explicou o comportamento do mundo material de acordo com leis fundamentais que pareciam ter sido construídas na fábrica do Universo. O exemplo mais famoso é sua lei da gravitação. As órbitas dos planetas que giram em torno do Sol eram um mistério profundo até a época de Newton, mas ele as explicou com uma lei da gravitação segundo a qual um planeta, a uma determinada distância do Sol, sente uma determinada força, atraindo-a para ele, proporcional ao quadrado da distância do Sol — o que é conhecido como a lei do inverso do quadrado. Em outras palavras, se o planeta se mover como que por mágica a uma distância duas vezes maior do Sol, sentirá um quarto da força; se estiver três vezes mais distante, sentirá um nono da força, e assim por diante. Enquanto um planeta em uma órbita estável se move pelo espaço em sua própria velocidade, sua força interna equilibra a tendência do planeta de voar para o espaço. Além disso, Newton percebeu que a mesma lei do inverso do quadrado explica a queda de uma maçã de uma árvore e a órbita da Lua em torno da Terra, e até o fluxo e refluxo das marés. É uma lei universal.

Newton também explicou o modo como os objetos reagem a forças diferentes da gravidade. Aqui, na Terra, quando empurramos alguma coisa, ela se move, mas somente se a empurrarmos. Qualquer objeto em movimento na Terra experimenta uma força, chamada atrito, que se opõe ao movimento. Pare de empurrar, e o atrito fará com que o objeto estanque. De acordo com Newton, se não houver atrito (como os planetas no espaço ou os átomos de que se compõem as coisas do dia-a-dia), um objeto continuará em movimento em linha reta a uma velocidade constante até que uma força seja aplicada a ele. Então, desde que a força continue a operar, o objeto acelerará, mudando sua direção, sua velocidade ou ambas. Quanto mais leve um objeto, ou mais intensa a força, maior a aceleração resultante. Retire a força, entretanto, e mais uma vez o objeto se moverá a uma velocidade constante em linha reta, mas desta vez à nova velocidade, que foi impressa durante o tempo em que estava acelerando.

Quando você empurra alguma coisa, ela pressiona de volta, e ação e reação são iguais e em sentidos opostos. É assim que funciona um foguete — ele lança material de seu escapamento em uma direção, e a reação empurra o foguete na direção contrária. Esta última lei é bem conhecida hoje em dia nas mesas de sinuca, em que as bolas se chocam e ricocheteiam de uma maneira muito "newtoniana". E esta é a própria imagem do mundo que surge da mecânica newtoniana — uma imagem de bolas (ou átomos) colidindo e ricocheteando, ou de estrelas e planetas em movimento sob a influência da gravidade, de uma forma exatamente regular e previsível.

Todas estas idéias foram reunidas na obra-prima de Newton, os *Principia*, publicado em 1687 (em geral conhecido simplesmente pela versão reduzida de seu título em latim; o título completo da grande obra de Newton é *Princípios matemáticos de filosofia natural*). Às vezes, menciona-se a visão de mundo que Newton nos legou como a de um "Universo como mecanismo de relógio". Se o Universo é composto de objetos materiais que interagem por meio de forças que obedecem a leis universais, e se regras como ação e reação são válidas exatamente para todo o Universo, então o Universo pode ser considerado uma máquina gigante, um tipo de relógio cósmico que, depois de ter sido colocado em movimento, seguirá um caminho absolutamente previsível para sempre.

Isso suscita todo tipo de indagações, profundamente preocupantes também para filósofos e teólogos. O cerne do problema é a questão do livre-arbítrio. Em um Universo como mecanismo de relógio, será que tudo é predeterminado, inclusive todos os aspectos do comportamento humano? Teria sido preordenado e baseado nas leis da física que um conjunto de átomos seria conhecido conforme Isaac Newton escreveria em um livro chamado *Principia*, publicado em 1687? E se o Universo pode ser relacionado com um mecanismo de relógio cósmico, quem deu corda no relógio e o colocou em funcionamento?

Mesmo no contexto estabelecido da crença religiosa da Europa do século XVII, essas eram questões perturbadoras, uma vez que, embora possa parecer razoável dizer que o relógio pode ter sido criado e colocado em funcionamento por Deus, a visão cristã tradicional entende que os seres humanos têm livre-arbítrio, e assim podem optar por seguir os ensinamentos de Cristo ou não, da forma como desejarem. Simplesmente não é adequado à visão de mundo cristã que os pecadores possam não ter liberdade de escolher seus atos, mas são pecadores em obediência a leis inflexíveis, seguindo um caminho de danação eterna estabelecido no princípio por Deus.

Estranhamente, contudo, na época de Newton, e no final do século XX, a ciência não contemplou realmente a idéia de um começo do Universo. Entendia-se que o Universo era eterno e imutável, com estrelas "fixas" penduradas no espaço. Pensava-se que a história bíblica da Criação, ainda aceita por muitos no século XVII, tanto por cientistas como pelas pessoas comuns, aplicava-se somente a nosso planeta, a Terra, ou talvez à família do Sol, o Sistema Solar, mas não a todo o Universo.

Newton acreditava (incorretamente, como se viu mais tarde) que as estrelas fixas podiam permanecer eternamente onde estavam no espaço se o Universo fosse infinitamente grande, porque a força da gravidade que atraía cada estrela seria a mesma em todas as direções. Na verdade, uma situação dessas é tremendamente instável. O mais leve desvio de uma distribuição perfeitamente uniforme de estrelas produzirá uma atração geral em uma ou outra direção, fazendo com que as estrelas se movam. Assim, se uma estrela se move em direção a qualquer fonte de força gravitacional, a distância da fonte diminui, e em seguida a força fica mais forte, obedecendo à lei do inverso do quadrado de Newton. Deste modo, uma vez que as estrelas tenham começado a se mover, a força que causou a variação torna-se maior, e elas continuam em movimento a um ritmo acelerado. Um Universo estático logo começará a entrar em colapso sob a atração gravitacional. Mas isso só ficou claro quando Einstein desenvolveu uma nova teoria da gravitação — uma teoria que, além do mais, previa que o Universo certamente não seria estático e na verdade podia não entrar em colapso, mas se expandir.

Como Newton, Albert Einstein fez muitas contribuições para a ciência. E, também como Newton, sua obra-prima foi sua teoria da gravitação, a teoria geral da relatividade. É um sinal da importância de sua teoria para a compreensão moderna do Universo que até a teoria especial da relatividade de Einstein, a que determina a famosa equação $E = mc^2$, seja, por comparação, um elemento relativamente menor de sua obra. Entretanto a teoria especial, publicada em 1905, contribuiu com um ingrediente fundamental para a nova compreensão do Universo. Mas antes de passarmos a isso devemos dar pelo menos uma olhada nas principais características da teoria especial.

Einstein desenvolveu a teoria especial da relatividade em resposta a um enigma que tinha surgido na ciência do século XIX. O grande físico escocês James Clerk Maxwell descobrira as equações que descrevem o comportamento das ondas eletromagnéticas. As equações de Maxwell logo foram desenvolvidas e passaram a explicar o comportamento das ondas de rádio, descobertas em 1888. Mas Maxwell deduzira que as equações automaticamente lhes confeririam uma velocidade específica,* identificada como a velocidade em que viajam as ondas eletromagnéticas. A única velocidade a surgir das equações de Maxwell acabou sendo exatamente a velocidade da luz, que os físicos já haviam medido naquela época. Revelou-se que a luz devia ter uma forma de onda eletromagnética, como as ondas de rádio, mas com comprimentos de onda mais curtos (isto é, com uma freqüência mais alta). E isso também significava, de acordo com aquelas equações, que a luz (como outras formas de radiação eletromagnética, inclusive as ondas de rádio) sempre viaja à mesma velocidade.

Não é o que esperamos, por nossa experiência diária, do movimento das coisas. Se estou parado e atiro uma bola para você com suavidade, é fácil para você pegar a bola. Se vou em sua direção a 90 quilômetros por hora em um carro e atiro a bola com igual suavidade pela janela, ela o atingirá a 90 quilômetros por hora, mais a velocidade do arremesso. Você, certamente, ficará estarrecido se a bola atirada suavemente da janela do carro o atingir à velocidade suave do arremesso, sem o acréscimo da velocidade do carro, mas é exatamente isso o que acontece com os pulsos de luz. Da mesma forma, se um veículo viajando a 80 quilômetros por hora em uma estrada reta é ultrapassado por outro a 90 quilômetros por hora, o segundo veículo está se movendo a 10 quilômetros por hora em relação ao primeiro. A velocidade, em outras palavras, é relativa. Porém, se você for ultrapassado por um pulso de luz, e medir sua velocidade enquanto ele passa, descobrirá que tem a mesma velocidade que você mediria de um pulso de luz ultrapassando-o quando você está imóvel.

Ninguém sabia disso até o final do século XIX. Os cientistas pressupunham que a luz se comportava, no que se refere a somar e subtrair velocidades, da

*No sentido estrito, é velocidade — uma quantidade que especifica velocidade e direção.

mesma forma que objetos como bolas sendo atiradas de uma pessoa para outra. E eles explicavam a "constância" da velocidade da luz nas equações de Maxwell dizendo que as equações eram válidas para algum "espaço absoluto", um referencial fundamental para todo o Universo.

De acordo com esta visão, o próprio espaço definia o referencial em relação ao qual as coisas deviam ser medidas — o espaço absoluto, em que a Terra, o Sol, a luz e todo o resto se movem. Este espaço absoluto às vezes também era chamado de "éter", e foi concebido como uma substância através da qual moviam-se as ondas eletromagnéticas, como ondas de água se movendo no mar. O problema é que, quando tentaram medir as mudanças na velocidade da luz causadas pelo movimento da Terra no espaço absoluto (ou "relativo ao éter"), os pesquisadores não conseguiram encontrar uma resposta.

Como a Terra se move em torno do Sol em uma órbita aproximadamente circular, ela deve se mover em diferentes velocidades em relação ao espaço absoluto em diferentes épocas do ano. É como nadar em círculos em uma corredeira. Às vezes a Terra estará "nadando com o éter", às vezes atravessando o éter, e às vezes contra a correnteza. Se a luz sempre viaja à mesma velocidade relativa ao espaço absoluto, o bom senso nos diz que devem ocorrer mudanças sazonais na velocidade da luz medida da Terra. Mas não é assim que acontece.

Einstein resolveu o dilema com sua teoria especial. Esta diz que todos os referenciais são igualmente válidos, e que não existe um referencial absoluto. Ninguém que se move a uma velocidade constante pelo espaço pode se considerar estacionário. A pessoa descobrirá que os objetos em movimento em seu referencial obedecem às leis de Newton, enquanto a radiação eletromagnética obedece às equações de Maxwell e a velocidade da luz é sempre igual ao valor que surge daquelas equações, denotada pela letra *c*. Além disso, qualquer um que esteja se movendo a uma velocidade constante em relação a uma primeira pessoa (o primeiro observador, no jargão da física) também poderá dizer que está em repouso e descobrirá que os objetos em seu laboratório obedecem às leis de Newton, enquanto a velocidade da luz, de acordo com as medições, sempre será *c*. Mesmo que um observador esteja se movendo em direção a outro à metade da velocidade da luz e mande um feixe de luz para a frente, o segundo observador não medirá a velocidade da luz da lanterna em 1,5 *c*; ela ainda será *c*!

Partindo do fato observado de que a velocidade da luz é uma constante, da mesma forma que a Terra está se movendo no espaço, Einstein descobriu um pacote matemático que descreve o comportamento de objetos materiais em referenciais que se movem com velocidades constantes em relação aos outros — os chamados referenciais "inerciais". Se as velocidades são pequenas em comparação com a velocidade da luz, estas equações darão exatamente as mesmas "respostas" da mecânica newtoniana. Mas quando as velocidades começam a se tornar uma fração considerável da velocidade da luz, acontecem coisas estranhas.

Por exemplo, duas velocidades *jamais* podem se somar e resultar numa velocidade maior do que *c*. Um observador pode ver dois observadores se aproximando um do outro em uma rota de colisão frontal, cada um deles viajando a uma velocidade de 0,9*c*, tendo o primeiro observador como referencial; mas medições feitas por qualquer um dos dois observadores que se movem rapidamente sempre mostrarão que o outro está viajando a uma velocidade menor que *c*, mas maior (neste caso) que 0,9 *c*.

O motivo por que as velocidades se somam desta forma estranha tem a ver com o modo como o espaço e o tempo são curvados nas altas velocidades. Para justificar a constância da velocidade da luz, Einstein teve de admitir que os relógios em movimento andam mais lentamente que os relógios estacionários, e que os objetos em movimento encolhem no sentido de seu movimento. As equações também nos dizem que a massa dos objetos em movimento aumenta à medida que sobe sua velocidade.

Apesar dessas coisas serem estranhas e fantásticas, elas são somente periféricas para a história da moderna cosmologia e para a busca de ligações entre a física quântica e a gravitação. Destacamos, entretanto, que elas não são idéias desvairadas no sentido em que às vezes empregamos, em linguagem cotidiana, a expressão "é só uma teoria" para desprezar conceitos malucos. Para os cientistas, uma teoria é uma idéia que foi testada por experimentos e aprovada em cada teste. A teoria especial da relatividade não é exceção a esta regra. Todos os conceitos estranhos implícitos na teoria — a constância da velocidade da luz, a dilatação do tempo e a contração de objetos em movimento, o aumento de massa de um objeto em movimento — foram medidos e confirmados com grande precisão em muitos experimentos. Os aceleradores de partículas — máquinas de "esmagar átomos" como a do CERN, o Centro Europeu para a Pesquisa Nuclear, em Genebra — simplesmente não funcionariam se a teoria não fosse válida, uma vez que foram projetados e construídos com base nas equações de Einstein. A teoria especial da relatividade, como descrição do mundo em alta velocidade, é tão fundamentada em dados experimentais sólidos quanto a mecânica newtoniana como descrição do mundo cotidiano; o único motivo para entrar em conflito com nosso bom senso é que na vida cotidiana não estamos acostumados com o tipo de viagem à alta velocidade necessária para os efeitos relatados por ela. Afinal, a velocidade da luz, *c*, é de 300 mil quilômetros por segundo, e os efeitos relativistas podem ser seguramente ignorados para quaisquer velocidades inferiores a 10% deste valor — isto é, para velocidades menores que apenas 30 mil quilômetros por segundo.

Em essência, a teoria especial é o resultado da combinação das equações do movimento de Newton com as equações de Maxwell que descrevem a radiação. É bem produto de seu tempo, e se Einstein não tivesse apresentado a teoria em 1905, um de seus contemporâneos certamente o teria feito nos anos seguintes. Sem o gênio especial de Einstein, porém, poderia levar uma geração ou mais até que alguém percebesse a importância de um *insight* muito mais profundo oculto na teoria especial.

Este ingrediente fundamental, ao qual já aludimos, foi fruto de outro casamento — a união de espaço e tempo. Na vida cotidiana, espaço e tempo parecem coisas bem diferentes. O espaço se estende em torno de nós em três dimensões (para cima e para baixo, para a direita e para a esquerda, para a frente e para trás). Podemos ver onde as coisas estão situadas no espaço e viajar nele mais ou menos à vontade. É praticamente impossível descrever o tempo, embora todos saibamos o que é. De certa forma, tem uma direção (do passado para o futuro), mas não podemos olhar nem o futuro nem o passado, e certamente não podemos nos mover à vontade pelo tempo. Porém, a grande constante universal *c* é uma velocidade, e velocidade é uma medida que relaciona espaço e tempo. As velocidades sempre são descritas na forma de quilômetros por hora, ou centímetros por segundo, ou qualquer outra unidade de distância por unidade de tempo. Quando se fala de velocidade, não se pode ter um sem o outro. Assim, o fato de que a constante fundamental é uma velocidade deve nos dizer alguma coisa significativa sobre o Universo. Mas o quê?

Se você multiplicar uma velocidade por um tempo, terá uma distância. E se fizer isso da forma correta (multiplicando intervalos de tempo pela velocidade da luz, *c*), poderá combinar medidas de distância (espaço) com medidas de tempo no mesmo conjunto de equações. O conjunto de equações que combinam espaço e tempo desta forma consiste nas equações da teoria especial da relatividade, que descreve a dilatação do tempo e a contração da distância* e leva à previsão de que uma massa $m$ é equivalente a uma energia $E$, de acordo com a fórmula $E = mc^2$. (Em vez de pensar em espaço e tempo como duas entidades distintas, já em 1905 Einstein estava dizendo aos físicos que eles deviam pensar neles como aspectos diferentes de um todo unificado — espaço-tempo. Mas este espaço-tempo, segundo a teoria especial, não era fixo e permanente como o espaço absoluto ou o tempo absoluto da física de Newton — ele podia se estender ou contrair. E aí está a pista para o grande passo seguinte.)

Einstein costumava dizer que a inspiração para sua teoria geral da relatividade (que é, sobretudo, uma teoria da gravitação) veio da idéia de que uma pessoa dentro de um elevador em queda, cujo cabo tivesse se soltado, não sentiria absolutamente a gravidade. Podemos imaginar exatamente o que isso significa, porque agora vemos filmes de astronautas orbitando a Terra em naves espaciais. Tal nave espacial não está "dentro" da influência da gravidade da Terra;

*Em linguagem cotidiana, dilatação de tempo significa que um relógio anda lentamente quando se move em relação a um observador, e contração de distância significa que um objeto encolhe no sentido de seu movimento quando se move em relação a um observador.

na verdade, ela é mantida em órbita pela gravidade. Mas a nave espacial e tudo em seu interior está caindo em torno da Terra com a mesma aceleração, então os astronautas não parecem ter peso e flutuam em sua cápsula. Para eles, é como se a gravidade não existisse, um fenômeno conhecido como queda livre. Mas Einstein nunca viu nada disso e teve de imaginar a situação de um elevador em queda livre. É como se a aceleração do elevador em queda, aumentando de velocidade a cada segundo que passa, anulasse a influência da gravidade. Para isto ser possível, gravidade e aceleração devem ser exatamente equivalentes.

Isso levou Einstein a desenvolver a teoria da gravitação considerando as implicações para um feixe de luz, o instrumento universal de medição da relatividade especial. Imagine um feixe atravessando horizontalmente o elevador. No elevador em queda livre, os objetos obedecem às leis de Newton: eles se movem em linha reta, do ponto de vista de um observador no elevador, batem uns nos outros com ação e reação iguais e em sentidos opostos, e assim por diante. E, decisivamente, do ponto de vista do observador no elevador, a luz viaja em linha reta.

Mas como são as coisas para um observador parado no chão, que vê o elevador cair? A luz pareceria seguir uma trilha que sempre permanece exatamente à mesma distância do teto do elevador. Mas no tempo que a luz leva para atravessar o elevador, o elevador acelerou para baixo, e a luz da lanterna deve ter feito o mesmo. Para que a luz permaneça à mesma distância abaixo do teto durante toda a trajetória, o pulso de luz deve seguir um caminho curvo se visto de fora do elevador. Em outras palavras, o feixe de luz deve ser curvado pelo efeito da gravidade.

Einstein explicou isso em termos de curvatura do espaço-tempo. Ele sugeriu que a presença de matéria no espaço distorce o espaço-tempo em torno dela, e assim os objetos que se movem pelo espaço-tempo distorcido são dobrados, como se estivessem sendo atraídos no espaço "plano" comum por uma força inversamente proporcional ao quadrado da distância. Depois de elaborar a idéia, Einstein desenvolveu um conjunto de equações que descreve tudo isso. A tarefa consumiu dez anos. Quando terminou, a famosa lei do inverso do quadrado de Newton ressurgiu na nova teoria da gravitação de Einstein; mas a relatividade geral foi muito além da teoria de Newton, porque ela também oferecia uma teoria geral de todo o Universo. A teoria geral descreve tudo do espaço-tempo, e portanto tudo do espaço e tudo do tempo. (Existe uma forma simples de lembrar como isso funciona. A matéria diz ao espaço-tempo como se curvar; as curvas do espaço-tempo dizem à matéria como se mover. Mas as equações insistiam igualmente que o próprio espaço-tempo também pode se mover, a seu próprio modo.)

A teoria geral foi concluída em 1915 e publicada em 1916. Entre outras coisas, previa que feixes de luz de estrelas distantes, passando perto do Sol, seriam curvados à medida que se movessem pelo espaço-tempo distorcido pela massa do Sol. Isso alteraria as posições aparentes daquelas estrelas no céu — e a alteração podia realmente ser vista, e fotografada, durante um eclipse total, quando a luz cegante do Sol é obliterada. Ocorreu um eclipse desses em 1919; foram tiradas fotos, e estas mostraram exatamente o efeito que Einstein havia previsto.* A curva do espaço-tempo era real: a teoria geral da relatividade estava correta.

Mas as equações desenvolvidas por Einstein para descrever a distorção de espaço-tempo pela presença da matéria, as próprias equações que foram tão triunfantemente comprovadas pelas observações do eclipse, continham uma característica desconcertante que nem Einstein conseguia compreender. As equações insistiam que o espaço-tempo em que o Universo material está encerrado não podia ser estático. Devia ou estar em expansão, ou em contração.

Exasperado, Einstein acrescentou outro termo a sua equação, com o único propósito de manter o espaço-tempo imóvel. Mesmo no início da década de 1920, ele ainda compartilhava (com seus contemporâneos) a idéia newtoniana de um Universo estático. Mas, dez anos depois, as observações feitas por Edwin

*O Brasil teve importante participação neste evento. O eclipse foi observado na Ilha de Príncipe, costa ocidental da África, pelo astrônomo britânico Arthur Stanley Eddington e seu colega E.T. Cottingham. Seus assistentes Andrew Cromellin e Charles Dawidson foram enviados a Sobral, no Ceará, onde o clima seco permitiu fotos com maior nitidez. O astrônomo Henrique Morize, com uma equipe do Observatório Nacional do Rio de Janeiro, também participou do acontecimento ajudando os colegas britânicos e fazendo suas próprias observações. (*N. R. T.*)

Hubble, com um novo e poderoso telescópio no alto de uma montanha na Califórnia, mostraram que o Universo está se expandindo.

As estrelas no céu não estão se afastando umas das outras. Elas pertencem a um sistema imenso, a galáxia da Via Láctea, que contém cerca de 100 bilhões de estrelas e é semelhante a uma ilha no espaço. Na década de 1920, os astrônomos descobriram, com a ajuda de novos telescópios, que havia muitas outras galáxias além da Via Láctea, muitas das quais contendo centenas de bilhões de estrelas como o nosso Sol. E são as galáxias, e não as estrelas individualmente, que estão recuando umas em relação às outras, afastando-se à medida que se expande o espaço em que estão encerradas.

Esta foi uma previsão da teoria geral ainda mais extraordinária e impressionante que a curvatura da luz detectável durante um eclipse. A equação tinha previsto alguma coisa em que até Einstein inicialmente recusou-se a acreditar, mas que observações posteriores mostraram ser correta. O impacto sobre o modo como os cientistas viam o mundo foi arrasador. O Universo não era estático, afinal, mas estava em evolução; Einstein mais tarde descreveu sua tentativa de burlar a equação para manter o Universo imóvel como "o maior disparate da minha vida". Mesmo no final da década de 1920, as observações e a teoria concordavam que o Universo estava se expandindo. E se as galáxias estão se afastando, isso significa que muito tempo atrás elas deviam estar mais próximas. Que grau de proximidade elas teriam? O que aconteceu na época em que as galáxias deviam estar se tocando, e antes disso?

A idéia de que o Universo nasceu de uma bola de fogo superdensa e superquente como o Big Bang é agora uma pedra fundamental da ciência, mas levou tempo — mais de cinqüenta anos — para que a teoria se desenvolvesse. Exatamente naquela época os astrônomos estavam encontrando evidências para a expansão universal, transformando a imagem científica do Universo; seus colegas físicos desenvolviam a teoria quântica, transformando nossa compreensão do infinitamente pequeno. A atenção concentrou-se sobretudo no desenvolvimento da teoria quântica nas décadas seguintes, com a relatividade e a cosmologia (o estudo do conjunto do Universo) tornando-se um ramo exótico da ciência, investigado por apenas alguns matemáticos especializados. A união do grande com o pequeno ainda estava num futuro distante, mesmo para o final da década de 1920.

À medida que o século XIX dava lugar ao XX, os físicos foram obrigados a rever suas concepções sobre a natureza da luz. Este reajuste inicialmente modesto de sua visão de mundo desenvolveu-se como uma avalanche detonada por uma bola de neve descendo uma colina, transformando-se em uma revolução que engolfou toda a física — a revolução quântica.

O primeiro passo foi a percepção de que a energia eletromagnética nem sempre podia ser tratada simplesmente como uma onda atravessando o espaço. Em algumas circunstâncias, um feixe de luz, por exemplo, se comportará mais como um feixe de partículas minúsculas (agora chamados fótons). Uma das personalidades essenciais no estabelecimento desta "dualidade onda-partícula" da luz foi Einstein, que em 1905 mostrou como a forma em que os elétrons são retirados dos átomos por radiação eletromagnética em uma superfície de metal (o efeito fotoelétrico) pode ser explicada com elegância em termos de fótons, e não em termos de uma pura onda de energia eletromagnética. (Foi por este trabalho, e não por suas duas teorias da relatividade, que Einstein foi agraciado com o prêmio Nobel.)

Esta dualidade onda-partícula muda toda nossa visão da natureza da luz. Estamos acostumados a pensar no *momentum** como uma propriedade relacionada com a massa de uma partícula e sua velocidade. Se dois objetos estão em movimento à mesma velocidade, o mais pesado terá mais *momentum* e será mais difícil de parar. Um fóton não tem massa, e à primeira vista você pode pensar que isso significa que tampouco tem *momentum*. Mas, lembre-se, Einstein descobriu que massa e energia são equivalentes, e a luz certamente carrega energia — na verdade, um feixe de luz é um feixe de energia pura. Assim, os fótons têm *momentum*, relacionado com sua energia, muito embora não tenham massa e não possam alterar sua velocidade. Uma mudança no *momentum* de um

*O *momentum* em questão é o momento linear.

fóton significa que ele mudou a quantidade de energia que carrega e não sua velocidade; e uma mudança na energia de um fóton significa uma mudança em seu comprimento de onda.

Depois de reunir todos estes dados, Einstein descobriu que o *momentum* de um fóton, multiplicado pelo comprimento da onda associado, sempre dá o mesmo número, agora conhecido como constante de Planck, em homenagem a Max Planck, outro pioneiro da física quântica. A constante de Planck (em geral denotada pela letra *h*) logo se revelou um dos números mais fundamentais da física, equiparado à velocidade da luz, *c*. Manifesta-se, por exemplo, na equação desenvolvida nas primeiras décadas do século XX para descrever como os elétrons são mantidos em órbita em torno dos átomos. Mas embora a estranha dualidade da luz fosse preocupante, os problemas estavam apenas começando na década de 1920 quando um cientista francês, Louis de Broglie, sugeriu inverter a equação onda-partícula. Em vez de tomar um comprimento de onda (de luz) e usá-lo para calcular o *momentum* de uma partícula associada (o fóton), por que não pegar o *momentum* de uma partícula (como um elétron) e usá-lo para calcular o comprimento de uma onda associada?

Animados por esta sugestão, os pesquisadores logo fizeram testes que mostraram que, sob as circunstâncias corretas, os elétrons não se comportavam como ondas no mundo quântico (o mundo do muito pequeno, na escala dos átomos e abaixo dela); as partículas e ondas são simplesmente dois aspectos de *todas* as entidades. As ondas podem se comportar como partículas; as partículas podem se comportar como ondas. Um termo foi cunhado para descrever estas entidades quânticas — "wavicles", uma contração de *wave* e *particle*, onda e partícula. A descrição dual de partículas como ondas e ondas como partículas passou a ser a chave que destrancaria os segredos do mundo quântico, levando ao desenvolvimento de uma teoria satisfatória que justificaria o comportamento de átomos, partículas e luz. Mas no cerne desta teoria está um profundo mistério.

Como todas as entidades quânticas têm o aspecto de onda, elas não podem ter uma localização precisamente definida no espaço. Por sua própria natureza, as ondas são coisas que se espalham. Então não podemos ter certeza de onde, precisamente, está um elétron — e a incerteza, por sua vez, é uma característica que integra o mundo quântico. Na década de 1920, o físico alemão Werner Heisenberg estabeleceu que todas as quantidades observáveis estão sujeitas, na escala quântica, a variações aleatórias em seu tamanho, e a magnitude destas variações é determinada pela constante de Planck. Este é o famoso "princípio da incerteza" de Heisenberg. Significa que jamais podemos determinar exatamente todas as propriedades de um objeto como um elétron: o que podemos fazer é atribuir apenas probabilidades, determinadas de uma forma muito precisa a partir de equações da mecânica quântica, para a possibilidade de que, por exemplo, o elétron esteja em um determinado lugar em um certo instante.

Além disso, devido à natureza incerta e probabilística do mundo quântico, se dois *wavicles* idênticos são tratados de uma forma idêntica (talvez por sofrerem uma colisão com outro tipo de *wavicle*), eles não reagem necessariamente de forma idêntica. Isto é, o resultado dos experimentos também é incerto, no nível quântico, e pode ser previsto somente em termos de probabilidades. Os elétrons e átomos não são como minúsculas bolas de sinuca ricocheteando de acordo com as leis de Newton.

Nada disso aparece na escala de nossa vida diária, onde objetos como bolas de sinuca ricocheteiam uns nos outros de uma forma previsível e determinista, de acordo com as leis de Newton. O motivo é que a constante de Planck é incrivelmente pequena: em unidades padrão utilizadas pelos físicos, é de apenas $6 \times 10^{-34}$ (um ponto decimal seguido de 33 zeros e um 6) de um joule-segundo. E um joule é um tipo de unidade que podemos entender na vida cotidiana — uma lâmpada de 60 watts irradia 60 joules de energia por segundo. Para objetos cotidianos como bolas de sinuca, ou nós mesmos, o tamanho pequeno da constante de Planck implica que a onda associada com o objeto tem um comprimento de onda comparativamente pequeno e pode ser ignorado. Mas mesmo uma bola de sinuca, ou você mesmo, tem uma onda quântica associada, muito embora seja somente com objetos minúsculos como elétrons, com quantidades minúsculas de *momentum*, que se consegue uma onda grande o bastante para interferir na forma como os objetos interagem.

Tudo parece tão obscuro que às vezes podemos tranqüilamente deixar que os físicos se preocupem com isso enquanto seguimos nossa vida. Em grande parte isso é verdade, embora valha a pena perceber que a física por trás do funcionamento de nossos computadores ou aparelhos de tevê depende de uma compreensão do comportamento quântico dos elétrons. Também os feixes de *laser* só podem ser compreendidos em termos da física quântica, e todo aparelho de CD usa um feixe de *laser* para varrer o disco e "ler" a música. Assim, a física quântica realmente invade nossa vida diária, mesmo que não precisemos ser um especialista em mecânica quântica para fazer com que um televisor ou um aparelho de som funcionem. Mas há algo muito mais importante para nossa vida que é inerente à física quântica. Ao introduzir a incerteza e a probabilidade nas equações, a física quântica acabou de vez com o relógio previsível do determinismo newtoniano. Se o Universo opera, no nível mais profundo, de uma forma genuinamente imprevisível e indeterminista, então temos de volta nosso livre-arbítrio, e podemos afinal tomar nossas decisões e cometer nossos erros.

No início da década de 1960, os dois grandes pilares da física sofreram uma imensa separação. A relatividade geral explicava o comportamento do conjunto do cosmo e sugeria que o Universo deve ter se expandido a partir de um estado superdenso, coloquialmente conhecido como Big Bang. A física quântica explicava como os átomos e moléculas funcionam e nos permitiu discernir a natureza da luz e de outras formas de radiação. Um jovem físico, fazendo o primeiro ano da Universidade de Oxford, receberia uma formação completa sobre as duas teorias. Mas ele dificilmente suspeitava de que nos trinta anos seguintes teria um papel fundamental na reunião das duas teorias, proporcionando um *insight* que explicaria tudo, do Big Bang aos átomos de que somos compostos.

# 3

# Ascensão

O ano de 1959 já começou explosivo: o dia 2 de janeiro viu Fidel Castro, aos 32 anos, tomar o poder em Cuba; um mês depois, Buddy Holly morreu em um acidente de avião e Indira Gandhi tornou-se líder do Partido do Congresso, assumindo o governo da Índia. Na primavera, o primeiro *hovercraft* estava em construção na ilha de Wight, dois macacos *rhesus* tornavam-se os primeiros primatas no espaço e o escritor Raymond Chandler morria aos 70 anos. Enquanto isso, em uma pequena cidade em Hertfordshire, um estudante de 17 anos chamado Stephen Hawking estava se preparando para o exame de admissão a Oxford em um grande quarto abarrotado na casa eduardiana de seus pais.

Não era fácil conseguir uma vaga na Universidade de Oxford. Um candidato tinha duas alternativas — um exame de admissão feito no final da sexta série, antes dos A *Levels*, ou o mesmo exame feito na sétima série, desde que as notas dos A *Levels* fossem bem altas. Pelo primeiro caminho, um candidato bem-sucedido podia ir direto para Oxford depois das férias de verão; o segundo requeria uma espera até outubro seguinte.

Stephen e seu pai escolheram a primeira alternativa, e ele se matriculou para o exame de admissão perto do final do ano letivo da St. Albans School. A intenção, desde o início, era que ele conseguisse uma bolsa de estudos integral, o maior prêmio oferecido pela universidade. O prêmio proporcionava vários privilégios titulares e, mais importante, parte do custo de habitação em Oxford era pago pela universidade. O aluno que não conseguisse obter uma bolsa de estudos da universidade podia ser recompensado com uma bolsa da faculdade, que era menos prestigiosa e trazia uma contribuição menor para os custos de educação. Por fim, um candidato podia ter uma vaga na universidade mas nenhuma assistência financeira, e o aluno era então conhecido como um *commoner*, que não recebe subvenção.

No ano anterior, pai e filho discutiram interminavelmente a escolha do curso universitário. Stephen insistia que queria fazer matemática e física, um curso na época conhecido como ciências naturais. Seu pai não se convencia; ele acreditava que não havia emprego para matemáticos fora do magistério. Stephen sabia o que queria fazer e venceu a discussão; a medicina tinha pouco apelo para ele. Como ele próprio afirmou:

> Meu pai teria gostado que eu fizesse medicina. Mas eu achava a biologia descritiva demais, e não era suficientemente fundamental. Talvez eu tivesse pensado de outra forma se soubesse da biologia molecular, mas esta não era de conhecimento geral na época.[1]

Apesar de ter perdido a discussão sobre a escolha do curso universitário de Stephen, Frank Hawking estava decidido a ver seu filho obter uma vaga em sua antiga faculdade, o University College, em Oxford. Porém, é claro que o Dr. Hawking não estava, mesmo nesta época, plenamente convencido da capacidade de Stephen e acreditava que tinha que mexer os pauzinhos para colocá-lo lá. Ele evidentemente decidiu tomar a iniciativa. Pouco antes do exame de admissão, durante o feriado da Páscoa, ele arranjou para que Stephen se encontrasse com seu possível orientador no University College, o Dr. Robert Berman. Como o próprio Berman se recorda, em geral aquele tipo de pressão feita por Hawking teria eliminado imediatamente o candidato. Mas Stephen sentou-se para os exames e se saiu tão bem que Berman e o University College logo entusiasmaram-se com ele.

O exame de admissão era muito difícil. Estendia-se por dois dias e consistia em cinco provas no total, cada uma delas com duas horas e meia de duração.

Incluía duas de física e duas de matemática, seguidas por uma prova que testava os conhecimentos gerais dos candidatos e sua consciência dos assuntos correntes e das questões mundiais. Uma questão típica teria sido: "Discuta as possíveis conseqüências globais de curto prazo da tomada de poder de Fidel Castro em Cuba". Na época era questionável esperar que um garoto de 17 anos tivesse opiniões muito fortes sobre assuntos como esse, e alguns na universidade chegavam a duvidar se tais opiniões seriam desejáveis. O Dr. Berman, por exemplo, teria ficado mais impressionado, segundo disse, com o conhecimento de Hawking do time de críquete da Inglaterra do que com sua visão da política contemporânea.

Depois de 12 horas e meia de exames teóricos e uma prova prática de física, vieram as entrevistas. Primeiro houve uma entrevista geral em que os candidatos foram crivados de perguntas pelo professor titular, pelo decano, pelo orientador sênior e pelos professores adjuntos da área em questão. Esta ocorreu na sala dos professores. Cada candidato foi obrigado a enfrentar a avaliação severa do painel, e tinha de dar respostas inteligentes a uma série de perguntas obtusas. O propósito disso, como numa entrevista de emprego, era descobrir um pouco mais sobre o caráter do candidato. Seguindo-se à entrevista geral, realizou-se uma entrevista específica na sala do Dr. Berman, durante a qual Hawking foi indagado sobre seu conhecimento de física.

Depois das entrevistas e exames, os candidatos voltaram a suas várias escolas em todo o país para esperar pelos resultados e concluir seus *A Levels*. Enquanto isso, os professores corrigiam as provas e conferenciavam. Se o University College quisesse Hawking, tinha a primeira alternativa de lhe oferecer uma bolsa de estudos da universidade porque ele colocara aquela faculdade em primeiro lugar em sua lista de opções. Se decidissem que não queriam recompensá-lo com uma bolsa da universidade ou da faculdade, havia as opções de outras faculdades de Oxford presentes em sua lista. Se ninguém quisesse premiá-lo de alguma maneira, a escolha voltaria para o University College, que o admitiria como um *commoner*, se assim o desejasse.

Dez dias se passaram sem que Hawking soubesse coisa alguma da universidade. Então chegou o convite para que ele voltasse para outra entrevista. Era um passo promissor. Significava que estavam levando seus exames a sério e que ele tinha uma probabilidade muito boa de conseguir uma vaga. Ele não sabia que tinha acertado 99% das provas de física, com porcentagens um pouco inferiores nos outros exames. Alguns dias depois da segunda entrevista, a importantíssima carta caiu pela abertura da porta da casa dos Hawking. O University College estava lhe oferecendo uma bolsa de estudos integral. Ele foi convidado a se matricular na Universidade de Oxford em outubro seguinte, com a única condição de que obtivesse dois *A Levels* no verão.

Dizem com freqüência que há um certo brilho em Oxford, uma interação maravilhosa entre a luz do sol e o arenito que, como as cidades de beleza comparável da Itália e da Alemanha, tem inspirado a obra de poetas e pintores por séculos. O centro da cidade é inteiramente dominado pela presença da universidade — ubíqua, sem centro nervoso ou estrutura organizada. As faculdades se dispersam aleatoriamente, com o resto da cidade em torno delas. A arquitetura exibe tão pouca organização quanto a geografia, datando da época medieval ao final do século XX. Nos dias de verão, com a forte luz solar batendo na alvenaria e o rio pontilhado de chalanas, seus navegantes impelindo os barcos na água cintilante, e outros nos gramados levando taças de champanhe aos lábios, Oxford pode parecer, se você quiser, um paraíso congelado no tempo.

No final dos anos 50 e início dos 60, Oxford, como um microcosmo da sociedade britânica, estava prestes a passar por uma grande transformação. Quando Hawking chegou na High em sua primeira terça-feira de outubro como estudante de graduação, em muitos aspectos a universidade pouco tinha mudado desde a época de seu pai, ou, na verdade, desde as últimas centenas de anos. Desde o final da guerra, a disciplina da universidade era um pouco relaxada. Antes disso, os alunos eram proibidos de entrar nos bares da cidade e, se apanhados, podiam ser expulsos pela polícia universitária, conhecida como Buldogues. As mulheres não podiam visitar os alojamentos masculinos sem expressa permissão do reitor, que especificaria uma duração estrita e condições severas em uma carta enviada ao chefe da portaria, que seguiria rigorosamente as instruções recebidas. Tudo isso mudou quando os soldados que voltavam da guerra ingressaram na universidade como calouros ou para recomeçar os cursos interrompidos pelos combates. Naturalmente, eles não estavam dispostos a aceitar estas restrições draconianas, e aos poucos as regras foram relaxadas.

Os alunos disputavam os quartos da faculdade, mas Hawking teve sorte porque, como bolsista, tinha prioridade, e ele conseguiu alojamento nos três anos em que permaneceu em Oxford.

A maioria das faculdades de Oxford é construída na forma de pátios, cada um deles com um gramado no centro e caminhos cruzando e contornando o gramado. Escadas levam dos pátios aos prédios, e os alojamentos dos alunos ficam alguns níveis acima de cada escadaria. Os alunos são responsáveis pela arrumação de seus quartos, e seus deveres domésticos são controlados por funcionários da faculdade ou "criados". Os criados também tinham de se certificar de que os rapazes de ressaca e as meninas ocasionais tomassem o café da manhã no horário regulamentar, entre 8:00 e 8:15h, para evitar que encontrassem a porta do refeitório trancada. Os criados dirigiam-se aos alunos como "*Sir*" ou como "senhor fulano", tentando conferir à voz um tom de desprezo. Por sua vez, eles eram tratados por seus sobrenomes, do jeito como patrão e empregado se tratam.

A vasta maioria dos que ingressavam em Oxford ainda era composta por homens provenientes de escolas particulares do país, cuja maior parte se situava entre as dez mais importantes, inclusive Eton, Harrow, Rugby e Westminster.

O número de alunos de classe média e da classe trabalhadora estava começando a aumentar na Universidade de Oxford, mas, em muitos aspectos, ali o sistema de classes era mais sofisticado e pronunciado. Os limites eram bem demarcados. As amizades e relacionamentos capazes de cruzar estas fronteiras invisíveis ainda eram surpreendentemente poucos. Os dois lados raras vezes se encontravam.

Em um campo estava a elite, os filhos da aristocracia e herdeiros de antigas famílias ricas, os Sebastien Flytes do mundo; compunham uma proporção substancial dos alunos da Christ Church e, em menor extensão, da Balliol. Os privilegiados passavam suas folgas, com freqüência consideráveis, entretendo colegas de quarto que saíam com eles ou os amigos que tinham escolhido ir para o "outro lugar", Cambridge. Julgavam os que provinham de escolas particulares menores, como a St. Albans, de uma estirpe inferior, agrupando-os com os mais inferiores entre os inferiores — os ex-alunos de liceus. Apesar do exagero literário, ainda é muito parecido com *Brideshead Revisited*. Do outro lado da fronteira, os "farmacêuticos do norte" e os "burros dos liceus" viviam de suas bolsas de estudos, trocando os ovos de codorna e champanhe por empadão de carne de porco e cerveja.

Em muitos aspectos, os dois grupos eram surpreendentemente parecidos. No final dos anos 50, era moda entre os jovens acadêmicos, independentemente de sua origem, usar calças largas e casacos de *tweed*. A diferença era que, para uns poucos privilegiados, os casacos vinham da Savile Row e as calças largas da Harrods. Nos bailes da faculdade que aconteciam todo verão, a companhia feminina de um ex-aluno de Eton ou Harrow, com toda probabilidade, seria a filha de um barão ou duque, vestida com a seda mais requintada. Enquanto isso, nas mesmas ocasiões, a classe média se reunia com seus semelhantes, bebericando um champanhe que raras vezes experimentava.

Um ponto de referência simples ilustra as mudanças que atingiram Oxford logo depois da chegada de Hawking, resumido por um de seus colegas. "Quando chegamos em Oxford", disse ele, "quem era importante remava e jamais usava jeans. Quando saímos, quem era importante nunca remava e vestia jeans."

As mudanças estavam acontecendo em toda parte. A poesia *beat* de San Francisco começava a ter sua influência. A popularidade do Partido Trabalhista aumentava. Os antigos valores, especialmente o sistema de classes, começavam a parecer anacrônicos, pelo menos para a *intelligentsia*. Não havia o desejo de "assaltar a fortaleza" (que viria uma década depois e em uma cidade diferente), mas o *Zeitgeist* estava definitivamente chegando. Quando por fim chegou, os alunos, como Hawking, acharam toda a infra-estrutura de Oxford um microcosmo meio divertido, um *ethos* que levaria, na forma peculiarmente britânica, à peça de teatro *Beyond the Fringe* e a *Monty Python* em vez do sangue nas sarjetas parisienses.

Apesar de seus muitos encantos, o primeiro ano de Hawking em Oxford foi uma época muito infeliz para ele. Pouquíssimos de seus colegas de escola e nenhum de seus amigos íntimos da St. Albans tinham ido naquele ano. Em 1960 chegou Michael Church, e John McClenahan foi para Cambridge. Muitos alunos do ano de Hawking tinham concluído o serviço militar antes de ingressar na universidade, e portanto eram alguns anos mais velhos que ele. (Ele evitou o alistamento por alguns meses, até que o alistamento obrigatório foi abolido pelo governo Harold Macmillan.)

O trabalho era tedioso. Hawking tinha muito pouca dificuldade em resolver qualquer dos problemas de física e matemática que seus professores lhe passavam, e ele caiu numa espiral descendente de enfado e tinha pouca satisfação nas vitórias fáceis. Graças ao sistema de Oxford, era fácil para alguém como Hawking cair na apatia. Os alunos deviam freqüentar um certo número de aulas a cada semana e uma sessão de acompanhamento semanal em que os problemas dados na sessão anterior eram resolvidos. Tirando estes compromissos, os alunos ficavam praticamente por sua própria conta.

No auge desta liberdade, a estrutura de exames era frouxa e podia ser eminentemente utilizada por um aluno do calibre de Hawking. As únicas provas essenciais eram ministradas pela universidade, e não pela faculdade, e ocorriam no final do primeiro ano e novamente no último ano do curso. O diploma era dado unicamente com base no desempenho dos alunos nas provas finais. Havia também exames da faculdade no início de cada novo período, para testar o aproveitamento dos alunos no ano anterior e seus estudos pessoais durante as férias. Eram chamados *collections* e aplicados pelos professores. Como relata Hawking:

> A atitude que prevalecia em Oxford na época era contrária ao trabalho. Esperava-se que você ou fosse brilhante sem esforço algum, ou aceitasse suas limitações e obtivesse um diploma de quarta classe. Trabalhar arduamente para ter um diploma de uma classe melhor era considerado típico de uma personalidade comum e sem brilho, o pior epíteto do vocabulário de Oxford.[2]

Hawking sabia que era da primeira categoria e decidiu viver de acordo com essa imagem. Durante seu primeiro ano, freqüentou somente aulas e sessões de acompanhamento de matemática e concluiu as provas da faculdade unicamente em matemática. Como seu professor admite agora, na época o curso de física era pouco mais que uma repetição do trabalho nos A *Levels* e de limitado proveito para os Hawkings deste mundo.

Ali surgira uma genuína tradição popular de histórias sobre sua compreensão instintiva da disciplina na universidade, histórias que lembravam as primeiras proezas de Mozart menino. Um de seus colegas, que compartilhou as aulas de acompanhamento com Hawking, recorda um incidente que lhe deixou uma impressão permanente. Um professor lhes passara alguns problemas para que resolvessem e trouxessem a solução na aula seguinte. Ninguém do grupo conseguiu fazê-lo, exceto Stephen. O professor pediu para ver seu trabalho e ficou imensamente impressionado com a prova que ele deu de um teorema particularmente difícil e, cumprimentando-o pela realização, devolveu-lhe o papel. Sem o mais leve sinal de arrogância, Hawking pegou seu trabalho, amassou-o e o atirou na cesta de lixo do canto da sala. Outro membro do grupo disse mais tarde: "Mesmo que eu levasse um ano para provar aquilo, eu teria guardado o papel!"

Outra história fala da vez em que quatro membros do grupo ocuparam-se de um conjunto de problemas para a semana seguinte. Na manhã em que os problemas deviam estar prontos, os outros três deram com Hawking na sala de estar em uma cadeira de braços lendo um romance de ficção científica.

— Como você se saiu com os problemas, Steve? — perguntou um deles.

— Ah, não peguei ainda — respondeu Hawking.

— Bom, é melhor você pegá-los — disse seu amigo. — Nós três trabalhamos juntos a semana toda e só conseguimos resolver um.

Mais tarde, naquele dia, os três o encontraram caminhando para a aula de acompanhamento e lhe perguntaram como ele tinha resolvido os problemas.

— Ah — disse ele —, eu só tive tempo para fazer nove.

Hawking fazia poucas anotações e possuía apenas alguns livros didáticos. Na verdade, ele estava tão à frente naquele campo que adquirira uma descrença em relação a muitos livros. Outra anedota descreve a vez em que um de seus professores, um pesquisador júnior chamado Patrick Sandars, deu à turma alguns problemas de um livro. Hawking apareceu na aula seguinte sem ter respondido a nenhuma das perguntas. Quando indagado por quê, ele passou os vinte minutos seguintes apontando todos os erros do livro didático.

Apesar de sua atitude afetada para com as coisas acadêmicas, ele ainda conseguia manter um relacionamento saudável com seu orientador, o Dr. Berman. De vez em quando tomava chá na casa de Berman na Banbury Road. No verão, eles davam festas no gramado dos fundos, em que comiam framboesas e jogavam croqué. A esposa do Dr. Berman, Maureen, tinha uma afeição particular pelo excêntrico estudante por quem seu marido tinha a mesma consideração que dedicava a um físico. Hawking com freqüência chegaria cedo para o chá para se aconselhar com ela sobre que livros deveria comprar, e ela o orientava em uma dieta literária pretensamente intelectual para complementar os textos de física que ele ocasionalmente leria.

A ausência de esforço não parecia impedir seu progresso na física. Como aluno bolsista, ele tinha de se candidatar ao prêmio de física da universidade no final do segundo ano, para o qual todos os outros físicos de seu ano se candidatavam. Com o mínimo de esforço, ele ganhou o primeiro prêmio e recebeu um vale-livro da Blackwell no valor de 50 libras.

Manter sua situação acadêmica na faculdade e ficar do lado certo do Dr. Berman era uma coisa; lidar com o tédio crescente era outra bem diferente, e nessa época ele podia ter afundado na depressão. Felizmente, no segundo ano ele descobriu um interesse que o ajudaria a conseguir alguma estabilidade. Ele passou a remar. O remo era uma longa tradição tanto em Oxford como em Cambridge, datando de séculos. A cada ano a regata entre as duas universidades destacava as habilidades dos melhores remadores, que passavam o resto do ano treinando e competindo em torneios intercolegiais.

O remo é uma atividade que exige muito do corpo, e é levado terrivelmente a sério por quem o pratica. Os remadores vão para a água independentemente do tempo que esteja fazendo, seja chuva ou neve, quebrando o gelo nas manhãs de inverno e suando no calor do início do verão. Remar requer dedicação e compromisso, e esse é o verdadeiro motivo de sua popularidade na universidade. Ele age, pelo menos para alguns estudantes, como um contraponto perfeito para os estresses e exigências dos estudos. No caso de Hawking, era o remédio ideal para um tédio petrificante com tudo o que Oxford tinha a oferecer.

O remo é um dos esportes que mais exigem fisicamente, e um remador tem de ter uma sólida estrutura corporal para ajudar a mover um barco pela água; mas há outro ingrediente essencial em toda equipe de remo — o timoneiro.

Hawking era perfeitamente adequado para o timão. Ele era leve, por isso não pesava no barco, tinha uma voz alta, com a qual gostava de gritar instruções para todo o barco, e disciplina suficiente para freqüentar todas as sessões de treinamento. Seu treinador de remo era Norman Dix, que estava no clube de remo do University College há décadas. Ele lembra que Hawking era um timoneiro muito competente, mas nunca se interessava em ir além do segundo oito. Ele suspeita de que a primeira equipe de remo tenha sido pouco atraente, porque requeria que se levasse tudo muito a sério e, naquele nível, perdia-se toda a diversão.

Dix se lembra de Hawking como um garoto turbulento que desde o início cultivava uma imagem ousada quando vinha navegar com a equipe no rio. Muitas foram as vezes em que ele retornaria o oito para a margem faltando pedaços do barco e com os remos danificados porque tinha tentado guiar a equipe por um espaço impossivelmente estreito e fracassara. Dix nunca acreditou nos argumentos de Hawking de que "alguma coisa atravessou nosso caminho".

"Na metade do tempo", diz Dix, "eu tinha a nítida impressão de que ele se sentava na popa do barco com a cabeça nas estrelas, pensando em fórmulas matemáticas."

As equipes de remo trabalhavam muito no rio. Saíam nos barcos praticamente a cada manhã durante todo o período letivo, preparando-se para as grandes competições, as Torpids, que ocorriam em fevereiro, e as Summer Eights no período do verão. O termo Torpids tem origem no adjetivo "letárgico", porque era a primeira prova em que calouros competiam, e portanto o padrão de muitas equipes era muito baixo. Tendo se unido ao clube de remo em outubro, os novatos teriam treinado muito durante todo o inverno como preparação para exibir suas novas habilidades na quinta semana do período de inverno.

As Torpids eram provas universitárias de "derrubada" que ocorriam por vários dias. Os 13 barcos concorrentes davam a largada separados 42 metros. Cada um deles era ligado à margem por um cabo de 12 metros, cuja extremidade o timoneiro segurava. Quando era dado o tiro de largada, os timoneiros largavam o cabo e os barcos iam ao encalço uns dos outros junto a uma faixa do rio com o objetivo de derrubar o barco da frente sem se deixar virar. A principal tarefa do timoneiro é guiar a equipe de forma que evite ser derrubada pelo barco de trás, mas consiga derrubar o barco da frente. O objetivo do exercício é ganhar posições conseguindo derrubar sem ser derrubado; depois de cada páreo, os "derrubadores" e os "derrubados" trocavam de posição. Se uma equipe se saísse muito bem e ganhasse várias posições durante uma série de corridas, cada membro da equipe podia comprar um remo no qual podiam ser entalhadas as derrubadas triunfantes, os nomes dos remadores e a data. Estes remos enfeitavam as paredes dos quartos dos vitoriosos. As equipes de Hawking ficavam na média, obtendo apenas um número modesto de derrubadas durante suas regatas Torpids, mas a idéia era se divertir e liberar as pressões acadêmicas.

Depois das corridas, vinham as comemorações e condolências, ambas acompanhadas por um excesso de cerveja, seguidas por um jantar no clube de remo da faculdade acompanhado de discursos e brindes. E aqui estava o verdadeiro motivo para Hawking se envolver nisso. Ele foi um tanto desajustado no primeiro ano, solitário, precisando aliviar o tédio de um trabalho que não representava um desafio para ele. O clube de remo revelou o rapaz de 19 anos e lhe deu uma oportunidade de fazer parte da "turma" da universidade.

Quando encontraram Hawking durante seu segundo ano, seus velhos amigos de escola mal conseguiram acreditar na mudança que se operara nele. Sua descrição variava de "um dos rapazes" a "definitivamente vulgar". O jovem magro de cabelos desgrenhados com seu cachecol cor-de-rosa do clube de remo parecia muito distante do aluno desajeitado que tinha deixado St. Albans menos de dois anos antes. Ele não era mais um fracasso social, mas um membro integrado do ambiente social "correto". Era um domínio essencialmente masculino; as mulheres raramente tinham acesso a este mundo. Era, de certa forma, uma continuação da turma da St. Albans School, sem a intensidade intelectual, mas com muito mais álcool. A idéia era beber muita cerveja *ale*, contar histórias meio sinistras e ter a maior diversão inofensiva que fosse possível. Mas seu gosto recém-descoberto pela aventura quase o colocou em apuros.

Uma noite, ele decidiu fazer furor. Depois de algumas cervejas com um amigo, os dois afastaram-se para uma das passarelas que atravessavam o rio. Depois de sair do bar, eles pegaram uma lata de tinta e alguns pincéis que tinham deixado na faculdade e os esconderam dentro de uma bolsa. Quando chegaram à ponte, levantaram algumas pranchas de madeira paralelas ao vão e suspenderam-nas sobre a água com uma corda cuidadosamente arranjada alguns metros abaixo do parapeito. Escalando pela lateral, posicionaram-se nas pranchas com a lata de tinta e os pincéis e começaram a escrever. Alguns minutos depois, visíveis na escuridão, estavam as palavras "VOTE NOS LIBERAIS" em grandes caracteres na lateral da passarela, claras para qualquer pessoa no rio quando o dia nasceu.

Então veio o desastre. Assim que Hawking terminava a última letra, o facho de uma lanterna os pegou na ponte e uma voz irritada gritou: "E o que vocês pensam que estão fazendo aí?" Era um policial. Os dois entraram em pânico, e o amigo de Hawking fugiu das pranchas para a margem do rio, disparando para a cidade e deixando que Hawking, com o pincel na mão, enfrentasse as conseqüências. Ele simplesmente levou uma bronca da polícia, e o incidente acabou sendo esquecido. Mas deve ter surtido o efeito desejado de assustá-lo pelo resto da vida, porque ele nunca mais teve problemas com a lei.

Menos de três anos depois de chegar à Universidade de Oxford, Hawking teve novamente de agüentar as conseqüências quando as provas finais se aproximaram e ele subitamente descobriu que podia estar mais bem preparado. O Dr. Berman sabia que Hawking, apesar de toda a sua capacidade inata, acharia as provas mais difíceis do que previra. Berman percebeu que havia dois tipos de estudantes que se saíam bem em Oxford: aqueles que eram brilhantes e se esforçavam muito, e aqueles que tinham um grande talento natural e se esforçavam muito pouco. Eram sempre estes últimos que se saíam melhor nas provas escritas. Assim eram os exames; ganhar prêmios de final de ano era uma coisa, mas as provas finais eram muito piores. Era tudo ou nada, o foco de três anos de estudos. Hawking certa vez calculou que durante os três anos de seu curso em Oxford ele tinha feito algo em torno de mil horas de estudo, uma média de uma hora por dia — e isso dificilmente o preparava para as árduas provas finais. Um amigo se recorda, divertido: "Perto do final, ele estava estudando umas três horas por dia!"

Mas Hawking pensou num plano. Como os candidatos podiam optar por várias questões de cada prova, ele decidiu que tentaria somente os problemas de física teórica e ignoraria as questões que exigissem conhecimento factual detalhado. Ele sabia que podia responder a qualquer questão teórica usando seu comprovado talento natural e sua compreensão intuitiva do assunto. Mas outro problema complicava as coisas. Ele tinha se matriculado em Cambridge para fazer um doutorado em cosmologia com o astrônomo britânico mais importante da época, Fred Hoyle. O problema era que, para ser aceito em Cambridge, ele tinha de conseguir um diploma com louvor de primeira classe, a mais alta qualificação possível em Oxford.

Na noite que antecedeu as provas finais, Hawking estava em pânico. Ficou inquieto, revirando-se a noite toda e dormiu muito pouco. Quando chegou a manhã, ele se vestiu com os paramentos (beca regulamentar preta, camisa branca e gravata-borboleta para todos os examinandos), deixou seu quarto ansioso e com os olhos baços, e foi para o prédio de exames a poucos metros na High. Na rua, centenas de outros alunos identicamente vestidos se espalhavam pelas calçadas, alguns trazendo livros sob os braços, outros fumando como maníacos o último cigarro antes de entrar na sala de exames — uma festa para a câmera de um turista, mas uma tortura horrível para os que tinham de se sentar durante dias para fazer as provas.

O prédio de exames fazia o máximo para intimidar os alunos: tetos altos, grandes candelabros pendurados no vazio, fila após fila de mesas de madeira e cadeiras duras. Fiscais andavam de um lado para outro nas filas de olho nos candidatos, que assumiam uma multiplicidade de poses — encarando o teto ou a meia distância, a caneta enfiada entre os dentes travados, ou completamente absortos, curvados sobre um manuscrito em um arrebatamento desenfreado. Hawking animou-se um pouco quando a prova foi colocada na mesa diante dele e seguiu exatamente seu plano de tentar somente os problemas teóricos.

Terminados os exames, ele saiu para comemorar o fim das provas finais com os colegas de seu ano, entornando champanhe da garrafa e unindo-se à multidão de estudantes que paravam o trânsito na High como num ritual e borrifavam espumante no céu de verão. Depois de um curto intervalo e um período de expectativa de roer as unhas, os resultados foram anunciados. Hawking ficou no limite entre a primeira e a segunda classe. Para decidir seu destino, ele teria de passar por uma prova oral com os examinadores.

Ele tinha plena consciência de sua imagem na universidade. Tinha a impressão, correta ou errada, de que era considerado um aluno difícil e que era desleixado e aparentemente preguiçoso, mais interessado em beber e se divertir do que em trabalhar seriamente. Mas ele subestimava o quanto suas capacidades eram benquistas. Não só isso, mas como Berman gosta de dizer, Hawking estava em seu elemento na prova oral, porque, se os examinadores tinham alguma inteligência, eles logo veriam que Hawking era mais inteligente do que eles. Na entrevista, ele fez uma declaração que resume perfeitamente a atitude masculina comum, ao mesmo tempo que pode ter salvado sua carreira. O examinador chefe pediu a ele para falar à mesa de seus planos para o futuro.

— Se vocês me derem um diploma de primeira classe — disse ele —, irei para Cambridge. Se eu receber a segunda classe, devo ficar em Oxford, então espero que vocês me dêem a primeira.

E eles deram.

# 4

# Doutores e doutorados

Dizem que Cambridge é a única cidade universitária verdadeira na Inglaterra. Oxford é uma cidade muito maior e tem, estendidas do outro lado do anel rodoviário, grandes áreas industriais aninhadas perto de um dos maiores condomínios da Europa. Cambridge é mais original e mais dominada pela universidade. Embora as evidências sugiram que a Universidade de Cambridge foi fundada por dissidentes de Oxford, ambas foram criadas na mesma época do século XII, usando como modelo a Universidade de Paris. Como Oxford, a Universidade de Cambridge é um conjunto de faculdades sob o guarda-chuva de uma autoridade universitária central. Como Oxford, ela atrai os melhores estudantes de todo o mundo e tem fama mundial, comparável somente a sua grande rival e gêmea histórica localizada a apenas 130 quilômetros de distância. E, como Oxford, é impregnada de tradição, drama e história.

Tendo acabado de voltar do exterior, Stephen Hawking, bacharel com louvor, chegou a Cambridge em outubro de 1962, trocando a paisagem ressecada e estéril do Oriente Médio pelo vento outonal e a garoa que cai sobre os campos escurecidos de East Anglia. À medida que passava pelos prados e as suaves colinas em direção a sua casa em uma manhã chuvosa, uma sombra se escondia por trás da paz e da tranqüilidade da "única cidade universitária verdadeira da Inglaterra", e na verdade por trás de cada ser humano que habitava o planeta, porque o mundo estava nas garras apavorantes da crise cubana.

Parecia realmente que a qualquer momento o mundo podia terminar em um inferno de violência nuclear. Hoje, nos dias pós-*glasnost* relativamente calmos, talvez seja difícil imaginar o clima, a insegurança e a incerteza da época. Hawking, assim como os outros, experimentava uma sensação de desesperança diante de acontecimentos sobre os quais não tinha absolutamente qualquer controle. Os velhos ídolos estavam desaparecendo e caindo; novos heróis mantinham-se de lado, prontos para surgir. Marilyn Monroe tinha morrido em agosto daquele ano, John F. Kennedy teria pouco mais de 12 meses de vida, e os Beatles pairavam na margem da imensa fama internacional, sem paralelos na história da cultura popular.

Apesar da terrível ameaça de aniquilação iminente, a vida em Cambridge seguia seu curso normal. Os alunos começaram a se fixar em seus novos lares e a se ambientar em uma cidade estranha, os moradores continuavam seus afazeres diários como faziam há centenas de anos. Nos dias que antecederam a sua mudança para Cambridge, Stephen Hawking gradualmente tomou consciência de uma crise pessoal. Perto do final de sua temporada em Oxford, ele tinha começado a encontrar alguma dificuldade em amarrar os sapatos, esbarrava nas coisas, e várias vezes sentia perder o controle de suas pernas. De vez em quando, sem que tivesse bebido uma gota de álcool, veria sua fala se arrastar como se ele estivesse bêbado. Sem querer admitir que alguma coisa estava errada, ele nada disse e tentou tocar sua vida.

Depois de chegar a Cambridge, surgiu outro problema. Quando ele se matriculou para o doutorado na universidade, havia duas áreas de pesquisa disponíveis: partículas elementares, o estudo do muito pequeno, e cosmologia, o estudo do muito grande. Como ele próprio afirmou:

> Achei que a área de partículas elementares era menos atraente, porque, embora estivessem descobrindo muitas partículas novas, não havia uma teoria adequada das partículas elementares. Só o que podiam fazer era organizar as partículas em famílias, como na botânica. Na cosmologia, por outro lado, havia uma teoria bem definida — a teoria geral da relatividade de Einstein.[1]

Mas havia um empecilho. Ele tinha escolhido originalmente ir para a Universidade de Cambridge porque na época Oxford não podia oferecer pesquisa cosmológica e, mais importante, ele queria estudar com Fred Hoyle, mundialmente conhecido como o mais eminente cientista em sua área. Mas em vez de estudar com Hoyle, ele foi colocado sob a orientação de Dennis Sciama, de quem nunca ouvira falar. Por algum tempo essa guinada dos acontecimentos lhe pareceu desastrosa, mas ele passou a perceber que Sciama seria um orientador muito melhor porque Hoyle estava sempre viajando ao exterior e tinha pouco tempo para cumprir o papel de professor. Ele logo descobriu também que o Dr. Sciama era um cientista sofisticado e um orientador imensamente útil e estimulante, sempre disponível para conversar com ele.

O primeiro período de Hawking em Cambridge foi péssimo. Ele descobriu que seus estudos de matemática não haviam atingido um padrão suficientemente alto na graduação e logo estava lutando com os cálculos complexos que envolviam a relatividade geral. Seu ritmo de trabalho ainda era um tanto preguiçoso e seu material de pesquisa exigia cada vez mais dele. Pela segunda vez em sua vida ele estava começando a se atrapalhar. Sciama (que morreu em 1999) recorda que, embora seu aluno parecesse excepcionalmente brilhante e preparado para argumentar com meticulosidade e inteligência, parte da dificuldade de Hawking era encontrar uma área de pesquisa adequada para estudar.

O problema era que uma opção de pesquisa tinha de ser suficientemente exigente para atender aos requisitos de um curso de doutorado e, porque a pesquisa da relatividade naquele nível era nova e incomum, não era fácil descobrir o tipo de problema certo.

Sciama pensou na época que Hawking quase tinha perdido o rumo e seria reprovado. Essa situação persistiu por pelo menos o primeiro ano de seu doutorado. As coisas só começaram a se resolver por uma série complexa de acontecimentos que teve início com as mudanças que já se desenrolavam no corpo do próprio Hawking.

Quando Stephen voltou a St. Albans para o feriado de Natal no final de 1962, todo o sul da Inglaterra estava coberto por uma espessa camada de neve. No fundo, ele devia saber que alguma coisa estava errada. A estranha inépcia que vinha experimentando lhe ocorria com mais freqüência, mas não fora observada por ninguém em Cambridge. Sciama lembra-se de perceber no início do período que Hawking tinha um problema de fala muito leve, porém nada mais do que isso. Contudo, quando Hawking chegou à casa de seus pais, como ficara afastado por alguns meses, eles imediatamente perceberam que algo estava errado. A conclusão imediata de seu pai era que Stephen tinha contraído algum micróbio estranho enquanto estava no Oriente Médio no verão anterior — uma conclusão lógica para um médico especializado em doenças tropicais. Mas ele queria ter certeza. Levou Stephen ao médico da família, que recomendou um especialista.

Na véspera de ano-novo, os Hawking deram uma festa na Hillside Road. Como se devia esperar, foi uma festa civilizada, regada a vinho e xerez; os amigos íntimos foram convidados, incluindo John McClenahan e Michael Church. Correu pela festa que Stephen estava doente, que a natureza exata do problema era desconhecida, mas a impressão geral era de que ele tinha contraído alguma coisa no estrangeiro. Michael Church lembra que Stephen tinha dificuldades para encher um copo de vinho e que a maior parte do líquido terminava na toalha de mesa, em vez de na taça. Nada foi dito, mas o clima daquela noite era de maus pressentimentos.

Uma jovem chamada Jane Wilde, que Stephen conhecia apenas vagamente, também fora convidada para a festa. Um amigo mútuo o apresentou a ela durante a noite. Jane também morava em St. Albans e freqüentara a escola secundária local. Enquanto as últimas horas de 1962 se esgotavam e se iniciava 1963, os dois começaram a conversar e a se conhecer melhor. Ela estava no final da sexta série e tinha uma vaga no Westfield College, em Londres, para começar o estudo de línguas modernas no outono seguinte. Jane achou o doutorando de 21 anos de Cambridge um personagem fascinante e um tanto excêntrico, e imediatamente sentiu-se atraída por ele. Ela lembra de perceber uma arrogância intelectual nele, mas "havia alguma coisa ali dentro, ele sabia que alguma coisa, sobre a qual não tinha controle, estava acontecendo".[2] A partir daquela noite, a amizade deles floresceu.

Ele devia voltar a Cambridge para começar o trimestre da Quaresma em janeiro, mas em vez de reassumir seu trabalho ali, foi levado ao hospital para se submeter a uma série de exames. Hawking lembra-se nitidamente desta experiência:

> Eles colheram uma amostra de músculo do meu braço, enfiaram eletrodos em mim e injetaram um fluido radiopaco na minha coluna, observando o fluxo do fluido com raios X, enquanto inclinavam o leito. Depois disso tudo, eles não me contaram o que eu tinha, exceto que não era esclerose múltipla, e que eu era um caso atípico. Mas deduzi que eles esperavam que aquilo continuasse a se agravar, e que não havia nada que pudessem me dar além de vitaminas. Pude ver que eles não achavam que isso surtiria algum efeito. Não tive vontade de pedir mais detalhes, porque obviamente seriam ruins.[3]

Os médicos o aconselharam a voltar a Cambridge e a sua pesquisa cosmológica, mas isso, é claro, era mais fácil de falar do que fazer. O trabalho não estava indo bem e agora a eterna possibilidade de morte iminente pairava sobre cada pensamento ou atitude que tinha. Ele voltou a Cambridge e esperou pelos resultados dos exames. Pouco tempo depois, recebeu o diagnóstico de uma doença rara e incurável chamada esclerose lateral amiotrófica, ou ELA, conhecida nos Estados Unidos como doença de Lou Gehrig porque o jogador de beisebol dos Yankees havia morrido desta doença. Na Grã-Bretanha, é chamada, de modo geral, de doença do neurônio motor.

A ELA afeta os nervos da medula espinhal e partes do cérebro responsáveis pelas funções motoras voluntárias. As células degeneram-se gradualmente durante algum tempo e causam paralisia à medida que os músculos de todo o corpo atrofiam. O cérebro não é atingido, e as funções superiores, como o raciocínio e a memória, ficam intocadas. O corpo definha aos poucos, mas a mente do paciente continua intacta. O prognóstico comum é de imobilidade gradual, seguida de paralisia progressiva, levando por fim à morte por sufocamento ou pneumonia quando os músculos respiratórios são comprometidos. Os sintomas são indolores, mas nos estágios finais da doença os pacientes com freqüência recebem morfina para alívio da depressão crônica.

Uma das ironias espantosas da situação era que Stephen Hawking estava estudando física teórica, um dos pouquíssimos trabalhos para o qual sua mente era o único instrumento necessário. Se ele fosse um físico experimental, sua carreira estaria acabada. É muito natural que isto servisse de pouco consolo para um rapaz de 21 anos que, como todo mundo, tinha visto uma vida normal se estender diante dele, em vez de uma sentença de morte por uma doença neurológica. Os médicos lhe deram dois anos de vida.

Depois de saber das notícias, Hawking caiu em uma profunda depressão. A lenda de Fleet Street era de que ele se trancou em um quarto escuro, afundando na bebida e ouvindo Wagner em alto volume enquanto chafurdava em uma névoa alcoolizada de autopiedade. Mas ele continua dizendo que as histórias de bebedeira são exageradas e que, sentindo-se um "personagem trágico",[4] ele se afastou por algum tempo e ouviu muita música, especialmente Wagner.

> Os relatos das revistas de que eu bebi muito são exagerados. O problema é que, depois de um artigo ter afirmado isso, outros o seguiram, porque a história era boa. Qualquer coisa que apareça muitas vezes na imprensa é considerada verdade.[5]

Nunca se soube da verdade, mas as lembranças que Hawking tem dos acontecimentos parecem verdadeiras. A idéia de se despedaçar totalmente e ficar daquela forma até que o sofrimento mental fosse anulado parecia-lhe uma coisa eminentemente razoável de se fazer naquelas circunstâncias. Além disso, há evidências em apoio a esta afirmativa. Dennis Sciama, por exemplo, disse certa vez que ele não tinha lembrança de Hawking desaparecendo por um longo período, como afirmaram os tablóides. Estando acostumado a ver seus alunos todo dia durante o período letivo, ele seria o primeiro a perceber a ausência de Hawking.

Mas há pouca dúvida de que ele ficou profundamente chocado com as notícias e passou por uma época de profunda depressão. Parecia haver pouco sentido em continuar com sua pesquisa, porque podia não viver o bastante para terminar o doutorado. Por algum tempo, ele naturalmente acreditou que não havia nenhum motivo para viver. Se ele ia morrer em alguns anos, então por que se preocupar em fazer alguma coisa? Ele nunca se sentiu atraído pela religião ou por qualquer idéia de vida após a morte, então não poderia encontrar nem um vestígio de conforto ali. Ele viveria o tempo que lhe restava e morreria. Era seu destino. Sem ser diferente de qualquer pessoa que enfrenta uma forma de tragédia pessoal, ele pensava: "Como uma coisa dessas pôde acontecer comigo? Por que tenho que morrer tão cedo?"[6]

Ele fala de uma experiência por que passou enquanto fazia os exames, uma experiência que lhe causou uma forte impressão e o ajudou a superar os dias de pesadelo quando de seu retorno a Cambridge:

> Enquanto eu estava no hospital, vi um menino, na cama em frente à minha, que eu sabia vagamente que estava morrendo de leucemia. Não era uma visão agradável. Claramente havia pessoas em pior estado do que o meu. Pelo menos meu problema não me deixava doente. Sempre que tendi a me lamentar por mim mesmo, lembrava-me desse menino.[7]

Ele estava tendo alguns sonhos perturbadores mas pungentes nessa época. No hospital, ele sonhou que ia ser executado. De repente percebeu que podia fazer muita coisa se sua pena fosse comutada; em outro sonho recorrente ele pensou que podia sacrificar sua vida para salvar a dos outros: "Afinal, se eu vou morrer mesmo, podia fazer alguma coisa boa", sonhou ele.[8]

Depois que Hawking se arrastou para fora de sua depressão e voltou a trabalhar, seu pai decidiu fazer uma visita a Dennis Sciama. Ele explicou a situação e perguntou se Stephen podia concluir seu doutorado em um tempo mais curto do que o mínimo de três anos, porque seu filho em breve não viveria mais. Sciama, sabendo talvez melhor que ninguém que seu aluno era realmente capaz disso, disse a Frank Hawking que qualquer idéia de terminar em menos de três anos era impossível. Se na época Sciama percebeu que Hawking precisava de seu trabalho para ajudá-lo a passar por seus problemas é outra questão; ele conhecia o regulamento, e apesar do fato de que seu aluno pudesse estar morrendo, não podia distorcer os estatutos para que se ajustassem a ele.

A maioria das pessoas acreditava que as previsões médicas eram corretas e que

Hawking tinha muito pouco tempo de vida. John McClenahan lembra nitidamente que, na véspera da partida para trabalhar na América por um ano, a irmã de Hawking, Mary, tinha dito a ele que se ele decidisse não voltar em um ano, provavelmente nunca mais veria o amigo novamente. A doença, depois de se estabelecer, desenvolvia-se com rapidez. Jane encontrou Stephen novamente logo depois que ele teve alta do hospital e o achou confuso e sem vontade de viver.

Mas há pouca dúvida de que o aparecimento de Jane em cena foi um momento decisivo na vida de Stephen. Os dois começaram a se ver muito, e desenvolveu-se um forte relacionamento. Conhecer Jane permitiu-lhe sair da depressão e recuperar parte da fé em sua vida e em seu trabalho. Enquanto isso, o doutorado progredia a um ritmo dolorosamente lento.

Ele não era o único estudante que trabalhava com Sciama. Um sul-africano, George Ellis, tinha sido o primeiro aluno do orientador quando Sciama assumiu o cargo em 1961. Um ano depois chegou Hawking, e um ano após mais dois alunos que se tornariam, junto com Ellis, amigos pelo resto da vida — Brandon Carter e Martin Rees. Junto com vários outros eles formavam um pequeno grupo de relativistas e cosmólogos, todos trabalhando em áreas ligeiramente diferentes do mesmo campo.

Eles se tornaram bons amigos e colegas de trabalho, com freqüência relaxando em um dos bares da cidade à noite ou indo juntos a concertos, peças de teatro e cinema quando tinham tempo suficiente para falar de física junto a um copo de cerveja. Havia interesses comuns além do trabalho. Ellis sempre foi interessado em política e era um veemente anti-*apartheid*. Ele encontrou em Hawking uma atitude solidária, e freqüentemente conversavam sobre política. Sentados junto às lareiras dos bares no inverno e nos jardins nas noites de verão, os dois discutiriam qualquer coisa, da Guerra do Vietnã ao Black Power. É claro que eles foram apresentados a Jane, e quando ela ia a Cambridge nos fins de semana todo o grupo costumava fazer um piquenique na margem do rio, observando as chalanas deslizando.

Durante seu primeiro ano, Hawking trabalhou com os outros alunos e orientadores na Ala Phoenix do Laboratório Cavendish, criado por James Clerk

Maxwell na década de 1870. No início dos anos 60, o chefe do departamento de física, George Batchelor, conseguiu convencer a universidade a criar um departamento de física teórica e matemática no que era conhecido como Antigo Prédio da Imprensa Universitária na Silver Street. Passou a ser conhecido como o Departamento de Matemática Aplicada e Física Teórica (DAMTP, Department of Applied Mathematics and Theoretical Physics).

Segundo o sistema de Cambridge, os alunos de graduação e pós-graduação são matriculados em uma das faculdades mas trabalham nos prédios da universidade com outros alunos da mesma área, embora de faculdades diferentes. Hawking era aluno do Trinity Hall, comeria ali à noite e teria acomodações fornecidas por esta faculdade, mas não trabalhava nas instalações ou exclusivamente com os alunos e a equipe acadêmica do Trinity Hall.

O ambiente no departamento de física era muito informal, e os alunos de doutorado não tinham um cronograma rígido ou um curso a seguir. O trabalho do orientador era sugerir um conjunto de problemas ou metas, discutir com os alunos os planos de ataque e dar orientação quando necessária. Sciama lembra-se de como, em várias ocasiões, ele se precipitava na sala de Hawking com uma nova idéia relacionada com alguma coisa em que seu aluno estava trabalhando, e juntos eles discutiam o esquema à exaustão. Em outras vezes, Hawking procuraria Sciama em sua sala, um lugar lembrado com afeto, as paredes cobertas de gravuras de arte moderna entre prateleiras cheias de livros e artigos.

Além de freqüentar as aulas da universidade, todos os estudantes de doutorado do DAMTP compareciam a seminários regulares, quando trinta ou quarenta pessoas ouviriam conferências dadas por um professor do corpo docente da universidade ou por um conferencista visitante. Seguia-se uma discussão geral. Mas o lugar mais importante para conversar e trocar idéias era o Salão de Chá. No ritual que ocorria duas vezes ao dia, estabelecido no Cavendish e levado para a Silver Street, todos se encontrariam às onze da manhã para o café e às quatro da tarde para o chá, para trocar suas idéias mais recentes. Os alunos dividiam salas, e suas portas praticamente estavam sempre abertas a todos — nunca houve qualquer intenção de trabalhar secretamente ou guardar as idéias para si mesmos. Foi neste ambiente de livre comunicação que Hawking topou com seu projeto mais significativo durante seus primeiros anos de doutorado.

Fred Hoyle era um grande nome no departamento de física da Universidade de Cambridge, amplamente conhecido por suas idéias a respeito da origem do Universo. Inveterado na autopromoção, manipulava a mídia com muita competência e era daquele gênero de cientistas que de vez em quando expressaria publicamente teorias sem fundamento e sem verificação. Sua justificativa para isso era simples. Ele não era egomaníaco nem um intelectual desonesto, mas precisava causar sensação pública para conseguir fundos para sua pesquisa, para ser internacionalmente famoso. A publicidade era de suma importância para ele.

Hoyle nem sempre esteve nessa posição elevada. Filho de um comerciante de tecidos de Yorkshire, tinha ingressado em Cambridge na década de 1930 com uma bolsa de estudos integral e ficara calejado pela experiência de se sentir socialmente inadequado por causa de sua formação e seu sotaque estranho. Embora se provasse intelectualmente superior à maioria de seus colegas, sua experiência modificou-o e era difícil lidar com ele. Em grande parte de seu tempo como professor em Cambridge, ele se envolveu em discussões ferozes com as autoridades e com muitos de seus colegas. Logo depois de se mudar para Silver Street, Hoyle criou seu próprio instituto em Cambridge, mas ainda usava o cérebro e a ajuda de muitos do DAMTP.

Durante as discussões e convulsões em Cambridge, Hoyle estava muito mais envolvido com a teoria do estado estacionário do Universo. Ele tinha desenvolvido a idéia com o matemático Hermann Bondi, do King's College, em Londres, e com o astrônomo Thomas Gold, e na época esta era simplesmente a mais cientificamente evoluída de duas teorias concorrentes. Ele detestava a teoria alternativa de uma criação espontânea do Universo, que certa vez descreveu como uma corista saltando de um bolo de aniversário — não era digna, nem elegante. Mais tarde, para sua diversão, ele se tornou o criador da expressão "Big Bang", cunhada deliberadamente para ridicularizar a idéia, lançada em um programa de rádio em que ele propunha sua própria teoria do estado estacionário.

Além de desenvolver sua teoria da origem do Universo, Hoyle trabalhava como orientador de um grupo seleto de alunos. Um deles era o estudante de pós-graduação Jayant Narlikar. Narlikar tinha a tarefa de trabalhar com parte da matemática da teoria de Hoyle, como um componente de seu material de pesquisa para o doutorado. Por acaso, ele também ocupava a sala ao lado da sala de Hawking. Hawking ficou muito interessado nas equações de Narlikar. Sem precisar de muita persuasão, Narlikar dividia o material de pesquisa em que estava trabalhando e Hawking começou a desenvolver ainda mais as teorias. Durante os meses seguintes, Hawking passava cada vez mais tempo andando entre sua sala e a de seu amigo, agarrado a páginas cheias de interpretações matemáticas em uma das mãos e apoiando-se pesadamente em sua bengala recém-adquirida com a outra.

Neste ponto, devemos destacar que Hawking não tinha nenhuma intenção escusa nem em relação a Hoyle, nem a Narlikar. Ele simplesmente tinha uma grande curiosidade em relação ao material e estava atrapalhado com seus próprios projetos. As equações e seu significado eram fascinantes e talvez tenham sido mais estimulantes no início do que sua própria pesquisa. Além disso, toda a abordagem no departamento era de metas e ideais compartilhados.

Pouco tempo depois as coisas chegaram a um ponto crítico. Hoyle decidiu fazer um anúncio público de suas descobertas na reunião da Royal Society em Londres. Embora certamente isso tivesse precedentes, alguns de seus colegas o consideraram demasiado ansioso, porque o trabalho não havia sido testado. Hoyle deu sua palestra a cerca de cem pessoas; no final, houve um aplauso caloroso e o costumeiro tumulto das conversas pós-conferências. Então ele perguntou se havia mais alguma pergunta. Naturalmente Hawking tinha comparecido e acompanhara sua argumentação. Ele se levantou lentamente, agarrado a sua bengala. A sala caiu em silêncio.

— O valor de que o senhor fala diverge — disse ele.

Murmúrios reprimidos passaram pelo público. Os cientistas reunidos viram imediatamente que, se a afirmativa de Hawking estivesse correta, a última proposta de Hoyle estaria errada.

— É óbvio que não diverge — respondeu Hoyle.

— Diverge, sim — foi a resposta desafiadora de Hawking.

Hoyle fez uma pausa e vasculhou a sala por um momento. O público estava em absoluto silêncio.

— Como você sabe? — perguntou de chofre.

— Porque eu o formulei — disse Hawking lentamente.

Um riso constrangedor atravessou a sala. Esta era a última coisa que Hoyle esperava ouvir. Ele ficou furioso com o jovem presunçoso. Mas qualquer inimizade entre os dois teve vida curta — Hawking tinha demonstrado grande competência como físico para isso. Hoyle, porém, considerou a atitude de Hawking antiética e disse isso a ele. Em resposta, Hawking e outros apontaram que Hoyle tinha sido antiético em anunciar resultados que não haviam sido comprovados. A única parte inocente, que sem dúvida teve de suportar todo o impacto da raiva de Hoyle, era o intermediário, Narlikar.

Embora Hoyle equivalha intelectualmente a Hawking, nesta ocasião o mais jovem estava absolutamente certo: o valor que Hoyle tinha mencionado na verdade divergia, o que significava que o último componente de sua teoria estava errado. Hawking escreveu um artigo resumindo as descobertas matemáticas que o levaram a perceber isso. Foi bem recebido por seus colegas e demonstrou que era um jovem pesquisador promissor. Embora ainda tentasse pôr em ordem seu trabalho de doutorado com Sciama, Hawking já estava começando a fazer fama na atmosfera rarefeita da pesquisa cosmológica.

Durante seus primeiros dois anos em Cambridge, os efeitos da doença ELA rapidamente se agravaram. Ele estava começando a experimentar uma enorme dificuldade em andar e era obrigado a usar uma bengala para se mover alguns metros. Seus amigos ajudavam da melhor maneira que podiam, mas na maior parte do tempo ele evitava qualquer assistência. Usando paredes e objetos além da bengala, ele conseguia, com uma lentidão dolorosa, atravessar salas e áreas abertas. Em muitas ocasiões, os apoios não eram suficientes. Sciama lembra-se claramente, como seus colegas, de que em alguns dias Hawking chegaria em sua sala com um curativo na cabeça por ter sofrido uma queda feia e uma grave pancada.

Sua fala também estava se tornando seriamente afetada pela doença. Em vez de ser apenas arrastada, agora estava rapidamente se tornando ininteligível, e até os colegas mais próximos encontravam alguma dificuldade em entender o que ele dizia. Mas nada o desanimava; na verdade, ele enfrentou tudo com calma. O trabalho estava progredindo mais rápido e de forma mais positiva do que jamais acontecera em toda a sua carreira, e isso serve para ilustrar sua atitude em relação à doença. Embora pareça loucura, a ELA simplesmente não é importante para ele. É claro que ele teve de sofrer as humilhações e obstáculos que enfrentam todos os que não são fisicamente capazes em nossa sociedade, e naturalmente teve de se adaptar a sua condição e viver em circunstâncias excepcionais. Mas a doença não tocou a essência de seu ser, sua mente, e desta forma não afetou seu trabalho.

Mais que qualquer outra pessoa, Hawking gostaria de menosprezar sua deficiência e se concentrar em suas realizações científicas, porque é o que realmente importa para ele. Aqueles que trabalham com ele, e muitos físicos em todo o mundo que o têm em alta conta, vêem Hawking como um igual. O fato de que não pode falar nem se mover sem a tecnologia na ponta de seus dedos é irrelevante. Para eles Hawking é um amigo, um colega, e acima de tudo um grande cientista.

Depois de se entender com a ELA e encontrar em Jane Wilde alguém com quem podia dividir a vida em um plano puramente pessoal, ele começou a florescer. O casal se envolveu emocionalmente, e a freqüência das visitas de fim de semana aumentou. Era óbvio para qualquer pessoa que eles estavam felizes e eram imensamente importantes um para o outro. Jane recorda: "Eu queria encontrar algum propósito para minha existência, e acho que o encontrei na idéia de cuidar dele. Mas estávamos apaixonados." Em outra ocasião, ela disse, "Resolvi que ia fazer e fiz. Ele era muito decidido, muito ambicioso. Tanto quanto agora. Ele já manifestava os primórdios da doença quando o conheci, então nunca vi Stephen com um corpo capaz e saudável".[9]

Para Hawking, seu envolvimento com Jane provavelmente foi a coisa mais importante que já acontecera a ele: mudou sua vida, deu-lhe um motivo para viver e o tornou decidido a viver. Sem a ajuda que Jane lhe deu, é quase certo que ele não teria sido capaz de continuar, nem teria vontade para isso.

A partir deste ponto, seu trabalho se fortaleceu cada vez mais, e Sciama começou a acreditar que Hawking afinal podia organizar os elementos dispersos de sua pesquisa de doutorado. Era cedo para deduzir isso, mas outro encontro casual estava prestes a acontecer.

O grupo de pesquisa de Sciama ficou muito interessado no trabalho de um jovem especialista em matemática aplicada, Roger Penrose, que na época trabalhava no Birkbeck College em Londres. Filho de um importante geneticista, Penrose tinha estudado no University College em Londres e fora para Cambridge no início dos anos 50. Depois de pesquisar nos Estados Unidos, ele começou, no início da década de 1960, a desenvolver idéias da teoria da singularidade que combinavam perfeitamente com as idéias que surgiam no DAMTP.

O grupo de Cambridge começou a freqüentar palestras no King's College, em Londres, em que era professor de matemática aplicada o grande matemático e co-criador da teoria do estado estacionário, Hermann Bondi. O King's agia como um ponto de encontro adequado para Penrose (que viajou para Londres), para os de Cambridge e para o pequeno grupo de físicos e matemáticos da própria faculdade. Sciama levou Carter, Ellis, Rees e Hawking para as reuniões, acreditando que as discussões estimulariam aplicações para seu próprio trabalho. Em algumas ocasiões, porém, Hawking quase não conseguiu viajar a Londres.

Brandon Carter se lembra de uma ocasião em que o grupo chegou atrasado na estação ferroviária e o trem já estava partindo. Todos correram para o trem, esquecendo-se de Stephen, que lutava com suas bengalas. Somente depois de se instalarem no vagão de passageiros perceberam que Hawking não estava com eles. Carter se lembra de olhar pela janela, ver uma figura patética cambaleando para eles na plataforma e perceber que Stephen podia não conseguir entrar antes que o trem arrancasse. Sabendo como Hawking era ferozmente contrário a ser tratado de forma diferente dos outros, eles preferiam não lhe prestar muita assistência. Mas desta vez Carter e um dos outros pularam para fora para ajudá-lo na plataforma e colocá-lo no trem.

Teria sido um estranho revés do destino se Hawking não conseguisse ir a pelo menos uma das reuniões de Londres, porque foi através delas que toda a sua carreira tomou outro rumo, e um rumo positivo. Durante as conferências no King's, Roger Penrose apresentou a seus colegas a idéia de uma singularidade de espaço-tempo no centro de um buraco negro, e naturalmente o grupo de Cambridge ficou tremendamente empolgado com isso.

Uma noite, voltando a Cambridge, todos estavam sentados juntos em um vagão de segunda classe e começaram a discutir o que tinham ouvido nas reuniões daquela noite. Sentindo-se pouco disposto a falar naquele momento, Hawking perscrutava pela janela, olhando os campos que passavam na escuridão e o reflexo de seus amigos justaposto no vidro. Seus colegas estavam discutindo um dos pontos matemáticos mais elegantes da conferência de Penrose. Subitamente ocorreu-lhe uma idéia, e ele se afastou da janela. Voltando-se para Sciama, sentado de frente para ele, falou: "Fico imaginando o que aconteceria se você aplicasse a teoria da singularidade de Roger a todo o Universo". Para concluir, foi a idéia singular que salvou o doutorado de Hawking e o colocou na estrada para o estrelato na ciência.

Penrose publicou suas idéias em janeiro de 1965, na época em que Hawking já estava começando a trabalhar com base no lampejo de inspiração que o atingira na volta de Londres para Cambridge, na noite após a conferência. Aplicar a teoria da singularidade ao Universo não era de maneira nenhuma um problema fácil, e meses depois Sciama estava começando a perceber que seu jovem aluno de doutorado estava fazendo uma coisa excepcional. Para Hawking, esta foi a primeira vez em que realmente se dedicou a alguma coisa. Como ele conta:

> Eu (...) comecei a trabalhar duro pela primeira vez na minha vida. Para minha surpresa, descobri que gostava disso. Talvez não fosse muito justo chamar aquilo de trabalho. Alguém certa vez disse que "Os cientistas e as prostitutas são pagos para fazer o que gostam".[10]

Quando ficou satisfeito com a matemática por trás das idéias, ele começou a redigir sua tese. Em muitos aspectos terminou como um esforço muito confuso, porque ele havia passado por uma espécie de deserto na primeira metade de sua temporada em Cambridge. Os problemas que ele e Sciama tinham experimentado para descobrir projetos de pesquisa adequados a ele deixaram na tese vários buracos e muitas questões sem resposta. Mas tinha um mérito especial — sua aplicação da teoria da singularidade durante seu terceiro ano.

O último capítulo da tese de Hawking era um trabalho brilhante e foi sumamente importante para o título de doutorado. O trabalho foi avaliado por um examinador interno, Dennis Sciama, e um especialista de fora. Da mesma forma que uma aprovação ou reprovação, um doutorado pode ser preterido, o que significa que o estudante tem de submeter sua tese novamente em uma data posterior, em geral ano após ano. Graças a seu último capítulo, Hawking foi poupado desta humilhação e os examinadores o recompensaram com o título. A partir de então, o físico de 23 anos podia se chamar Dr. Stephen Hawking.

# 5

# Dos buracos negros ao Big Bang

No início da década de 1960, os astrônomos já sabiam que qualquer estrela que contém mais de três vezes a matéria de nosso Sol devia terminar sua vida colapsando para dentro, formando em seguida o que agora é conhecido como buraco negro. Mais de vinte anos antes, pesquisadores tinham usado as equações da relatividade geral de Einstein para calcular que um objeto desses curvaria completamente o espaço-tempo em torno de si mesmo, separando a massa central do resto do Universo. Os raios de luz que passassem perto de um desses objetos seriam tão deslocados que até os fótons orbitariam em torno da "estrela" central em arcos fechados e possivelmente jamais escapariam para o exterior do Universo. Obviamente, como não podia emitir luz, tal objeto seria preto, e foi por esse motivo que o relativista americano John Wheeler os batizou de "buracos negros" em 1969.

Mas embora se soubesse que a teoria geral havia feito esta previsão, ninguém levava a sério a idéia dos buracos negros na época em que Hawking estava concluindo seu doutorado e passando para a pesquisa. O motivo é que existem muitas estrelas conhecidas com mais de três vezes a massa de nosso Sol. Elas não entram em colapso porque as reações nucleares que ocorrem em seu interior as tornam quentes. O calor cria uma pressão externa que faz com que a estrela resista à atração gravitacional. Os astrônomos sabiam que, quando esgotam seu "combustível" nuclear, estas estrelas explodem, atirando suas camadas mais externas para o espaço. Recentemente, há trinta anos, os astrônomos pressupuseram que uma explosão dessas sempre lançaria tanta matéria para longe que o núcleo restante teria menos de três vezes a massa do Sol — ou, talvez, que haveria a participação de uma pressão ainda não descoberta à medida que o que restasse da estrela começasse a encolher.

Este preconceito foi reforçado pelo fato de que os astrônomos tinham descoberto muitas estrelas velhas e mortas. Todas estas cinzas estelares tinham menos massa que o nosso Sol, mas uma massa comprimida em um volume do tamanho da Terra. Tais estrelas do tamanho de planetas são conhecidas como anãs brancas. Elas resistem à atração gravitacional graças à pressão dos elétrons associada com os átomos das quais são compostas, funcionando como uma espécie de gás eletrônico. Uma anã branca é tão densa que cada centímetro cúbico da estrela contém 1 milhão de gramas de matéria. Antes de 1967, eram os objetos mais densos que se conheciam no Universo.

Mas embora os astrônomos não acreditassem muito que pudesse existir alguma coisa mais densa que uma anã branca, alguns matemáticos gostavam de brincar com as equações de Einstein, imaginando o que aconteceria se a matéria fosse comprimida a densidades ainda maiores. As equações diziam que se uma matéria três vezes maior que a do Sol fosse comprimida até que ocupasse uma região esférica com um raio de apenas 9 quilômetros, o espaço-tempo em sua vizinhança seria tão distorcido que nem mesmo a luz poderia escapar. Como nada pode viajar mais rápido que a luz, isso significa que nada pode escapar de um objeto desses, o que os matemáticos às vezes chamam de um *collapsar* (de estrela colapsada). Seria um inferno em que qualquer coisa podia cair, mas do qual nada jamais sairia. E a densidade dentro do *collapsar* seria maior que a densidade do núcleo de um átomo; isto, pensavam os teóricos da época, era evidentemente impossível.

Na verdade, eles consideraram (mas não com muita seriedade) a possibilidade de estrelas tão densas quanto o núcleo de um átomo. Na década de 1930, os físicos sabiam que o núcleo de um átomo é feito de partículas firmemente acondicionadas chamadas prótons e nêutrons. Os prótons têm uma unidade de carga positiva; os nêutrons, como seu nome sugere, são eletricamente neutros, mas cada um deles tem aproximadamente a mesma massa do próton. Nos átomos do dia-a-dia, como aqueles de que se compõe este livro, cada núcleo é cercado por uma nuvem de elétrons. Cada elétron carrega uma unidade de carga negativa, e há o mesmo número de elétrons e prótons; assim, o átomo como um todo é eletricamente neutro.

Mas um átomo é, em grande parte, um espaço vazio. O núcleo é minúsculo mas muito denso, e a nuvem de elétrons é (comparativamente) imensa e insubstancial. Em proporção ao tamanho de um átomo inteiro, o núcleo é como um grão de areia no meio de uma sala de concertos. Nas estrelas anãs brancas, alguns elétrons são eliminados de seus átomos por uma alta pressão predominante, e os núcleos são encerrados em um mar de elétrons que pertence a toda a estrela, não a um núcleo específico. Mas ainda há muito espaço entre os núcleos, muito embora este contenha elétrons. Cada núcleo tem carga positiva e, como as cargas se repelem, os núcleos mantêm distância entre si.

Mas a teoria quântica afirma que há uma forma de tornar uma estrela mais densa que uma anã branca. Se a estrela fosse comprimida ainda mais pela gravidade, os elétrons podiam ser forçados a se combinar com os prótons, produzindo mais nêutrons. O resultado seria uma estrela feita inteiramente de nêutrons, que poderia ser tão comprimida quanto prótons e nêutrons no núcleo atômico. Esta seria uma estrela de nêutrons.

Os cálculos sugeriam que isso devia acontecer com toda estrela morta com massa superior a 20% da massa de nosso Sol (isto é, com mais de 1,2 massa solar). Uma estrela de nêutrons teria grande parte desta massa comprimida em um raio de cerca de 10 quilômetros, não maior que muitas montanhas da Terra. A densidade da matéria em uma estrela de nêutrons, em gramas por centímetro cúbico, seria de $10^{14}$ — isto é, 1 seguido de 14 zeros, ou 100 trilhões. Mas mesmo um objeto com esta densidade não seria um buraco negro, porque a luz ainda poderia escapar de sua superfície para o Universo.

Como os teóricos do início da década de 1960 estavam bem cientes, fazer um buraco negro a partir de uma estrela morta exigiria aniquilar ainda mais nêutrons. As equações quânticas afirmam que não há como os nêutrons resistirem ao peso de uma estrela morta de três massas solares ou mais e que, se tal objeto sobrevivesse à morte por explosão de uma estrela maciça, ele sofreria um completo colapso para dentro, encolhendo a um ponto matemático chamado singularidade. Muito tempo antes de poder chegar a este estado de volume zero e densidade infinita, a estrela em colapso teria dobrado o espaço-tempo em torno dela, eliminando a *collapsar* do Universo exterior.

Na verdade, as equações diziam que, se você comprimir qualquer conjunto de matéria bastante rígida, ela se colapsará da mesma forma. A característica especial de objetos de mais de três massas solares é que eles entrarão em colapso de qualquer maneira, sob seu próprio peso. Mas se fosse possível comprimir nosso Sol até uma esfera com um raio de cerca de 3 quilômetros, ele se transformaria num buraco negro. O mesmo aconteceria com a Terra, se fosse comprimida a cerca de um centímetro. Em todo caso, depois que o objeto fosse comprimido a um tamanho crítico, a gravidade assumiria o controle, fechando o espaço-tempo em torno do objeto ao mesmo tempo que continuaria a comprimir ao infinito a singularidade de densidade dentro do buraco negro. Mas observe que é muito mais fácil fazer um buraco negro se você tem muita massa. O ponto crítico simplesmente não é proporcional à quantidade de massa que você tem; a densidade para a formação de um buraco negro é maior se você tem menos massa para comprimir.

Para qualquer massa, há um raio crítico, chamado raio de Schwarzschild, em que isso ocorrerá. Como indicam os exemplos, o raio de Schwarzschild é menor para objetos com menos massa — para fazer um buraco negro, você deve comprimir a Terra ainda mais do que o Sol, e o Sol mais que uma estrela com mais massa. Uma vez que tenha se formado, haveria uma superfície em torno do buraco (assim como a superfície do mar) marcando a fronteira entre o Universo e a região de espaço-tempo altamente distorcida da qual nada pode escapar. Seria um horizonte com um só sentido (ao contrário da superfície do mar!) dentro do qual a radiação e as partículas materiais poderiam facilmente viajar, levadas pela gravidade, a se unir à crescente massa da singularidade, mas da qual absolutamente nada, nem a luz, poderia sair.

Trinta anos atrás, alguns matemáticos se preocupavam com a previsão de que os buracos negros deviam conter singularidades. A idéia de um ponto de densidade infinita deixava-os inquietos. Mas a maioria dos astrônomos era mais pragmática. Antes de tudo, eles duvidavam de que os buracos negros existissem de fato. É provável, pensavam eles, que alguma lei da física evite que qualquer estrela morta tenha bastante massa restante para entrar em colapso desta forma. E mesmo que os buracos negros existam, eles manteriam, por sua própria natureza, as singularidades em seus núcleos, longe da observação ou da investigação. Afinal, será que realmente importava se a teoria dizia que os pontos de densidade infinita podiam existir, uma vez que a mesma teoria afirmava que tais singularidades estavam seguramente presas por trás de horizontes intransponíveis?

Mas uma coisa deve ter preocupado os astrônomos, mesmo no início dos anos 60. Assim como você precisa comprimir muito uma pequena massa para fazer um buraco negro, uma massa maior requer menos compressão para que o mesmo truque seja produzido. Na verdade, uma massa de cerca de 4,5 bilhões de massas solares formaria um buraco negro se estivesse toda contida em uma esfera de apenas duas vezes o diâmetro de nosso sistema solar. Em princípio, a massa parece absurda. Mas lembre-se de que há centenas de bilhões de estrelas em nossa Via Láctea. Se apenas 5% da massa total estivesse envolvida, este buraco negro supermaciço poderia se formar. E a densidade deste objeto nada seria se comparada com a densidade do núcleo de um átomo ou de uma estrela de nêutrons. Seria de apenas 1 grama por centímetro cúbico — a mesma densidade da água. É mesmo possível fazer um buraco negro de água, se houver água suficiente!

Uma forma de entender como isso pode acontecer é usando uma analogia com as pistas de corrida. O que importa em um buraco negro é que ele curva completamente o espaço-tempo em torno de si mesmo, então os raios de luz no horizonte circulam interminavelmente em torno da singularidade central. Mas a "órbita" do fóton pode ser ou muito estreita, ou seguir uma curva suave. Em geral as pistas cobertas de corrida têm curvas apertadas, para ajustá-las ao espaço disponível. As pistas ao ar livre têm curvas mais suaves e ocupam mais espaço. Em ambos os casos, se você corre em torno da pista, volta ao ponto de partida — você segue um circuito fechado. Da mesma forma, um buraco negro pode ser muito pequeno, com o espaço-tempo bem dobrado em torno de si mesmo, ou muito grande, com os raios de luz seguindo curvas graduais em torno do horizonte (ou, na verdade, eles podem ser de qualquer tamanho entre estas duas coisas).

Durante a década de 1960, o que isso implicaria despontou muito lentamente para os cosmólogos. Eles perceberam que todo o Universo pode se comportar, de algumas maneiras, como o maior buraco negro de todos, com tudo no Universo mantendo-se unido graças à gravidade, e todo o espaço-tempo formando uma entidade autocontida e fechada, dobrada em torno de si mesma, terminando em uma curvatura gradual. Mas há uma grande diferença — os buracos negros atraem matéria para dentro, para a singularidade; o Universo se expande, para fora do Big Bang. O Universo é como um buraco negro pelo avesso.

As equações de Einstein — a teoria geral da relatividade — dizem que o Universo não pode ser estático, mas deve estar ou se expandindo ou se contraindo. As observações mostraram que na verdade o Universo está se expandindo. Então, o que as equações de Einstein dizem sobre as condições de muito tempo atrás, quando as galáxias eram firmemente comprimidas, e antes disso? Por seu significado manifesto, as equações dizem que o Universo deve ter surgido de um ponto de densidade infinita, uma singularidade, cerca de 15 bilhões de anos atrás. "Obviamente" (para os astrônomos das décadas de 1940 e 50), isso era ridículo. O fato de as equações terem previsto uma singularidade deve significar que elas falharam de alguma maneira; sem dúvida, no devido tempo alguém aparecerá com uma teoria melhor, que não faça previsões tão radicais. Mas, enquanto isso, parecia bastante razoável considerar as equações por seu significado aparente, desde que elas se aplicassem a condições que guardam alguma semelhança com aquelas que observamos hoje em dia.

A forma mais densa de matéria conhecida por nós hoje é a matéria nuclear: prótons e nêutrons comprimidos nos núcleos dos átomos. Desta forma, algumas almas corajosas estavam preparadas para considerar a possibilidade de que a teoria geral proporcionaria um bom guia de como o Universo evoluiu de um estado em que a densidade geral era tão grande quanto a do núcleo de um átomo, um "átomo primordial", se preferir assim, com toda a massa do Universo contida em uma espécie de superestrela de nêutrons.

O que veio "antes" disso? Como essa superdensidade primordial — às vezes chamada de "ovo cósmico" — passou a existir? Ninguém sabia; só se podiam fazer conjecturas. Talvez o ovo cósmico tenha existido por toda a eternidade, até que alguma coisa incitou sua expansão. Ou talvez o Universo tenha passado por uma fase anterior em que o espaço-tempo estava em colapso, de acordo com as equações de Einstein. Um Universo desses, em contração, pode se comprimir a densidades nucleares e depois "ricochetear" para fora novamente, em uma fase de expansão, sem encontrar a inoportuna singularidade.

A idéia do átomo primordial, ou ovo cósmico, surgiu no início da década de 1930 e foi refinada nas décadas seguintes. Entretanto, mesmo no início da década de 1960 ainda era um jogo matemático do qual participavam alguns especialistas, como uma diversão. A idéia de um ovo cósmico superdenso, apenas cerca de trinta vezes maior que nosso Sol, mas contendo tudo, que tinha explodido em pedaços para criar o Universo em expansão, combinava com as equações de Einstein e as observações. Mas no fundo ninguém parece ter percebido que suas equações descreviam o Universo. Ninguém teria ficado muito preocupado com a possibilidade de que todo o conceito do ovo cósmico estivesse errado.

Você pode ter uma noção do modo como as pessoas consideravam a idéia na década de 1950 a partir dos termos que usaram para descrever seu trabalho. As equações da teoria geral da relatividade realmente permitem mais de uma descrição possível do comportamento geral do espaço-tempo. Como mencionamos anteriormente, pode acontecer ou expansão ou contração (mas não um comportamento estático), de acordo com as equações. Obviamente, o Universo em que vivemos não pode estar se expandindo e se contraindo ao mesmo tempo; não é possível aplicar as duas soluções das equações ao Universo de hoje em dia. Por este motivo, as soluções são chamadas de modelos. Um modelo cosmológico é um conjunto de equações que descrevem como um universo (com "u" minúsculo) pode se comportar. As equações têm de obedecer às leis conhecidas da física mas não necessariamente descrevem o comportamento real do verdadeiro Universo (com "U" maiúsculo). As soluções de expansão e contração para as equações de Einstein descrevem universos-modelo, brinquedos matemáticos intrigantes; a solução da expansão pode descrever o Universo real. No início da década de 1960, porém, até a solução de expansão teria sido considerada pelos cosmólogos simplesmente universo-modelo.

Mas durante a década de 1960, toda a noção de Big Bang, como a teoria era conhecida, se consolidou. À medida que mais evidências vinham confirmar a exatidão das previsões implícitas na teoria geral da relatividade, os cosmólogos começaram a acreditar que suas equações de fato descreviam o que estava acontecendo no Universo real. Isso estimulou mais cálculos teóricos, em uma espiral de auto-estímulo que levou a uma drástica revolução no modo como entendemos o nascimento do Universo. Em 1976, a teoria do Big Bang estava tão estabelecida que o físico americano Stephen Weinberg escreveu um livro de divulgação científica de sucesso, *Os três primeiros minutos*, descrevendo os estágios iniciais do Big Bang, como o Universo tinha surgido de um estado superdenso do ovo cósmico. Embora escrito na década de 1970, o livro resumia essencialmente o modo como se compreendia o Big Bang nos anos 60; mas não iremos muito longe em nossa história se dermos um breve resumo desta compreensão agora.

Uma das coisas mais estranhas a se apreender sobre todas essas descrições do Universo — os modelos cosmológicos relativistas — é que o Big Bang não consiste em um imenso átomo primordial assentado em espaço vazio e depois explodindo para fora. Muitas pessoas ainda têm esta imagem, em que as galáxias são como fragmentos de uma bomba em explosão, zunindo pelo espaço. Mas esta idéia está equivocada.

O que as equações de Einstein nos dizem é que é o próprio espaço que se expande, dando carona a galáxias. As galáxias eram mais próximas tempos atrás, quando o Universo era mais novo, porque as distâncias entre elas eram mais comprimidas que hoje em dia. Você pode conceber isso imaginando dois pontos de tinta em uma tira de elástico. Quando você puxa uma das extremidades da tira, ela estica, e os dois pontos de tinta se separam, mas eles não se movem ao longo do material de que é feita a tira.

Assim, bem no início do Universo, na época da explosão do átomo primordial, não havia "lado de fora" para onde se moveriam os fragmentos da explosão. O espaço era fortemente dobrado em si mesmo, de modo que o ovo cósmico era uma bola de matéria, energia e tempo completamente autocontidos. Era, na verdade, um buraco negro superdenso. Ainda é um buraco negro — a única diferença é que, graças à expansão, está se tornando um buraco negro de densidade muito baixa, em que a luz agora segue muito suavemente as órbitas curvas no horizonte.

Vivemos dentro de um buraco negro, mas um buraco negro tão imenso que a curvatura do espaço-tempo dentro dele é pequena demais para que seja medida por qualquer instrumento astronômico da Terra. A "explosão" do Big Bang esticou o espaço, criando literalmente mais espaço em que os componentes materiais do ovo cósmico pudessem se mover. Muito quente e densa no início, a bola de fogo afinou e esfriou à medida que o espaço disponível expandia. O processo é exatamente o mesmo do fluido na tubulação de nossa geladeira, que mantém o ambiente interno frio. Dentro da geladeira, o fluido se expande e esfria em uma grande câmara; na parte de trás da geladeira, ele é comprimido em um espaço menor e esquenta, mas o calor escapa da tubulação para o meio externo antes que o fluido volte à geladeira para repetir o ciclo. Da mesma forma que o fluido sendo comprimido, ou como o ar sendo comprimido em uma bomba de bicicleta quando a usamos para encher um pneu, o Universo deve ter sido muito mais quente quando era mais comprimido.

Porém, mais quente como? Se você voltar seu modelo cosmológico até a singularidade prevista pelas equações de Einstein, estará lidando com temperaturas infinitas, bem como com densidade infinita. Mas ninguém na década de 1960 chegou a este extremo. Os infinitos ainda indicavam uma falha na teoria geral da relatividade, mas até o momento em que os infinitos ocorreram nos modelos podia ser usada como marco para o início dos tempos (pelo menos até alguém aparecer com uma teoria melhor).

Embora a física da década de 1960 não tenha podido dizer o que aconteceu durante a segunda ruptura que se seguiu ao início dos tempos, ela podia descrever com detalhes tudo o que tinha acontecido ao Universo nestes 15 bilhões de anos, começando por apenas um décimo de segundo depois. Para um número cada vez maior de cosmólogos, a teoria geral não parece realmente uma descrição ruim do Universo, uma vez que ela pode explicar tudo o que aconteceu nos últimos 15 bilhões de anos, exceto no exato décimo de segundo inicial. É o que a teoria lhes diz.

Um décimo de segundo depois do "início" (ou depois do "ricochete", como muitos cosmólogos da década de 1960 teriam afirmado), a densidade do Universo era 30 milhões de vezes maior que a da água. A temperatura era de 30 bilhões de graus,* e o Universo consistia em uma mistura de radiação de energia muito alta (fótons) e partículas de matéria, inclusive nêutrons, prótons e elétrons mas também partículas mais exóticas e instáveis criadas transitoriamente da radiação pura. Este é o exemplo máximo da equivalência entre massa e energia, expressa na famosa equação de Einstein $E = mc^2$. Na Terra, em uma bomba atômica, e dentro do Sol, onde ocorrem as reações nucleares, quantidades minúsculas de matéria ($m$) são convertidas em grandes quantidades de energia ($E$), porque $c$ é a velocidade da luz, que é de 300 mil quilômetros por segundo, e $c^2$ é um número muito grande. Mas se você tem energia suficiente para manipular, pode fazer matéria a partir de energia; e havia muita energia disponível para fazer o truque no Big Bang — mesmo que muitas das partículas criadas desta forma fossem instáveis, destinadas a desaparecer novamente em uma lufada de radiação bem menor que o piscar de um olho.

Um segundo depois, 1,1 segundo depois do início, o Universo esfriou drasticamente — a temperatura de todo o Universo caiu a 10 bilhões K. Naquele momento, a densidade era apenas 380 mil vezes maior que a densidade da água,

*Os físicos medem a temperatura em graus Kelvin, denotados pela letra K. Esta escala de temperatura começa com o zero absoluto, a -273º C, em que cessa todo o movimento térmico dos átomos. Mas uma questão de 273 graus é irrelevante quando medimos temperaturas de bilhões de graus, e assim, para todos os fins práticos, as temperaturas da bola de fogo são dadas em graus Celsius.

e desde então as reações entre partículas foram muito semelhantes às reações nucleares que ocorrem dentro do Sol e de outras estrelas hoje em dia.

A uma temperatura de 3 bilhões K, apenas 14 segundos depois do início, formaram-se, embora temporariamente, os primeiros núcleos de deutério. O hidrogênio é o átomo mais simples, com apenas um próton em seu núcleo e um elétron orbitando do lado de fora do núcleo. (De certa forma, prótons sozinhos podem ser considerados núcleos de átomos de hidrogênio.) O átomo mais complicado seguinte é o deutério, que tem um núcleo composto de um próton e um nêutron, ainda com um só elétron orbitando em torno dele. Os átomos que têm o mesmo número de elétrons mas diferentes números de nêutrons ainda têm propriedades químicas idênticas e são conhecidos como isótopos; o deutério é um isótopo do hidrogênio e é com freqüência chamado de "hidrogênio pesado".

A temperatura mede a velocidade, em média, do movimento das partículas que compõem a matéria (e é por isso que não pode existir temperatura inferior a -273º C, em que o movimento atômico cessa) e, a temperaturas inferiores a 3 bilhões K, os prótons e nêutrons se movem rápido demais para fazer qualquer coisa que não seja ricochetear entre si. Algumas partículas se movem mais rápido que a média para uma temperatura específica, e outras se movem mais lentamente, embora a maioria tenha velocidades próximas à média. Assim, à medida que a temperatura caía abaixo deste valor, alguns prótons e nêutrons moviam-se com lentidão suficiente para se unirem quando colidiam. O que os faz se unir é uma atração conhecida como força forte. Como o nome sugere, é uma poderosa força de atração que age sobre todos os prótons e nêutrons. Mas tem curto alcance, e partículas em rápido movimento roçam ou ricocheteiam umas nas outras com rapidez demais para que a força forte as atinja durante o curto período de tempo em que estão a seu alcance. No início, a maior parte dos núcleos de deutério produzidos desta forma era eliminada pelas colisões com partículas em rápido movimento, mas à medida que a bola de fogo esfriou ainda mais, a probabilidade de sobrevivência dos núcleos de deutério era cada vez maior.

Apenas 3 minutos e 2 segundos após o início, a temperatura esfriou para abaixo de 1 bilhão K — o Universo inteiro era então somente setenta vezes mais quente que o núcleo do Sol hoje em dia. Neste ponto, quase todos os núcleos de deutério puderam se combinar em pares, formando núcleos de hélio. Cada um destes núcleos de hélio continha dois prótons e dois nêutrons, formando quatro "nucleons", de forma que são conhecidos como núcleos de hélio-4 (e os átomos de hélio, é claro, têm dois elétrons orbitando em torno do núcleo).

Acontece que os núcleos de hélio-4 são particularmente estáveis, mas não existem núcleos estáveis com cinco nucleons (como você esperaria conseguir se acrescentasse um próton ou um nêutron ao núcleo de hélio-4) ou oito nucleons (o que você esperaria conseguir se unisse dois núcleos de hélio-4). Assim, o processo de "nucleossíntese" no Big Bang parou com a produção de hélio-4. Menos de 4 minutos depois do início, a matéria sossegou em uma mistura de cerca de 75% de núcleos de hidrogênio e 25% de hélio, mesclando-se com elétrons de rápido movimento, banhados em um mar de radiação quente.

Meia hora depois, 34 minutos depois do início, a temperatura caiu a 300 milhões K, e a densidade do Universo era de somente 10% a densidade da água. Mas foram necessários mais 700 mil anos para que o Universo esfriasse o suficiente para permitir que os elétrons se ligassem aos núcleos e formassem átomos estáveis. Antes disso, no momento em que um núcleo positivamente carregado tentasse se prender a um elétron negativamente carregado, o elétron teria sido afastado por um fóton de energia. Depois de 700 mil anos, porém, a temperatura do Universo caiu a cerca de 4.000 K (aproximadamente a temperatura da superfície do Sol hoje em dia), e os núcleos e elétrons eram pelo menos capazes de se manter unidos, formando átomos estáveis.

Na maior parte dos últimos 15 bilhões de anos, prótons, nêutrons e elétrons se uniram em estrelas e galáxias formadas da matéria primordial à medida que a gravidade atraía nuvens de gás no espaço. A radiação restante do Big Bang nada mais tinha a ver com a matéria, uma vez que não era mais suficientemente quente para separar os elétrons de seus núcleos atômicos, e foi esfriando de forma constante à medida que o Universo se expandiu. Mas, como veremos, esta radiação de fundo, o eco da criação, é essencial para convencer os cosmólogos de que um de seus "universos-modelo" pode realmente estar lhes revelando alguma coisa significativa a respeito do Universo real. E tudo isso aconteceu enquanto o homem que estava prestes a se tornar um participante fundamental para que a cosmologia desse um passo além, de volta ao próprio início, na década de 1970, vivia convulsões em sua vida pessoal e profissional.

# 6

# Casamento e pós-doutorado

Os meados dos anos 60 vieram a ser a época mais importante da vida de Stephen Hawking. Após seu envolvimento com Jane, ele percebeu que, se quisesse casar, teria de encontrar um emprego rapidamente. Depois de obter um doutorado, o passo seguinte na carreira de qualquer acadêmico é garantir o pós-doutorado, acompanhado de uma bolsa, a fim de continuar a pesquisa. Muito semelhante à transição da graduação para a pesquisa em pós-graduação, os requerimentos de pós-doutorado em geral são feitos enquanto se trabalha no doutorado, em vez de se deixar para depois. Assim, enquanto enfrentava a redação de sua tese, e com um casamento planejado para o verão seguinte, Hawking teve de procurar por cargos disponíveis. Felizmente, não teve de procurar muito. Ouviu falar de um pós-doutorado em física teórica oferecido por outra faculdade na universidade, a Caius,* a ter início no outono. Sem hesitar, começou a organizar seu requerimento. Contudo, fazer com que uma coisa relativamente simples decolasse acabaria não sendo tão fácil quanto ele esperava.

Neste estágio de sua doença, ele era incapaz de escrever e planejara pedir a Jane para datilografar seu requerimento durante a visita seguinte que ela faria a Cambridge, no fim de semana. Mas, quando desceu do trem, sua noiva o recebeu com o braço engessado até o cotovelo. Tinha sofrido um acidente na

*Pronuncia-se como em "keys"; seu nome completo é Gonville and Caius College.

semana anterior e quebrara o braço. Hawking admite que não foi tão solidário para com ela, como deveria ter sido, quando viu o estado em que ela se encontrava, mas os sentimentos feridos foram rapidamente sanados e juntos eles tentaram resolver como poderiam redigir o requerimento. Jane tinha quebrado o braço esquerdo e é destra, então Hawking ditou as informações necessárias e ela pôde escrever o requerimento à mão. Eles conseguiram que um amigo em Cambridge o datilografasse.

Mas isso não representou o fim dos problemas de Hawking. Uma das exigências era a apresentação de duas referências. Sem dúvida Dennis Sciama era a primeira delas; naturalmente, ele lhe deu um grande apoio e sugeriu Hermann Bondi como a segunda referência. Hawking encontrara Bondi várias vezes nos seminários do King's College ministrados por Roger Penrose no início daquele ano, e Bondi tinha enviado a ele um artigo que escrevera para a Royal Society alguns meses antes. Estimulado por isso, Hawking decidiu, com conseqüências quase catastróficas, pedir a Bondi para servir de referência. Como Hawking coloca:

> Fiz-lhe o pedido depois de uma conferência que ele dera em Cambridge. Ele olhou para mim de uma forma indefinível, e disse que sim, ele o faria. Obviamente ele não se lembrava de mim, porque quando o College escreveu a ele pedindo a referência, ele respondeu que nunca tinha ouvido falar de mim.[1]

Se um golpe tão sério como esse tivesse acontecido hoje, ele quase certamente teria perdido as esperanças de conseguir seu pós-doutorado. Mas nos anos 60 a competição por cargos acadêmicos não era tão feroz quanto hoje, e as autoridades da Caius demonstraram muita tolerância, escrevendo-lhe acerca da situação embaraçosa. Sciama veio novamente em seu socorro e entrou em contato com Bondi para refrescar sua memória sobre o jovem e promissor pesquisador. Bondi então deu a Hawking uma referência ardente, possivelmente muito mais gentil do que a que teria escrito originalmente.

O conselho consultivo da Caius reúne-se anualmente durante o período da Quaresma para eleger novos pós-doutorandos. Em geral há seis ou sete cargos disponíveis, cobrindo todo o leque de disciplinas e, se eleito, o candidato bem-sucedido se une aos outros setenta adjuntos que já pertencem aos quadros da faculdade. O conselho consiste em cerca de 12 membros seniores, chefiados pelo diretor da faculdade. Em 1965, o diretor era o famoso historiador de ciência chinesa Joseph Needham. Hawking chegou com boas recomendações, e vários professores de ciência do conselho, inclusive Needham, tinham ouvido falar dele, graças à reputação que já conquistara nos círculos acadêmicos de Cambridge. Como disse Shakespeare, "Doces são os usos da adversidade", e nada soou tão verdadeiro como no caso de Hawking. Apesar da confusão com as referências, o conselho o favoreceu em detrimento de seus concorrentes, e ele recebeu seu pós-doutorado na Caius. No que se referia a sua carreira, Hawking e Jane agora podiam olhar o futuro com alguma confiança.

Os deveres dos pós-doutorandos são mínimos, além da condição básica de que continuem com sua pesquisa. Não são solicitados a orientar alunos, mas o nível deste último encargo varia muito. O papel do pós-doutorando, como muitas outras coisas na Universidade de Cambridge, mudou pouco desde a época de *Sir* Isaac Newton. O pós-doutorado é considerado uma grande honra, e é uma forma de os acadêmicos continuarem sua pesquisa e serem pagos por isso. Em troca, uma faculdade ganha prestígio quando um de seus doutorandos vem a ser muito bem-sucedido.

Dono de uma desfaçatez maior que o normal, Hawking quase coloca tudo a perder novamente depois de ter garantido seu pós-doutorado na Caius. Ele conseguiu tal proeza porque quase foi longe demais com o tesoureiro da faculdade. Por capricho, Hawking decidiu perguntar a ele o que receberia por seu novo cargo e foi repreendido por sua impertinência. Embora não pudesse prever na época, este *faux pas* causaria ainda mais problemas, a ele e a Jane, logo depois de seu casamento.

Os dois se casaram em julho de 1965 na capela da faculdade de pós-graduação de Hawking, o Trinity Hall. Não foi um casamento tipicamente "acadêmico", mas tampouco foi, em qualquer sentido, um acontecimento social. Os parentes dos noivos eram pessoas comuns, de classe média. O pai de Jane, George Wilde, era funcionário público. A família Wilde conhecia os Hawking havia algum tempo, antes que seus filhos se conhecessem, e assim os preparativos para o casamento foram um pouco menos conturbados do que poderiam ter sido. Compareceram cerca de cem convidados e o casamento religioso foi seguido de uma recepção com todos os discursos e brindes de champanhe ao feliz casal, como de praxe. Brandon Carter recorda que foi no casamento que teve oportunidade de conhecer a família de Hawking. Ele se lembra de Frank Hawking como um homem alto e magro, com um ar tranqüilo e digno. A mãe de Hawking, Isobel, era simpática e alegre, um caráter animado e gregário que deliciou os amigos de Stephen e os adotou em seu rebanho.

Apesar de o noivo ter tido de se apoiar em uma bengala para as fotografias, o casal assemelhava-se a qualquer outro no dia de seu casamento. Nas fotos em preto-e-branco, Hawking está vestindo um terno preto e uma gravata fina com um nó bem-feito, seus óculos de aro escuro e o rosto fino dando-lhe uma aparência de coruja. Jane está de pé atrás dele, as mãos segurando um buquê de flores, o véu puxado para trás, revelando os cabelos encaracolados na altura dos ombros sobre o colarinho de seu vestido curto de casamento, bem de acordo com a moda da época. Para a câmera, Hawking parece ter uma expressão de orgulho, um olhar de profunda determinação e ambição — uma atitude que afirma: "Este é só o começo". Jane sorri feliz para as lentes, igualmente certa, a seu modo mais meigo, de que eles se sairão bem e superarão qualquer adversidade.

É claro que ambos sabiam, como todos os outros naquele dia, que Stephen podia morrer em pouco tempo. Na verdade, de acordo com os médicos, ele já estava vivendo além do previsto. Mas tais pensamentos eram somente uma sombra distante naquele dia de verão em Cambridge, e Jane e Stephen Hawking eram como qualquer outro par de recém-casados que criariam uma vida feliz e bem-sucedida, e que aproveitariam cada momento que passassem juntos devido às circunstâncias que os cercavam.

Um salário de pós-doutorando não é uma quantia principesca, e em 1965 as férias no exterior ainda eram relativamente incomuns; deste modo, os recém-casados passaram uma semana em Suffolk, em lua-de-mel. Imediatamente depois disso voltaram a trabalhar, porque tinham de partir para um curso de verão sobre relatividade geral a que Hawking devia comparecer na Universidade de Cornell, no interior do estado de Nova York. Hawking recorda deste fato como um equívoco:

> Isso representou uma grande pressão sobre nosso casamento, especialmente quando ficamos em um dormitório cheio de casais com filhos barulhentos. Mas o curso de verão foi muito útil para mim, porque conheci muitas pessoas importantes na área.[2]

Brandon Carter compareceu ao mesmo curso e teve oportunidade de conhecer Jane muito melhor do que durante as visitas de fim de semana que ela fizera a Cambridge. Ele se lembra de que ela era totalmente inexperiente nas tarefas tradicionais de uma dona-de-casa. Ele recorda como, em uma ocasião, encontrou-a na cozinha coletiva, praticamente arrancando os cabelos, tentando fazer chá sem uma chaleira adequada. Carter encontrou uma caçarola em um armário e mostrou a ela como preparar chá no estilo de acampamento. Uma das lembranças mais ternas que ele tem daquele curso de verão é a indignação estampada no rosto de Jane.

O propósito de um curso de verão é apresentar as últimas idéias a estudantes de pesquisa e pós-doutorandos de universidades de todo o mundo. Em geral contam com a presença dos profissionais mais importantes de um determinado campo e são úteis para que os cientistas pensem em como aplicar as novas descobertas a seu próprio trabalho. Àquela altura de sua carreira, Hawking estava acertando o passo como físico e, apesar das dificuldades domésticas, aquela era a oportunidade perfeita para suas idéias cosmológicas. Voltou inspirado à Caius e a seu primeiro emprego.

Porém, ao voltar encontraria todo um sortimento de problemas domésticos. O primeiro deles foi a questão de onde os Hawking iam morar. Jane ainda era estudante, em seu terceiro e último ano no Westfield College, em Londres, então o plano era que ela ficasse em Londres durante a semana, enquanto Stephen se virava sozinho e, como nos dias que antecederam seu casamento, ela voltaria nos fins de semana. O problema imediato era encontrar acomodações adequadas em uma cidade universitária onde os custos de moradia eram sempre altos.

Antes de partir para os Estados Unidos, Hawking tinha procurado novamente o tesoureiro, solicitando sua ajuda para descobrir um lugar onde morar, somente para ouvir que ajudar pós-doutorandos em problemas habitacionais contrariava a política da faculdade. Como Stephen não podia usar uma bicicleta e só podia percorrer curtas distâncias com a ajuda de um par de bengalas, era essencial para Hawking morar no centro de Cambridge, perto do Departamento de Matemática Aplicada e Física Teórica da Silver Street. Mas, para a direção da faculdade, os problemas físicos de seu mais recente pós-doutorando não faziam nenhuma diferença. Assim, pouco antes de viajar para Cornell, eles souberam de um novo prédio de apartamentos que estava sendo construído a pouca distância do DAMTP, e se candidataram a um apartamento ali. Quando voltaram a Cambridge, os Hawking descobriram que os apartamentos só ficariam prontos meses depois.

Desesperado, Hawking voltou ao tesoureiro, que finalmente permitiu que o casal ficasse nos quartos de um albergue para alunos de pós-graduação. Parece, porém, que o tesoureiro ainda estava mordido com o atrevimento de Hawking de perguntar quanto ganharia como pós-doutorando. O preço normal de um quarto era de 12 *shillings* e seis *pence* (63 *pennies*), por noite, mas ele cobrou o dobro de Hawking, porque seriam dois moradores, apesar de Jane ficar ali apenas nos fins de semana.

Para concluir, eles ficaram no albergue por apenas três noites, porque encontraram uma pequena casa que fora desocupada perto de uma minúscula rua de antigas casas pitorescas chamada Little St. Mary's Lane. A menos de 100 metros do DAMTP, era perfeitamente adequada para eles. A casa era de propriedade de uma das faculdades de Cambridge, que a tinha alugado a um de seus professores. Ele tinha se mudado para uma casa maior, no subúrbio, que comprara, e concordou em sublocar a propriedade pelos três meses que restavam de contrato.

Durante sua permanência ali, eles souberam de outra casa que fora desocupada na mesma rua. Um vizinho idoso que fizera amizade com o casal soube de seus problemas de habitação e entrou em contato com o proprietário da casa vazia, a apenas algumas portas, na Little St. Mary's Lane. Enfurecido com a idéia de que um jovem casal com dificuldades enfrentasse esse tipo de problema quando uma casa continuava desocupada a apenas alguns metros, o vizinho convocou o proprietário a Cambridge e insistiu que a casa fosse alugada aos Hawking, a um preço razoável. Mais uma vez houve uma virada nos acontecimentos. Eles se mudaram quando os três meses de contrato da primeira casa tinham passado, e ali ficaram por muitos anos.

Mudar de casa foi um problema, mesmo para apenas algumas portas adiante, na mesma rua. Todos os amigos dividiram as tarefas, carregando móveis pela calçada e arrumando-os no novo local enquanto Stephen inclinava-se em suas bengalas, dando instruções e fazendo o papel de capataz, gritando ordens em sua voz de timoneiro. Brandon Carter e Martin Rees deram uma mão, assim como outro amigo, Bob Donovan, um pós-graduando em química que tinha feito amizade com Stephen e Jane antes de seu casamento.

A nova casa era outra construção minúscula e antiga. A porta da frente abria-se diretamente para a sala de estar e havia uma cozinha nos fundos. Uma escada estreita em espiral levava ao quarto principal, no primeiro andar; além disso, no segundo andar, havia dois quartos pequenos. Os Hawking tinham poucos móveis e uma grande mesa de jantar ocupava a maior parte do espaço da sala de estar. As paredes eram pintadas em tons suaves; brilhantes telas foram penduradas na sala para conferir alguma cor, entre conjuntos de prateleiras recheadas de filas de livros e artigos. O teto era baixo, e os visitantes mais altos tinham de se curvar na soleira das portas para que não batessem a cabeça.

Os Hawking sempre foram anfitriões entusiasmados, e a minúscula casa freqüentemente ficava lotada de amigos que viriam jantar ou almoçar nos fins de semana, todos reunidos em torno da mesa de jantar, tentando evitar falar de trabalho, mas nem sempre conseguindo. Brandon Carter se lembra da casa em Little St. Mary's Lane como um lugar muito acolhedor, onde todos os amigos ajudavam a preparar as refeições e lavar os pratos, a música de Wagner ou Mahler tocando ao fundo.

Nesse meio-tempo, o trabalho de Hawking com os buracos negros estava progredindo bastante. Em dezembro de 1965, ele foi convidado a dar uma palestra em um encontro sobre a relatividade em Miami. Jane estava nas férias de Natal do Westfield College, e embora estivesse estudando para os exames finais que aconteceriam no verão seguinte, ela decidiu ir aos Estados Unidos com o marido.

Na época do encontro em Miami, a fala de Hawking deteriorara-se ao ponto de uma pronúncia indistinta, e ele ficou preocupado que o público encontrasse dificuldade em entender o que ele diria. Felizmente um de seus velhos amigos, George Ellis, estava passando um ano na Universidade do Texas, em Austin, e também compareceria ao encontro de Miami. Depois de discutirem o assunto no quarto do hotel, eles concordaram que Ellis daria a palestra em nome de Hawking. Foi um sucesso retumbante e, com a tinta de seu diploma de doutorado ainda fresca, o trabalho de Hawking sobre a teoria da singularidade foi recebido com entusiasmo por alguns dos mais eminentes cientistas de todo o mundo que estavam reunidos ali.

Em Miami, hospedaram-se no Hotel Fountainebleau, que havia sido usado recentemente nas filmagens de *Goldfinger*, da série James Bond. Era um hotel grande, com uma praia particular. Durante a conferência, em um de seus dias livres, George Ellis e sua nova esposa passaram a tarde na praia com Stephen e Jane. Por volta das seis da tarde, o espetacular disco vermelho do sol baixando no oeste, decidiram voltar para o hotel para jantar, descobrindo que os portões da praia tinham sido trancados. Uma busca rápida por uma saída mostrou-lhes que a única maneira de voltar ao hotel era por uma janela aberta da cozinha, na lateral do prédio. O problema era como eles iam conseguir que Stephen, que não podia sequer caminhar sem a ajuda de bengalas, passasse pela janela para voltar a seu quarto.

De alguma forma conseguiram escalar a abertura e já estavam quase conseguindo passar Stephen pela janela quando descobriram que eram observados por alguns zeladores hispânicos, que não estavam exatamente satisfeitos ao ver um grupo meio esquisito penando para enfiar pela janela da cozinha o que parecia ser um corpo sem vida. Nunca os Hawking e os Ellis ficaram mais gratos pelo fato de Jane estudar línguas modernas. Assim que percebeu a nacionalidade dos zeladores, ela começou a falar com eles em espanhol fluente e rapidamente explicou suas dificuldades. Ao entender o que estava acontecendo, eles foram muito receptivos, ajudaram a passar Stephen para a cozinha do hotel e até guiaram os quatro de volta a seus quartos.

George Ellis convidou os Hawking para passar umas férias curtas no Texas. Jane só devia voltar a Londres em janeiro, então decidiram aceitar. Passaram uma semana no Texas, visitando pontos turísticos e relaxando depois de um período cansativo em suas carreiras. Os quatro saíam no carro dos Ellis para longos passeios pela paisagem dramática e austera do Texas, bebendo cerveja gelada em bares distantes no deserto e olhando vitrines de *shoppings* em Austin.

Com seu retorno a Cambridge, a realidade da vida os atingiu duramente. Jane teve de voltar quase de imediato a Londres, e o velho sistema de visitas de fins de semana recomeçou.

No primeiro ano de casamento, Jane fez jus à fama que a acompanharia depois. Ela conseguiu continuar seus estudos e se formou no verão de 1966. Nesta época, ela também datilografou a tese de doutorado de Stephen e continuou voltando a Cambridge a cada fim de semana e durante os feriados. No verão de 1966, ela pelo menos pôde morar com seu marido por uma semana inteira em sua casa na Little St. Mary's Lane.

Enquanto isso, a condição de Stephen tinha começado a piorar. A natureza da doença é de tal irregularidade, que em muitos casos ela progride aos saltos. Um período de pouca mudança, que pode durar anos, pode ser seguido de um rápido declínio e depois se estabilizar. Depois de seu diagnóstico e deterioração inicial, os sintomas de Hawking tinham permanecido mais ou menos constantes, mas na última metade da década de 1960 ocorreu outro rápido declínio. Ele teve de passar a usar muletas em vez de bengalas para conseguir caminhar. Neste ponto, seu pai ficou decepcionado e impaciente com os conselhos que o filho recebia dos médicos e decidiu assumir o tratamento de Stephen. Ele fez uma pesquisa intensiva sobre ELA e prescreveu uma série de esteróides e vitaminas que Stephen continuou a tomar até a morte do pai, em 1986.

Ele descobriu que era cada vez mais difícil lidar com a escada em espiral para seu quarto no primeiro andar da casa da Little St. Mary's Lane. Os amigos que visitavam o casal à noite começaram a ter uma idéia de o quanto tinham se agravado as condições de Stephen quando o viram lutando através da sala de estar para subir as escadas quando decidia se retirar para dormir. Um conhecido recorda que observou chocado quando Hawking levou uns 15 minutos para cobrir o trajeto do primeiro degrau até a porta de seu quarto. Ele nunca se permitia ser ajudado nessas ocasiões, e rejeitava absolutamente qualquer comportamento que o distinguisse como alguém que não fosse normal e fisicamente capaz. Jane e seus amigos respeitavam sua atitude, mas isso às vezes podia ser frustrante. A determinação de Hawking e sua disposição singular podiam com freqüência ser confundidas com arrogância e impertinência. O escritor John Boslough descreveu Hawking como "o homem mais durão que já conheci".[3] E Jane disse: "Uns chamariam sua atitude de determinação, outros de obstinação. Eu uso uma ou outra. Acho que é o que o leva a seguir em frente".[4]

No DAMTP e nos círculos acadêmicos de Cambridge, Hawking começava a cultivar uma imagem de "gênio difícil", e sua reputação como sucessor de Einstein, embora embrionária, já começava a segui-lo por toda parte. Quem o conhecia naquele tempo lembra-se dele como simpático e encantador, mas sua impetuosidade natural combinada com sua deficiência física estava começando a criar dificuldades de comunicação com muitos que o cercavam.

Ele era bastante franco quando comparecia a palestras dadas por figuras internacionalmente famosas e muito respeitadas no mundo da física. Onde muitos jovens pesquisadores ficariam felizes em acatar a palavra dos grandes em silêncio, Hawking faria perguntas profundas e por vezes constrangedoramente penetrantes. Em vez de aliená-lo, seu comportamento, com muita justiça, angariou-lhe muito respeito e o ajudou a aumentar sua reputação aos olhos de seus superiores. Contudo, isso podia ser muito intimidador para alguns de seus contemporâneos. Às vezes alguns colegas sentiam-se meio envergonhados de convidá-lo a um bar para tomar uma cerveja.

O grande dom pessoal de Hawking é ser capaz de não dar importância a sua deficiência e ter sempre uma perspectiva alegre e positiva da vida. Ele nunca permite que seu problema o derrube. Na física, ele consegue se concentrar inteiramente em sua área. Por se manter totalmente preocupado com a natureza e a origem do cosmo, e jogando o que ele chama de "o jogo do Universo", ele não se permite desperdiçar tempo e energia pensando em seu estado de saúde. Certa vez, quando indagado se costumava ficar deprimido com seu problema, ele respondeu: "Normalmente não. Tenho conseguido fazer o que quero apesar dele, e isso dá um grande senso de realização".[5] Apesar da deterioração gradual de sua fala e a atrofia muscular crescente, para seus amigos íntimos ele é o mesmo Stephen Hawking que conheceram nos primeiros dias de Cambridge, e aqueles que realmente o entendem sentem o calor de sua personalidade.

Mas Jane e Stephen sabiam que eles não deviam perder tempo para começar uma família depois que se casassem, e seu primeiro filho, Robert, nasceu em 1967.

Este foi outro momento decisivo na vida de Hawking. Somente quatro anos depois de receber o diagnóstico de uma doença terminal e uma expectativa de vida de dois anos, sua reputação como físico estava em ascensão; ele tinha conseguido manter, somente com sua determinação e força de vontade, uma certa independência e mobilidade; e agora, contra todas as expectativas, ele era pai. Como observou Jane: "Isso obviamente representou um grande incentivo para Stephen, ser responsável por essa criaturinha".[6] Tudo parecia estar indo bem para ele. Sua carreira estava florescendo e, a cada novo artigo que publicava, rompia-se mais uma barreira em nossa compreensão do Universo. Sua fama como um novo e promissor nome no mundo da física era reforçada a cada inovação. E agora ele tinha um filho para aumentar a felicidade de sua vida de casado.

Para Jane, estes acontecimentos não foram tão animadores. Para ela recaiu o fardo da criação de um filho, cuidar da casa e de um marido gravemente incapacitado que nada podia fazer para ajudá-la. Menciona-se que ela teria afirmado:

> Quando me casei com ele, eu sabia que não haveria a possibilidade de ter minha carreira, que nossa casa só podia acomodar uma carreira e que tinha de ser a de Stephen. Mas tenho de dizer que achei tudo muito difícil e frustrante naqueles primeiros anos. Eu me sentia a criada, e era Stephen quem levava todos os fulgurantes prêmios.[7]

Em outra ocasião, ela declarou:

> Posso imaginar o quanto deve ser frustrante para qualquer esposa de um físico quando elas esperam em vão que seus maridos, fisicamente capazes, as ajudem. Não tenho ilusões neste sentido, então isso não me incomoda muito.[8]

Mas isso foi dito muitos anos antes que as inevitáveis tensões que estavam fermentando rompessem a superfície.

O casal decidiu comprar a casa em Little St. Mary's Lane. Hawking engoliu o orgulho e voltou à tesouraria da Caius para pedir uma hipoteca à faculdade. Eles fizeram um levantamento da propriedade, decidiram que não seria um investimento sólido, e recusaram. Mais uma vez, seu *status* de pós-doutorando proporcionava muito poucos privilégios na "vida real". Sem se deixar abater, eles procuraram um banco em busca de um empréstimo e conseguiram uma hipoteca. Os pais de Stephen lhes deram o dinheiro para reformar a casa, e a turma habitual de amigos mais uma vez os ajudou, desta feita com o papel de parede e a pintura.

Embora fosse pequena, eles continuaram na casa por vários anos até que, em meados dos anos 70, ficou apertada demais para uma família em crescimento. Mas, nesse meio-tempo, serviu a seus propósitos, como sempre fez. Com uma nova decoração, estava ainda mais aconchegante do que quando era alugada, e — o que é mais importante — era agora sua própria casa, proporcionando um ambiente seguro em que eles podiam começar a criar uma família.

Os anos 60 foram uma ótima época para viver e ser jovem. Foram uma época de enorme esperança, embora, de certa forma equivocada, uma era de redespertar, duas décadas depois do final da Segunda Guerra Mundial e de todas as privações que se seguiram, uma época de começos e otimismo em todas as esferas da vida. A segunda metade da década anunciou a primeira revolução verdadeira da contracultura do Ocidente, trazendo com ela uma nova música, uma nova arte e uma nova literatura. Alguns anos antes, o julgamento em torno da censura de *O amante de Lady Chatterley*, de D. H. Lawrence, viu o rompimento da barragem do elitismo e da moralidade vitoriana com a questão imortal: "É um livro que você desejaria que fosse lido por sua esposa ou por seu empregado?" Os Beatles, os Rolling Stones e, assim parecia, metade da juventude da Grã-Bretanha e dos Estados Unidos estavam experimentando drogas psicodélicas; as roupas ficavam mais curtas e os cabelos mais compridos.

Os Hawking e seus amigos em Cambridge mostraram pouco interesse na moda e em música pop, embora Jane gostasse muito de minissaias e dos cortes de cabelo da moda. Mas, no mundo da ciência, as coisas também estavam mudando. George Ellis claramente se lembra de observar o vôo inaugural do Concorde britânico em abril de 1969 e ficar cheio de empolgação com a nova tecnologia que criava uma comoção no mundo. Na época, poucos meses depois, eles se sentaram grudados em suas telas de tevê para assistir ao "pequeno passo" de Neil Armstrong quando o módulo lunar, o *Eagle*, pousou no Mar da Tranqüilidade, a 360 mil quilômetros de distância, na superfície da Lua. "A Águia pousou", disse ele. "A superfície é como um pó fino. Há uma beleza suave em tudo, como um deserto dos Estados Unidos." Naquele momento, qualquer coisa era possível.

Os Hawking e os Ellis saíram juntos de férias em 1969. De repente estava na moda passar férias no exterior, devido aos preços drasticamente reduzidos, e se tornou muito em voga comprar um pacote de viagem para destinos como a Espanha ou suas ilhas remotas, especialmente Majorca. As duas famílias foram de avião ao aeroporto de Palma, em Majorca, e passaram um curto intervalo caminhando por bosques de amendoeiras intactos, experimentando o vinho local e tomando banhos de sol nas praias limpas e sossegadas, quase intocadas por visitantes anglo-saxões e certamente sem uma garotada ruidosa e arruaceira.

Hawking trabalhava mais arduamente do que nunca e recebia seus dividendos. Em 1966 ele ganhou o prêmio Adams por um ensaio intitulado "Singularidades e a geometria do espaço-tempo". Grande parte de sua pesquisa durante este período foi uma continuação do trabalho que tinha produzido o extraordinário capítulo final de sua tese de doutorado. Ele passou a maior parte desse tempo em colaboração com Roger Penrose, que era então professor de matemática aplicada no Birkbeck College em Londres.

Uma das maiores dificuldades que os dois enfrentaram foi que tinham de elaborar novas técnicas matemáticas a fim de fazer os cálculos necessários para verificar suas teorias — para torná-las empiricamente lógicas e não apenas idéias. Einstein vivera um problema parecido cinqüenta anos antes, com a matemática da relatividade geral. Ele, como Hawking, não era um matemático particularmente brilhante. Felizmente para Hawking, contudo, Penrose o era. Na verdade, era fundamentalmente um matemático, não físico, mas naquele nível profundo em que as duas disciplinas tornam-se quase indistinguíveis.

Tudo se resume, na verdade, a uma diferença de abordagem. A forma de Hawking trabalhar é em grande parte intuitiva — ele apenas sabe se uma idéia é correta ou não. Ele tem uma sensibilidade extraordinária para o assunto, assim como um músico tocando de ouvido. Penrose pensa e trabalha de uma forma diferente, mais como um concertista de piano seguindo uma partitura musical. As duas abordagens mesclaram-se perfeitamente e logo surgiram alguns resultados muito interessantes sobre a natureza do Universo primordial. Como colocou Dennis Sciama certa vez: "[As teorias] exigiam métodos muito intelectuais, pelo menos de acordo com os padrões da física teórica".[9] Penrose gostava de trabalhar de uma forma mais visual, usando diagramas e imagens, que eram bem adequados para Hawking. Ele sempre se sentiu mais à vontade com representações visuais do que com fórmulas matemáticas. Era também muito mais fácil para ele manipular estas imagens em vez de tentar trabalhar com equações que ele não podia escrever e tinha que manter em sua mente.

Desde a época de sua graduação, Hawking era um ardente seguidor do filósofo Karl Popper. O principal mote da filosofia da ciência de Popper está na inadequação da abordagem tradicional ao tema, o "modelo científico", originalmente adotado por nomes como Newton e Galileu.

A abordagem tradicional à ciência pode ser dividida em três fases. Primeiro vem uma observação ou um experimento. Os cientistas tentam depois formular uma teoria geral para explicar, por indução, o que observaram, e prosseguem propondo uma hipótese baseada em sua teoria geral. Em seguida vêm as tentativas de verificar esta hipótese com mais experimentação. A teoria original é assim provada ou não, e o cientista então pressupõe a verdade ou não da questão até que alguém prove que está errada.

Popper defendia o processo contrário e sugeriu a seguinte abordagem. Tome um problema. Proponha uma solução ou uma teoria para explicar o que está acontecendo. Imagine que proposições testáveis você pode deduzir de sua teoria. Realize testes ou experimentos com base nestas deduções a fim não de prová-las, mas de refutá-las. As refutações, combinadas com a teoria original, resultarão em uma teoria melhor.

A principal diferença entre as duas abordagens é que, de acordo com o método científico tradicional, após fazer uma observação o cientista tenta verificar uma teoria com mais experimentos. No sistema de Popper, o cientista tenta provar que sua teoria é errada como uma tentativa de descobrir uma teoria melhor. É este aspecto do pensamento de Popper que é tão atraente para Hawking e muitos outros cientistas, e ele com freqüência o aplicava a seu trabalho científico. O escritor de ciência Dennis Overbye certa vez perguntou a ele como sua mente trabalhava. Hawking respondeu:

> Às vezes faço uma conjectura e depois tento prová-la. Muitas vezes, ao tentar prová-la, descubro um contra-exemplo, então tenho de mudar minha conjectura. Às vezes é uma coisa que outros já tentaram. Descubro que muitos artigos são obscuros e eu simplesmente não os compreendo. Então, tenho de tentar traduzi-los para minha maneira de pensar. Muitas vezes tenho uma idéia e começo a trabalhar em um artigo e depois vou perceber, lá pelas tantas, que há muito mais a fazer.
>
> Trabalho muito mais com a intuição, pensando que uma determinada idéia deve ser correta. Depois tento prová-la. Às vezes descubro que estou errado. Às vezes descubro que a idéia original era errada mas que leva a novas idéias. Acho muito útil discutir minhas idéias com outras pessoas. Mesmo que elas não contribuam em nada, só ter de explicá-las a alguém me ajuda a organizá-las para mim mesmo.[10]

Ele mal sabia, no final da década de 1960, o quanto suas idéias teriam importância.

# 7

# Soluções singulares

Durante a década de 1960, quatro novos desenvolvimentos, dois relacionados aos buracos negros e dois cosmológicos, levaram a um renascimento do interesse por soluções singulares para as equações de Einstein. A conseqüência disso, especialmente a colaboração entre Hawking e Roger Penrose, foi que, no início da década de 1970, os físicos perceberam que podiam ter de admitir o impensável: a previsão da teoria geral da relatividade que afirma que a densidade infinita — ou seja, as singularidades — *podia* existir no Universo não indicava, afinal, uma falha nas equações, e as singularidades *realmente* podiam existir. Pior ainda para os que ainda tentavam se agarrar a um velho retrato da realidade: como o Universo parece ser um buraco negro visto de dentro do horizonte de Schwarzschild, na verdade pode ser que ele seja uma singularidade no início do tempo que pode *não* estar fora do alcance de nossa visão — uma singularidade "nua".

Tudo começou com a descoberta dos quasares em 1963. A história do quasar começa, na verdade, no final de 1960. Durante a década de 1950, astrônomos que usavam telescópios sensíveis a ondas de rádio, em vez de luz visível, tinham identificado vários objetos no Universo que produziam muito ruído de rádio. Alguns destes objetos também eram visíveis como galáxias brilhantes e eram conhecidos como galáxias de rádio, mas outros ainda não tinham sido associados a nenhum objeto visível conhecido. Então, no final de 1960, o astrônomo americano Allan Sandage relatou que uma das fontes de rádio descobertas durante um levantamento realizado por radioastrônomos em Cambridge, na Inglaterra (e conhecido como 3C 48), podia ser associada não com uma galáxia distante, mas com o que parecia ser uma estrela brilhante. Outras destas "estrelas" de rádio foram identificadas nos anos seguintes, mas ninguém podia explicar como produziam ruído de rádio. Então, em 1963, Maarten Schmidt, trabalhando no Observatório de Mount Palomar na Califórnia, explicou por que outro destes objetos, conhecido como 3C 273, tinha um espectro muito incomum.

A composição de todas as estrelas (e de outros objetos quentes) é revelada pela natureza da luz emitida. Cada tipo de átomo, como hidrogênio, hélio ou oxigênio, apenas absorve ou emite energia de comprimentos de onda muito específicos, por causa dos efeitos quânticos mencionados no Capítulo 2. Então, quando a luz de uma estrela ou galáxia é dissociada em um espectro, usando-se um prisma, vemos que o espectro é atravessado por uma série de linhas escuras e brilhantes de diferentes comprimentos de onda, correspondendo à presença de átomos de diferentes elementos na atmosfera da estrela (ou nas estrelas que formam a galáxia). Estas linhas espectrais são tão características quanto as impressões digitais, e para um determinado tipo de átomo elas são sempre produzidas nos mesmos comprimentos de onda distintos.

Mas os astrônomos já sabiam que essas linhas espectrais desviam um pouco para o extremo vermelho do espectro na luz de galáxias de fora da Via Láctea. Este famoso "desvio para o vermelho" é causado pela expansão do Universo, que estica o espaço, e portanto estica o comprimento de luz *en route* para nós de uma galáxia distante. Na verdade, foi a descoberta do desvio para o vermelho que disse aos astrônomos que o Universo devia estar se expandindo, assim como as equações de Einstein haviam previsto, mas o próprio Einstein em princípio se recusara a acreditar.

O fato de que a luz de 3C 273 era desviada para o vermelho — a descoberta feita por Maarten Schmidt — não foi uma surpresa; mas o tamanho do desvio para o vermelho, perto de 16% para o extremo vermelho do espectro, atordoou os astrônomos em 1963. Desvios para o vermelho típicos de galáxias são muito menores que isso, de cerca de 1%, ou 0,01. Percebendo-se que grandes desvios eram possíveis, outras "estrelas" de rádio foram reexaminadas, e viu-se que todas elas mostravam desvios semelhantes e até maiores. A 3C 48, por exemplo, tem um desvio para o vermelho de 0,368 (aproximadamente 37%), mais de duas vezes o da 3C 273, e registra-se um desvio para o vermelho agora de mais de 4 (em outras palavras, a luz proveniente de quasares mais distantes é esticada para mais de quatro vezes seu comprimento de onda original).

No Universo em expansão, o desvio para o vermelho é uma medida da distância (quanto mais longe a luz viaja em seu caminho até nós, mais será esticada pela expansão do Universo). Isso quer dizer que esses objetos não eram estrelas mas alguma coisa que se desconhecia — objetos que pareciam estrelas mas estavam muito distantes, em muitos casos mais distantes que as galáxias conhecidas. Eles se tornaram conhecidos como objetos quase estelares ou "quasares".

Para que sejam visíveis nas imensas distâncias representadas por seus desvios para o vermelho, os quasares devem produzir quantidades pródigas de energia. Um quasar típico brilha com a luz de 300 bilhões de estrelas como o Sol, três vezes mais brilhante que toda a nossa Via Láctea. Depois de procurar em vão por quaisquer meios alternativos de explicar o poder dos quasares, os astrônomos foram obrigados, com relutância, a considerar a possibilidade de que poderiam ser buracos negros. Sabemos agora que cada quasar é um buraco negro contendo pelo menos 100 milhões de vezes mais massa que o nosso Sol, mas em um volume de espaço com mais ou menos o mesmo diâmetro de nosso Sistema Solar. (É o tipo de buraco negro grande e de baixa densidade descrito no Capítulo 5.) Cada um deles realmente está no núcleo de uma galáxia comum e se alimenta de material estelar da própria galáxia. A tecnologia de telescópios, sempre se aperfeiçoando, permitiu-nos, em muitos casos, fotografar a galáxia que o cerca, pálida junto ao quasar.

Embora 100 milhões de massas solares seja um valor grande segundo quaisquer padrões, ainda representa somente um décimo de 1% da massa da galáxia-mãe em que se oculta o quasar. Quando um objeto desses engole matéria, cerca de metade da massa da matéria pode ser convertida em energia, de acordo com a famosa equação de Einstein $E = mc^2$. Como vimos no Capítulo 5, o fator $c^2$ é tão grande que corresponde a uma imensa quantidade de energia. Este processo de produção de energia é tão eficiente que, mesmo que só 10% da massa sejam convertidos em energia, um quasar pode brilhar tanto quanto 300 bilhões de sóis, brilho suficiente para ser visto através das imensas distâncias do espaço intergalático, se estiver engolindo somente uma ou duas massas solares de material a cada ano. O material forma um disco grande, quente e espiralado em torno do buraco negro. É deste disco que provêm a energia que produz o ruído de rádio e a luz visível, muito embora o próprio buraco, como implica seu nome, seja negro. E com 100 bilhões de estrelas para consumir, um quasar pode emitir seu brilho por um bilhão de anos mesmo que jante apenas 1% da massa da galáxia mãe.

A existência de quasares mostra que realmente existem buracos negros grandes e de baixa densidade. Em 1967, somente quatro anos depois da medição do desvio para o vermelho da 3C 273, os radioastrônomos de Cambridge fizeram outra inovação com a descoberta de fontes de rádio que variavam rapidamente, que se tornaram conhecidas como "pulsares". E embora não sejam eles mesmos buracos negros, os pulsares abriram os olhos da maioria dos astrônomos para a possibilidade de que buracos negros compactos e superdensos também existissem, como previu a teoria geral da relatividade.

Os primeiros pulsares foram descobertos por uma pesquisadora, Jocelyn Bell, enquanto testava um novo radiotelescópio. O que surpreende nessas fontes de rádio é que elas pulsam várias vezes por segundo (algumas várias *centenas* de vezes por segundo) com uma precisão extraordinária. É tão parecido com um sinal artificial, um tipo de metrônomo cósmico, que, meio de brincadeira, os primeiros pulsares descobertos foram batizados de "LGM 1" e "LGM 2" — as iniciais "LGM" de "Little Green Man" (homenzinho verde). Porém, quanto mais iam sendo descobertos, mais claro ficou que existiam em um número grande demais para que fossem explicados como sinais de rádio interestelares criados por uma supercivilização, e o nome aceito tornou-se pulsar, de uma contração de "pulsating radio source", "fonte de rádio pulsante", além de rimar com quasar.

Mas que fenômeno natural podia produzir tais pulsos regulares e rápidos de ruído de rádio? Só havia duas possibilidades. Os pulsos tinham de indicar ou a rotação, ou a vibração de uma estrela muito compacta. Qualquer coisa maior que uma anã branca certamente teria uma rotação ou uma vibração lenta demais para explicar a velocidade dos pulsares conhecidos, e anãs brancas com rotação foram logo descartadas — um cálculo simples mostrou que uma anã branca em rotação em tal velocidade se desintegraria.

Por pouco tempo, no início de 1968, parecia que as vibrações de uma anã branca, literalmente pulsando para dentro e para fora, podiam explicar as variações no ruído de rádio dos pulsares. Mas foi muito simples calcular a taxa máxima em que uma anã branca podia pulsar sem se desintegrar. Na verdade, um de nós (J. G.) fez exatamente essa parte do trabalho para seu doutorado. A resposta foi decepcionante (para ele), mas conclusiva; as anãs brancas simplesmente não podem pulsar na velocidade necessária, o que significa que as estrelas envolvidas no fenômeno do pulsar devem ser ainda mais compactas e densas que as anãs brancas.

Em resumo, devem ser estrelas de nêutrons, previstas pela teoria mas jamais descobertas anteriormente. Meses depois do anúncio da descoberta dos pulsares, demonstrou-se que tais objetos eram na verdade estrelas de nêutrons com rotação, definitivamente dentro de nossa Galáxia, produzindo feixes de ruído de rádio que passam rapidamente por nós como os feixes piscantes de um farol. Eles são criados por supernovas, explosões de estrelas gigantes. E, como os teóricos estavam bem cientes desde o início, a mesma teoria que previu a existência de estrelas de nêutrons, previsão que tinha sido ignorada por muitos durante trinta anos, também previa que, acrescentando-se um pouco mais de massa a uma estrela de nêutrons (ou com um pouco mais de entulho restando de uma explosão de supernova), podia-se criar uma *collapsar*.

Não é coincidência que John Wheeler tenha cunhado o termo "buraco negro" nesta relação no ano seguinte à descoberta dos pulsares, porque a compreensão de que os pulsares deviam ser estrelas de nêutrons incitou uma explosão de interesse nas previsões ainda mais exóticas da teoria geral da relatividade. Tal explosão já havia sido preparada, porém, por outra descoberta feita com o uso de radiotelescópios, que confirmou a realidade do próprio Big Bang.

Quando era mais comprimido, o Universo era mais quente, assim como o ar de uma bomba de bicicleta é aquecido quando comprimido. O Big Bang era uma bola de fogo de radiação em que a matéria inicialmente desempenhou um papel insignificante. Mas à medida que o Universo se expandiu e esfriou, a radiação desapareceu, e a matéria, na forma de estrelas e galáxias, passou a dominar o ambiente.

Tudo isso era conhecido dos astrônomos nas décadas de 1940 e 50. George Gamow e seus colegas chegaram a fazer um cálculo aproximado de a que temperatura essa radiação restante teria esfriado até agora. Em 1948, eles forneceram um número de cerca de 5 K (268 °C negativos). Em 1952, Gamow estava inclinado a pensar que ela podia ser mais alta, e em seu livro, *The Creation of the Universe*, disse que a temperatura devia ser um pouco inferior a 50 K. Mas 5 ou 50 K ainda era uma temperatura muito baixa, e na década de 1950 ninguém levava a sério a possibilidade de tentar detectar esse eco da criação, um frio mar de radiação de fundo enchendo todo o Universo, o resto do Big Bang.

Porém, no início da década de 1960 a possibilidade de realmente medir a força desta radiação de fundo, e portanto testar o modelo do Big Bang, ocorreu a alguns astrônomos. Uma forma de entender como e por que a radiação tinha esfriado é em termos de desvio para o vermelho. A radiação que enchia o Universo no Big Bang ainda enche o Universo, mas, como o espaço tem esticado desde então, as ondas que compõem essa radiação têm sofrido um estiramento correspondente a fim de encher o espaço disponível. Isso significa que a energia que começou na forma de raios X e raios gama agora existiria na forma de microondas, com comprimentos de onda de cerca de 1 milímetro. É um tipo de onda de rádio usado em alguns *links* de comunicação e em radares. Com a tecnologia desenvolvida para os radares e as comunicações por rádio, além do rápido desenvolvimento associado da radioastronomia, pesquisadores da União Soviética e dos Estados Unidos viram que a radiação de fundo prevista pelo Big Bang podia ser detectável e passaram a projetar e construir radiotelescópios para isso.

Mas era tarde demais. A equipe americana, sediada na Universidade de Princeton, era chefiada por Robert Dicke, que tinha trabalhado com radares na Segunda Guerra Mundial. No início da década de 1960, ele deu a uma equipe de jovens pesquisadores a tarefa de construir um detector de radiação de fundo usando uma versão atualizada do equipamento que ele ajudara a projetar durante a guerra. Em 1965 as coisas estavam progredindo bem, quando Dicke recebeu um telefonema de um jovem pesquisador da Bell Laboratories, a apenas 45 quilômetros de distância de Princeton. O pesquisador, Arno Penzias, queria o conselho de Dicke sobre uma interferência de rádio desconcertante que Penzias e seu colega Robert Wilson vinham captando em seu radiotelescópio na Bell Labs desde meados de 1964.

De fato, Penzias e Wilson vinham usando uma antena projetada para uso dos primeiros satélites de comunicações, modificada para operar como um radiotelescópio. Eles descobriram que, sempre que apontavam o telescópio para o céu, pareciam conseguir um sinal correspondente à radiação de microondas, com uma temperatura de menos de 3 K. Depois de tentar tudo o que podiam para consertar o que haveria de errado com o telescópio (inclusive limpando as fezes de pombos da antena, para o caso de estar causando interferência), eles desistiram e procuraram Dicke, que era especialista em microondas, para perguntar se ele tinha alguma idéia do que estava acontecendo.

Dicke logo percebeu que Penzias e Wilson tinham detectado a radiação de fundo restante do Big Bang. O detector de Princeton, concluído apressadamente pouco tempo depois, confirmou a descoberta, e logo radioastrônomos de todo o mundo entraram no jogo. Sabemos agora que o Universo é na verdade cheio de um fraco silvo de radiação de microondas de fundo, com comprimentos de onda de cerca de 1 milímetro, correspondendo a uma temperatura de 2,73 K.

Foi esta descoberta que abriu os olhos dos cosmólogos para a realidade do modelo do Big Bang: não era só um modelo, afinal, mas também uma descrição precisa do Universo real em que vivemos. Primeiro, a existência da radiação de fundo mostrou que de fato houve um Big Bang; depois, usando a medida precisa da temperatura daquela radiação atual, foi possível voltar ao Big Bang e calcular a temperatura exata da bola de fogo. Nós nos adiantamos um pouco em nossa história no Capítulo 5, quando descrevemos os primeiros minutos da vida do Universo — a precisão desta descrição, datando de meados dos anos 70, depende em parte de nosso conhecimento atual da temperatura exata da radiação de fundo. Mas há algo mais significativo nessa descrição dos primeiros estágios do Universo. O livro *Os três primeiros minutos* não foi escrito por um especialista em cosmologia, nem por um astrônomo, mas por um físico convencional, o prêmio Nobel Steven Weinberg.

Antes de 1965, a cosmologia era um tranqüilo remanso da ciência, quase um pequeno gueto onde alguns matemáticos podiam brincar com seus modelos sem aborrecer ninguém. Hoje, um quarto de século depois, o estudo do Big Bang está no centro da física dominante, e entende-se que a cosmologia do Big Bang oferece a chave para a compreensão das leis e forças fundamentais pelas quais opera o mundo físico. É graças às medidas da radiação de fundo que podemos saber como os núcleos foram sintetizados no Big Bang. E foram os primeiros cálculos deste tipo, feitos após a descoberta da radiação de fundo, que convenceram muitos físicos (não só os cosmólogos) de que a emocionante cosmologia do Big Bang tinha de ser levada a sério como descrição do Universo.

Tais cálculos não foram realizados às pressas, à luz da descoberta da radiação de fundo, mas representaram o ápice de um trabalho de mais de dez anos. Na década de 1950, inspirada pela liderança de Fred Hoyle, uma equipe de pesquisadores americanos e britânicos calculou como todos os elementos mais complexos que o hélio eram sintetizados dentro das estrelas. Foi um *tour de force* extraordinário. Em essência, o processo consiste em unir núcleos de hélio-4 para formar núcleos mais complexos. Alguns dos núcleos complexos depois ou expeliam ou absorviam o próton excedente, formando núcleos de outros elementos.

Entretanto, como mencionamos no Capítulo 5, esse processo tem um gargalo em seus estágios iniciais. Não existe núcleo estável que possa ser criado pela união de dois núcleos de hélio-4, e isso porque a nucleossíntese parou com o hélio no Big Bang. Hoyle descobriu uma forma de contornar tal gargalo mediante colisões quase simultâneas, e extremamente raras, de três núcleos de hélio-4. Isso permitiu a criação de um núcleo de carbono-12, mas somente se as energias (as velocidades) dos núcleos de hélio-4 são corretas. As energias são corretas apenas dentro das estrelas, graças a um efeito quântico incomum conhecido como ressonância. Ninguém percebeu isso até Hoyle explicar como devia ocorrer o passo crucial na cadeia. Ele previu a existência da ressonância crucial, que foi em seguida descoberta durante experimentos aqui na Terra. Junto com seus colegas, Hoyle passou a explicar como *tudo* é construído a partir de hidrogênio e hélio dentro das estrelas — inclusive os átomos de nosso corpo e deste livro.

Em uma das decisões mais estranhas já tomadas por um comitê do Nobel, um dos colegas de Hoyle, Willy Fowler, recebeu mais tarde uma parte do prêmio Nobel de Física de 1983 por seu trabalho. Fowler é um excelente físico por seus próprios méritos, e foi um membro essencial da equipe. Porém, é o primeiro a reconhecer que Hoyle fez a inovação fundamental sobre a produção de carbono-12 e inspirou a equipe. Infelizmente, mais tarde em sua carreira, Hoyle esposou algumas idéias decididamente anticonvencionais sobre a possibilidade de que surtos de doença na Terra pudessem ser causados por vírus provenientes de cometas. Parece que o comitê do Nobel, em sua sabedoria (?), decidiu não dar a ele uma parte do prêmio de física por medo de parecer dar crédito ao que considerava um trabalho mais excêntrico. Pelo menos o *establishment* britânico, desta vez não correspondendo a sua imagem tacanha, reconheceu o verdadeiro valor de Hoyle com um título de cavalheiro. Tudo isso, contudo, estava longe, em 1967, quando Fowler, Hoyle e seu colega Robert Wagoner colocaram o glacê no bolo da nucleossíntese.

O único problema com a história da nucleossíntese estelar, da forma como foi desenvolvida na década de 1950, era que não podia explicar de onde vinha o hélio. Começando por estrelas em que 75% do material era hidrogênio e 25% hélio, a teoria podia explicar com elegância a presença de cada elemento e podia até explicar por que alguns elementos são mais comuns que outros, e até que ponto são mais comuns. Mas tudo começa com a ressonância triplo-hélio/carbono-12, e sem esses 25% iniciais de hélio as estrelas não poderiam elaborar os demais elementos. Foi Wagoner, Fowler e Hoyle que, juntos, mostraram que um Big Bang que deixaria uma radiação de fundo com uma temperatura de 2,73 K hoje em dia também produziria uma mistura de 25% de hélio e 75% de hidrogênio no final dos primeiros quatro minutos.

Suas descobertas foram reveladas em uma reunião em Cambridge em 1967. Um de nós (J. G.) estava presente, como pesquisador júnior, meio estupefato com a ocasião. Ele lembra com clareza as questões profundas colocadas por outro membro do público na reunião, um pesquisador júnior um pouco mais velho, que parecia ter um leve problema de fala mas cujas palavras foram ouvidas com atenção pelos eminentes pesquisadores na tribuna. Stephen Hawking já era conhecido como alguém que merecia ser ouvido, mesmo na primeira fase de sua carreira. E o motivo para seu forte interesse na cosmologia do Big Bang logo ficou claro, quando foram publicados os resultados da pesquisa que estava fazendo com Roger Penrose.

No início da década de 1960, Hawking tinha começado a tentar resolver o problema da singularidade do início dos tempos, mas foi logo desviado, como vimos, pelo diagnóstico de sua doença, desistindo temporariamente de seu trabalho. Mas em 1965 as coisas estavam melhorando. Ele tinha decidido que não ia morrer tão rapidamente como os médicos haviam previsto; tinha conhecido Jane e se casara com ela; e voltara ao trabalho com ímpeto. Na época, ele era um dos poucos que levavam a sério as previsões mais radicais da teoria geral da relatividade. Dois anos depois da identificação do primeiro quasar (mas antes que sua fonte de energia fosse explicada), e dois anos antes da descoberta dos pulsares, somente algumas pessoas acreditavam na possibilidade de que os buracos negros existissem ou que o Universo realmente tivesse nascido de uma singularidade.

Um dos poucos que levavam a idéia de buracos negros a sério era um jovem matemático, Roger Penrose, trabalhando no Birkbeck College, em Londres. Foi Penrose que mostrou que todo buraco negro deve conter uma singularidade e que não há como as partículas materiais resvalarem umas nas outras no meio de um buraco. Não só a matéria, mas o próprio espaço-tempo simplesmente desaparece na singularidade. Neste ponto, as leis da física são rompidas, e é impossível prever o que acontecerá a seguir.

Mas, como vimos, isto não precisa ser preocupante demais, porque estes estranhos objetos estão sempre ocultos por trás do horizonte de um buraco negro.

Neste sentido, Penrose propôs uma hipótese da "censura cósmica", sugerindo que todas as singularidades devem estar escondidas desta forma e que "a natureza abomina uma singularidade nua". Em outras palavras, observadores de fora do horizonte do buraco negro estão sempre protegidos de quaisquer conseqüências da ruptura das leis da física na singularidade.

Hawking ficou intrigado com o trabalho de Penrose sobre as singularidades, mas via que não havia como a abominação de uma singularidade na natureza nos ocultar a singularidade do início dos tempos — *se* ela existisse. Em 1965, os dois uniram forças para investigar este enigma.

Anteriormente, os pesquisadores achavam que se se tentasse retroceder as equações que descrevem o Universo em expansão, as coisas ficariam cada vez mais complicadas à medida que nos aproximássemos do Big Bang. As partículas colidiriam e ricocheteariam umas nas outras, produzindo uma bola de fogo caótica e confusa. Para muitos, isto parecia a forma ideal de fazer um universo modelo ricochetear a densidades altas, sem encontrar uma singularidade. Mas, nos anos seguintes, Hawking e Penrose desenvolveram uma nova técnica matemática para analisar o modo como estes pontos no espaço-tempo estão relacionados. Isto abolia a confusão das interações desordenadas entre partículas materiais e destacava o significado subjacente da expansão (ou do colapso) do próprio espaço.

O resultado desse estudo foi sua prova de que, se a teoria geral da relatividade é a descrição correta do Universo, deve haver uma singularidade no início dos tempos. Não há como as partículas em um universo em contração resvalarem umas nas outras e evitarem se encontrar em uma singularidade na bola de fogo, e muito menos é possível evitar a singularidade dentro do buraco negro. Afinal, quando o espaço encolhe a volume zero, não há literalmente nenhum espaço para as partículas resvalarem. Em outras palavras, a expansão do Universo a partir da singularidade no início realmente é o oposto exato do colapso da matéria (e do espaço-tempo) em uma singularidade dentro de um buraco negro. O censor cósmico não deu certo, e há pelo menos uma singularidade nua no Universo a que estamos expostos, mesmo que esteja separada de nós por 15 bilhões de anos.

Enquanto Hawking e Penrose elaboravam tudo isso, foi anunciada a descoberta da radiação de fundo; os pulsares foram descobertos; e Wagoner, Fowler e Hoyle explicaram como o hélio tinha sido criado no Big Bang. Na época em que os teoremas de Hawking-Penrose foram publicados, John Wheeler tinha dado aos astrônomos a expressão "buraco negro", e os jornais escreviam matérias sobre o fenômeno. O que tinha começado como um caso esotérico (mas erudito) da pesquisa matemática, evoluiu no final da década de 1960 para uma importante contribuição a um dos tópicos mais empolgantes da ciência na época.

Todavia, este foi o primeiro caso de pesquisa *verdadeira* de Hawking, progredindo a partir de seu trabalho de doutorado — a passagem do artífice para seu aprendizado científico. O que viria a seguir? E o que significava a história de que havia um início definido para o tempo no Big Bang? Parecia haver pouca perspectiva, porém, de que o jovem pesquisador apresentasse alguma coisa de importância comparável. A deterioração de sua condição física parecia excluir uma longa carreira.

# 8

# Os anos de inovação

A década de 1960 terminou com Hawking sendo obrigado a fazer uma concessão a sua condição física. Depois de muita persuasão de Jane e de vários de seus amigos íntimos, ele decidiu abandonar suas muletas e usar uma cadeira de rodas. Para os que tinham observado seu gradual declínio físico, isto foi considerado um passo importante e foi visto com tristeza. Mas Hawking recusou-se a se deixar abater. Embora a aceitação de uma cadeira de rodas fosse um reconhecimento físico de seu problema, ele não lhe deu o mais leve respaldo emocional ou mental. De todas as outras formas, a vida seguia como sempre. E ele não podia negar que a cadeira lhe permitia se deslocar com mais facilidade. Parte do modo como Stephen Hawking encara a vida é não ceder aos sintomas da ELA mais do que era fisicamente obrigado a fazer. Como disse Jane, "Stephen não faz nenhuma concessão a sua doença, e eu não faço nenhuma concessão a ele".[1] Parece ter sido assim que ele sobreviveu, contra todas as expectativas, por muitos anos e também mostra como Jane conseguiu preservar sua sanidade vivendo com ele.

Antes, em 1968, Hawking tinha sido convidado a se tornar um membro da equipe do Instituto de Astronomia Teórica sediado em um prédio moderno nos arredores de Cambridge. Originalmente fora chefiado por Fred Hoyle, que se demitiu de seu cargo em 1972, depois de uma última rusga pública com o *establishment* de Cambridge. Desta vez a controvérsia foi sobre a administração da ciência britânica, de modo geral, e da ciência de Cambridge em particular.

Quando Hoyle partiu, o instituto se fundiu com os Observatórios de Cambridge e passou ao controle do professor Donald Lynden-Bell. Sob sua direção, saiu o termo "Teórico" do nome do instituto e este passou a ser, desde então, o Instituto de Astronomia. No mesmo ano, um jovem radioastrônomo, Simon Mitton, foi nomeado diretor administrativo do instituto. Mais tarde ele trabalhou estreitamente com Hawking durante os anos que ele passou ali.

Hawking trabalhava três manhãs por semana no instituto. Era longe demais da Little St. Mary's Lane para chegar de cadeira de rodas. Em vez disso, ele tinha conseguido comprar um carro de três rodas para deficientes, com o qual ia para o subúrbio pelas estradas principais. Mitton o encontraria em seu carro e o ajudaria a sair do pequeno veículo azul e entrar no prédio principal. Hawking tinha sua própria sala e, com o aumento de seu prestígio nos anos seguintes, uma fila de importantes astrônomos e físicos teóricos era atraída ao instituto para conferenciar com ele. Mitton o descreve como um magneto humano no mundo da física. Alunos de pós-graduação e cientistas profissionais de todo o mundo eram atraídos ao instituto principalmente por causa da presença de Hawking.

Hawking nunca se interessou pela astronomia observacional. Em Oxford, freqüentara um curso de férias no Observatório Real de Greenwich, ajudando o então astrônomo real *Sir* Richard Woolley a medir os componentes de estrelas duplas. Porém, segundo a história, depois de olhar pelo telescópio e não ver nada mais interessante que alguns pontos indistintos no campo estelar, Hawking convenceu-se de que a física teórica seria mais interessante. Até este dia ele só usou um telescópio algumas poucas vezes. No Instituto de Astronomia, o trabalho em que Hawking estava interessado era realizado em sua cabeça ou com uma caneta, papel e um computador.

Mitton recorda que Hawking não era a pessoa mais fácil para se trabalhar. Ele o achava irritadiço e impaciente, e se lembra muito pouco do famoso senso de humor de Hawking. As secretárias aparentemente também o achavam difícil, e houve muitas ocasiões em que uma assistente recém-empregada procuraria Mitton à beira das lágrimas, queixando-se de uma carga excessiva de trabalho. Hawking sempre queria as coisas para ontem. Às vezes Mitton tinha de lembrar a si mesmo e às secretárias que trabalhavam para ele que sua rabugice talvez fosse um sintoma de sua doença.

Outros discordariam. Roger Penrose assinalou que Hawking demonstrava um charme e um senso de humor incomuns diante da adversidade. Ele via Hawking de mau humor, irritado e impaciente com os que o cercavam mas acredita que muitas pessoas com ELA desenvolvem um mecanismo de compensação, um sistema que age como antidepressivo. Talvez seja mais realista dizer que o comportamento de Hawking tem mais a ver com seu próprio caráter do que com qualquer efeito de sua doença. Como o resto de nós, ele às vezes é ríspido e intolerante com os outros e não tem paciência com gente chata. Como trabalha em um ritmo intenso, exigindo muito de si mesmo, ele espera que todos tenham a mesma energia e estímulo. Talvez ele simplesmente não se desse bem com as secretárias do Instituto de Astronomia.

Mas o instituto parecia ter mais consciência de seu valor do que sua própria faculdade. As autoridades faziam o possível para assisti-lo em seu trabalho e compensar sua deficiência física. Instalaram um telefone automático adaptado em sua sala, pré-programado para permitir que ele discasse outros números ao toque de um só botão. Mas isso foi muito tempo antes da tecnologia digital, e o dispositivo na verdade era pouco mais que uma caixa de truques com um grande números de *leads* e conexões brotando de uma caixa de ligação no canto da sala. Os engenheiros dos correios levaram mais de uma semana para instalá-lo.

Havia um rebuliço em Cambridge em torno de Hawking e seu trabalho, mesmo antes de ele se unir ao Instituto de Astronomia Teórica. Havia uma certa aura em torno dele. Muito antes de ele deixar sua marca na cosmologia, um ar de reverência acompanhava o nome de Stephen Hawking entre os alunos de pós-graduação. Este discipulado inicial ilustra o início do *status* de *cult* que cercou muitas coisas que Hawking disse e fez em sua carreira. Mesmo no início da década de 1970, era possível ver que a imagem do gênio aleijado, tão amada pela mídia, estava começando a criar raízes na mente dos que cercavam a vida e o trabalho de Hawking. Em vez de esta imagem diminuir ou desaparecer com o progresso de sua carreira, seu *status* de novo Einstein, a criatura puramente cerebral presa em um corpo inativo, crescia a cada nova realização.

Mitton recorda que, na época de seu primeiro encontro em 1972, a fala de Hawking tinha deteriorado consideravelmente. Era essencial se concentrar muito no que ele estava dizendo para conseguir entendê-lo. Mitton achava que ele tinha sempre de encarar Hawking e observar o que ele estava dizendo assim como ouvir com a máxima atenção; mesmo assim, não era fácil. A melhor maneira de se comunicar, pensava Mitton, era fazer perguntas que exigissem somente respostas negativas ou afirmativas. Assim, em vez de perguntar: "Quando você gostaria de almoçar, Stephen?", era muito mais fácil dizer: "Vamos almoçar ao meio-dia e meia. Tudo bem para você?" Fischer Dilke, que escreveu e dirigiu um dos primeiros documentários de televisão sobre Hawking, discorda. Ele diz que Hawking odeia sobretudo que lhe façam perguntas desse tipo, porque, para ele, é um sinal de que a pessoa com quem ele conversa não está lhe conferindo um tratamento normal. Isso o obriga a responder somente "Sim" ou "Não", e ele gostaria, é claro, de conversar normalmente.

Hoje podemos ver os anos 70 como uma década um tanto sombria. Depois do otimismo e esperança dos anos 60, o Ocidente, com a possível exceção da Alemanha Ocidental, foi lançado na recessão; somente no Japão uma combinação de determinação pós-guerra, um faro para a aplicação comercial da tecnologia ocidental e o mero trabalho árduo determinaram o padrão para o crescimento industrial. A economia britânica quase afundou, atingida por uma série de greves desastrosas e convulsão política. A década começou com um governo trabalhista, que durou até junho de 1970, quando Edward Heath quase bateu Harold Wilson em uma vitória surpreendente, e terminou com um novo estilo de governo tóri na forma da primeira mulher do país a chegar ao cargo de primeiro-ministro, Margaret Thatcher.

Em abril de 1970, o mundo perderia o fôlego com o drama da *Apollo 13*, encenado a centenas de milhares de quilômetros no espaço, e a nave espacial estropiada manquejando de volta à segurança da Terra. Em setembro, um drama diferente era representado no deserto da Jordânia, quando terroristas do Oriente Médio explodiram três aviões a jato. O mundo perdeu a figura carismática e influente do herói de escola de Hawking, Bertrand Russell, que morreu aos 97 anos.

E foi naquele ano que Stephen Hawking começou a voltar sua atenção para objetos astronômicos exóticos recentemente batizados de "buracos negros" e mais uma vez se viu em colaboração com o matemático Roger Penrose.

Na descoberta científica, freqüentemente acontece que um passo essencial para a frente surge da inspiração em um momento inesperado, e Hawking gosta de relembrar a história de quando ocorreu a ele sua primeira inovação sobre os buracos negros. Logo depois do nascimento de sua filha Lucy, em novembro de 1970, ele estava pensando nos buracos negros quando se preparava para dormir certa noite. Como ele conta:

> Minha deficiência física tornava este processo muito longo, então eu tinha muito tempo. De repente, percebi que muitas técnicas que Penrose e eu tínhamos desenvolvido para provar as singularidades podiam ser aplicadas aos buracos negros.[2]

Na época, as noções do que realmente era um buraco negro eram muito indistintas, e Penrose e Hawking estavam tentando imaginar uma forma de determinar que pontos no espaço-tempo estavam dentro de um buraco negro e quais estavam do lado de fora. Foi só quando estava se preparando para dormir que a solução lhe ocorreu. A resposta ao problema era na verdade uma solução que, segundo ele, Penrose havia sugerido originalmente, mas não tinha aplicado à situação que estavam estudando. A ciência é descrita no sexto capítulo; basta dizer agora que a solução era tão empolgante que Hawking dormiu muito pouco naquela noite. De manhã cedo, no dia seguinte, ele estava ao telefone com Penrose.

Nos dois anos seguintes (como descrevemos com mais detalhes no Capítulo 9), os dois desenvolveram suas idéias a respeito da física dos buracos negros. Enquanto trabalhavam, passaram a ver que o modo como tinham originalmente percebido a física do buraco negro não tinha um estilo tão claro como deveria. Para lidar com o problema de forma adequada, eles tinham de se livrar das teias de aranha mentais e recordar conceitos de física em que não pensavam desde os tempos de graduação. Em particular, Hawking estava se interessando por um campo chamado termodinâmica, desenvolvido por lorde Kelvin e outros no século XIX.

Ninguém teria imaginado que a termodinâmica tivesse qualquer relevância para os buracos negros. Como afirmou Dennis Overbye: "Era como se tivéssemos erguido o capô de uma Ferrari e encontrássemos um antigo motor a vapor sacolejando dentro dele".[3] Era ridículo — a termodinâmica era usada para estudar gases sob pressão, transferência de calor e a eficiência de motores a vapor, não objetos exóticos como os buracos negros. Na época, Hawking não percebeu claramente que a termodinâmica teria uma influência imensa no futuro da teoria do buraco negro, e que em breve o levaria a seu segundo grande confronto científico com outro físico.

No início de 1973, Hawking e Penrose estavam começando a usar a termodinâmica como uma analogia para o que estava acontecendo em um buraco negro. Os cientistas fazem isso com freqüência: um modelo cotidiano ajuda-os a entender situações tão estranhas como as encontradas em uma singularidade. Mas um jovem pesquisador chamado Jacob Bekenstein, trabalhando na Universidade de Princeton, estava levando as coisas muito além. Ele não se satisfez em usar a termodinâmica como analogia, em vez disso, estava aplicando seus preceitos literalmente. E estava se deparando com alguns resultados muito interessantes.

Hawking ficou enfurecido quando descobriu o trabalho de Bekenstein. Ele vinha usando a termodinâmica como nada mais que um modelo e acreditava que era totalmente ridículo levá-lo adiante e realmente *aplicá-lo* aos buracos negros. Junto com seu velho amigo de Cambridge Brandon Carter e o relativista americano James Bardeen, ele publicou um artigo no periódico científico *Communications in Mathematical Physics*, tentando rejeitar a sugestão. O debate tomou a imprensa científica por vários meses, atravessando o Atlântico. Hawking estava ficando cada vez mais irritado com o que, para ele, eram as concepções absurdas de Bekenstein. Em resposta a um artigo publicado por Bekenstein, Hawking, Carter e Bardeen responderam com outro, intitulado "As Quatro Leis da Mecânica do Buraco Negro". Mais tarde, os dois artigos provaram-se incompletos.

A maioria dos físicos colocou-se ao lado de Hawking e seus co-autores, mas Bekenstein não foi dissuadido pelas fileiras reunidas da comunidade científica que marchavam contra ele. Anos depois, ele comentou o confronto:

> Naqueles dias de 1973, quando eu com freqüência ouvia que estava indo na direção errada, obtive algum conforto com a opinião de Wheeler, de que "A termodinâmica do buraco negro é maluca, talvez maluca o bastante para que faça sentido".[4]

Hawking continuava pensando que a concepção de Bekenstein era simplesmente uma loucura — pelo menos por algum tempo. O que deu início à mudança foi uma série de acontecimentos que o levariam a uma conclusão muito mais importante sobre os buracos negros e o impeliria à vanguarda da física teórica. Mas isso só aconteceria seis meses depois, e naquele meio-tempo os debates continuaram.

Enquanto isso, Hawking estava achando cada vez mais difícil lidar com a matemática daquele trabalho. As equações para interpretar a física dos buracos negros eram surpreendentemente complexas, e nesta fase de sua doença ele não podia usar nem papel, nem caneta, nem uma máquina de escrever. Em vez disso, ele foi obrigado a desenvolver técnicas para guardar informações em sua mente e meios de manipular as equações sem ser capaz de escrevê-las. Esta proeza foi descrita por um dos amigos e colaboradores de Hawking, Werner Israel:

> É como se Mozart tivesse composto e tocado toda uma sinfonia em sua cabeça — quem quer que tenha visto em um seminário recente as linhas de matemática complexa, cobrindo o quadro-negro como uma partitura, teria apreciado a comparação.[5]

Hawking tinha a grande vantagem de uma memória soberba. Em seu livro, *Beyond the Black Hole: Stephen Hawking's Universe*, John Boslough conta um incidente que demonstra a capacidade de Hawking de reter informações detalhadas em sua mente:

> Um dos alunos de Hawking me contou que, enquanto o levava a Londres de carro para uma conferência de física, Hawking lembrava do número da página de um erro pequeno que ele tinha encontrado em um livro que lera anos antes.[6]

Outra história relata como uma secretária que trabalhava para Hawking ficou maravilhada quando ele uma vez lembrou, 24 horas depois, de um minúsculo erro que ele tinha cometido enquanto ditava — de cor — quarenta páginas de equações. Hawking não é único neste talento. Em 1983 ele fascinou os alunos do Caltech (California Institute of Technology) em um seminário quando ditou de cor uma versão de uma importante equação com quarenta termos. Quando seu assistente terminou de escrever o último termo, seu colega, o prêmio Nobel Murray Gell-Mann, que por acaso estava sentado na platéia, levantou-se e declarou que Hawking tinha omitido um termo. Gell-Mann também trabalhava de cor.

Apesar de sua deficiência física, no início da década de 1970 Hawking estava começando a viajar bastante. Seu *status* de físico tinha crescido com seu trabalho em colaboração com Penrose, e ele era freqüentemente convidado a dar conferências e seminários em todo o mundo. Ao mesmo tempo que sua reputação científica aumentava, a imagem de Hawking como um lutador determinado, que iria a qualquer extremo para ser tratado com um ser humano normal, disseminava-se para além de Cambridge.

Um dos mais antigos e mais íntimos amigos de Hawking, o falecido David Schramm, da Universidade de Chicago, tinha muitas histórias sobre as façanhas de Stephen. Seu relato favorito do início dos anos 70 relaciona-se com a ocasião em que ele se conscientizou do imenso potencial de Stephen para se divertir. Depois de uma conferência em Nova York, Schramm levou os Hawking a uma festa oferecida por um amigo em Greenwich Village. Stephen realmente apreciou, dançando com Jane, girando sua cadeira de rodas pela sala e se divertindo muito.

Schramm também gostava de apelidar seu amigo de paquerador incorrigível e descrever seus olhos como tremendamente expressivos. As mulheres, afirmava Schramm, sempre ficavam muito interessadas em Stephen muito antes que sua fama internacional lhe angariasse a atenção de todos. Na verdade, a esposa de David Schramm, Judy, foi conquistada por ele quando o conheceu e achou extremamente atraente sua capacidade de transmitir sua personalidade pela expressão facial.

O interesse de Hawking em dançar nunca diminuiu, e as festas anuais da faculdade em Caius não seriam as mesmas sem sua presença junto a outros professores e suas parceiras na pista de dança. Hoje em dia, em sua posição elevada de professor titular e diretor do DAMTP, ele ainda é visto nas discotecas de Natal organizadas pelos alunos, dançando a noite toda. Sua energia, no trabalho e no lazer, tornou-se uma lenda. Como disse David Schramm, Stephen é um verdadeiro fominha de festas.

Entre viagens ao exterior e o trabalho com os buracos negros com Roger Penrose, Hawking colaborou com George Ellis em um livro mais tarde intitulado *The Large Scale Structure of Spacetime*. A idéia do livro tinha surgido em 1965, quando Hawking ainda estava tentando concluir seu doutorado. Ellis recorda que os dois tinham traçado uma lista de planos para o futuro, que incluía "casar-se" e "escrever juntos um livro sobre cosmologia". Como ambos estavam ocupados com outros projetos e mudanças domésticas, o trabalho nos originais foi muito lento. Ellis passou algum tempo em Hamburgo e depois em Boston, e os dois começaram a se ver com menos freqüência. Através de Dennis Sciama, eles conseguiram garantir um contrato com a Cambridge University Press, que estava dando início a uma série de monografias de pesquisa de alto nível, objetivando físicos profissionais.

Foram necessários seis anos para concluir os originais. Eles dividiram os vários tópicos e trabalharam de forma independente, reunindo-se, quando podiam, para entregar suas contribuições e fazer as mudanças necessárias. Ellis fez todo o trabalho de datilografia; quando Hawking não podia mais escrever, ele ditava seu material a Ellis, que o escrevia para ele. George Ellis era um dos associados mais próximos de Hawking que podia entender sua fala, mas mesmo ele encontrava dificuldade às vezes. Ele logo descobriu que era muito mais fácil acompanhar o que Hawking dizia nas discussões sobre assuntos científicos, quando a conversa consistia amplamente em termos técnicos familiares. Nas conversas cotidianas, que podiam ser sobre quase qualquer coisa, era mais complicado.

Como *The Large Scale Structure of Spacetime* levou tanto tempo para ser escrito, os acontecimentos surpreenderam-no em várias áreas. Em particular, o progresso do trabalho de Hawking sobre os buracos negros (com o qual Ellis não estava diretamente envolvido) era mais rápido do que a revisão do texto. O livro lidava puramente com teorias clássicas da cosmologia, mas quando foi publicado, em 1973, Hawking tinha feito grandes progressos na interpretação quântica da física dos buracos negros, e apenas na segunda edição eles puderam atualizar o texto. O livro causou muita sensação nos círculos acadêmicos e contribuiu bastante para o grande prestígio da série. Na verdade, Hawking é agora considerado pela Cambridge University Press o autor mais importante em seu catálogo.

O livro é incrivelmente complexo, de leitura impossível, exceto por especialistas que trabalhem no campo da cosmologia. Hawking e Ellis não tinham a intenção de escrever um livro de divulgação popular, e seu manuscrito era perfeitamente adequado aos seus objetivos. Mas uma história favorita no departamento de ciência da Cambridge University Press fala de uma ocasião em que um associado de Hawking arriscou-se a dar sua opinião sobre a primeira edição. Hawking e Simon Mitton estavam voltando a Cambridge de uma reunião na Royal Astronomical Society em Londres e por acaso dividiam um vagão no trem com o radioastrônomo John Shakeshaft. Quando saíram da estação, Shakeshaft, que estava sentado na cadeira diante de Hawking, inclinou-se para a frente e disse: "Bem, tenho um exemplar de seu livro, Steve."

— Ah, você gostou? — perguntou Hawking.

— Bom — respondeu Shakeshaft —, acho que poderia ir até a página 10, mas só consegui chegar na 4, e desisti!

Apesar da complexidade do livro, os números mais recentes mostram que, desde sua publicação, ele vendeu mais de 3.500 exemplares em capa dura e mais de 20 mil em brochura — umas das monografias mais vendidas entre as publicadas pela Cambridge University Press.

Simon Mitton, que deixou o Instituto de Astronomia em 1977, é agora diretor científico da Cambridge University Press. Segundo ele, o livro foi vendido a um grande número de estudantes de graduação, que o compraram porque parecia bom para suas estantes, mas provavelmente nunca foram além da segunda página abarrotada de equações. *The Large Structure of Spacetime* e outros livros técnicos posteriores de Hawking mostram uma guinada nítida na curva de vendas depois da publicação, muitos anos depois, de *Uma breve história do tempo.* Depois disso o nome original do co-autor, "S. W. Hawking", impresso na capa, foi modificado às pressas para "Stephen Hawking", e as vendas tiveram outro pico.

No mundo da pesquisa dos buracos negros, o trabalho prosseguia a um ritmo atordoante, e Hawking estava na vanguarda. Tornara-se cada vez mais claro para ele que a interpretação puramente clássica dos buracos negros era fraca. Em setembro de 1973, ele visitou Moscou. O diretor do Instituto para Problemas Físicos da Academia Soviética de Ciências em Moscou era um homenzinho impetuoso com uma careca e uma energia interminável de nome Yakov Boris Zeldovitch. Ele e sua equipe vinham trabalhando com buracos negros, em particular com a forma como interagem com a luz. Hawking voltou a Cambridge convencido de que eles estavam chegando a algum lugar, mas tratavam as coisas da maneira errada. Como ele disse muitos anos depois: "Não gostei da forma como derivaram seus resultados, então me empenhei em fazê-lo da forma adequada."

O que ele decidiu tentar era muito revolucionário. Como vimos no Capítulo 2, os dois grandes pilares da física do século XX são a mecânica quântica e a relatividade, mas elas estão em extremos opostos do espectro no que diz respeito à física. Falam uma linguagem diferente, e ninguém conseguiu conciliar as duas teorias. Mas era exatamente isso que Hawking tinha em mente. Parecia ser a única forma de seguir em frente, se ele quisesse explicar o comportamento de buracos negros, aproveitando as idéias contraditórias de Bekenstein por um lado e as suas próprias e de Penrose por outro.

Resolver o problema era mais fácil de falar do que de fazer. Formular as equações mentalmente já era bastante difícil, e depois de alguns meses de trabalho intenso Hawking conseguiu apresentar resultados completamente absurdos. De acordo com as equações, os buracos negros pareciam estar emitindo radiação. Ele, e todo mundo na época, acreditava que isso era impossível. Ele ainda estava convencido de que chegava a algum lugar mas tomou a decisão sensata de não discutir o problema com ninguém até que liquidasse a questão de uma forma ou outra.

O Natal de 1973 chegou e ele estava ainda mais confuso com a matemática do que jamais esteve. Decidiu rever as equações. Sabia que tinha arestas em algumas derivações e acreditava que estes atalhos podiam trazer a chave do problema. Durante os feriados de Natal, passou semanas sozinho revendo repetidas vezes as equações em sua mente, obrigando-se a usar processos ainda mais complexos para erradicar as irritantes anomalias. Finalmente, em janeiro de 1974, ele se arriscou e conversou com Dennis Sciama, que estava organizando uma conferência na época. Para surpresa de Hawking, Sciama ficou muito empolgado com a idéia e, com a permissão de Hawking, prontificou-se a espalhar a notícia.

Alguns dias depois era o aniversário de 32 anos de Hawking, e sua família organizou um jantar para comemorar. Logo depois da refeição ser servida, o telefone tocou. Era Roger Penrose, ligando de Londres — ele tinha ouvido a história propagada por Sciama e queria saber mais a respeito dela. A discussão prosseguiu. A comida estava esfriando e os convidados esperavam pacientemente pelo retorno de Hawking à mesa. Quarenta e cinco minutos depois, o jantar arruinado, ele desligou. Penrose ficou tremendamente empolgado e queria discutir o assunto depois.

Na contracorrente das idéias sobre os buracos negros, graças ao poder do raciocínio matemático, Hawking tinha sido obrigado a chegar à conclusão inquestionável de que não só os minúsculos buracos negros emitem radiação mas que sob certas condições eles podem realmente explodir. No final de janeiro, um de seus colegas e amigos dos tempos de pós-graduação, Martin Rees, ficou convencido de que Hawking havia feito uma grande descoberta. Inspirado por sua última discussão com Stephen, ele encontrou Dennis Sciama no corredor do Instituto de Astronomia. "Já soube?", disse ele, animado, "Stephen mudou tudo!"

Sciama saiu correndo para ver Hawking. No final da conversa, ele também estava convencido e persuadiu seu ex-aluno a anunciar seus resultados na conferência que ele estava organizando para fevereiro no Laboratório Rutherford-Appleton, perto de Oxford.

Hawking foi levado de carro ao laboratório através da friagem de meados de inverno em Oxfordshire e foi ajudado no prédio por um dos alunos de pesquisa. Sentando-se pacientemente ao lado do grupo principal, ele ouviu os outros oradores anunciando seus últimos resultados. Como sempre, fez as costumeiras perguntas penetrantes, tentando controlar sua grande empolgação. Ele tinha uma suspeita, agora apoiada por vários de seus colegas, de que estava chegando a alguma coisa realmente grande. Por fim, sua cadeira de rodas foi empurrada para a frente do auditório, e suas ilustrações foram projetadas na parede de trás enquanto ele fazia sua palestra de uma forma quase ininteligível, com a qual seus colegas já estavam acostumados. Sua última frase foi pronunciada. Um silêncio atônito caiu sobre toda a sala. Dava para ouvir uma gota pingando enquanto o público de cientistas tentava absorver as surpreendentes novidades. Depois a reação começou.

O moderador da reunião, o teórico inglês John G. Taylor, saltou de sua cadeira e proclamou que o que Hawking dissera era um completo absurdo. Fazendo uma pausa somente para arrastar um de seus colegas da cadeira diante dele, Taylor disparou para fora da sala e imediatamente começou a escrever um artigo denunciando o objetivo de Hawking. Hawking esperava uma reação, mas nada parecido com isso. Ele simplesmente sentou-se na tribuna, em silêncio, aturdido.

O artigo de John Taylor foi redigido às pressas e enviado à *Nature* para publicação. O editor da *Nature* mandou o rascunho para Hawking, em busca de comentários antes de tomar a decisão de publicá-lo. Hawking escreveu recomendando a publicação. Ele não queria ser um obstáculo para ninguém que fosse temerário o bastante para repudiar seu trabalho sem ter investigado o assunto completamente.

Um mês depois da reunião nos arredores de Oxford, Hawking publicou na *Nature* seu próprio artigo descrevendo o fenômeno recém-descoberto. Semanas depois, físicos de todo o mundo estavam discutindo seu trabalho, e ele se tornou o tema do dia nas conversas em todos os laboratórios de física, de Sydney à Carolina do Sul. Alguns físicos chegaram ao ponto de dizer que as novas descobertas constituíam o desenvolvimento mais significativo da física teórica em anos. Dennis Sciama descreveu o artigo de Hawking como "um dos mais belos da história da física". A radiação que podia ser emitida por alguns buracos negros, descoberta por ele, ficou conhecida, a partir daí, como Radiação de Hawking.

Mas nem todos estavam convencidos, e levou algum tempo até que muitos grupos trabalhando em todo o mundo aceitassem esta revolução na física dos buracos negros. Foi somente em 1976 que a equipe de Zeldovitch, em Moscou, aceitou as novas idéias. Zeldovitch administrava o instituto de uma forma extremamente ditatorial. O que ele dizia era lei. Quando finalmente deu seu apoio à teoria, sua equipe foi compelida a acompanhá-lo, da mesma forma que o tinha acompanhado quando discordou da idéia.

Na época em que Zeldovitch mudou de idéia, Roger Penrose foi convidado a ir a Moscou para dar uma palestra a que compareceria Zeldovitch, como colega de Penrose e diretor do instituto. Em suas notas da palestra, Penrose tinha pressuposto a validade das deduções de Hawking e montou a palestra em torno delas. Quando ele chegou, um dia antes da conferência, soube bruscamente que nem Zeldovitch, nem nenhum de seus alunos, concordava com Hawking. Não só isso, mas ele preferia que Penrose não mencionasse as descobertas de Hawking. Penrose ficou completamente atordoado. Isso significava, simplesmente, que ele tinha de reescrever toda a palestra; ele se atirou à tarefa, trabalhando até a madrugada. Depois, algumas horas antes de ter de subir à tribuna, um assistente voltou ao hotel para informar que Zeldovitch tinha mudado de opinião a respeito de Hawking — da mesma forma que todos os alunos dele.

Outra história relata como o físico americano Kip Thorne estava no apartamento de Zeldovitch quando ocorreu a transformação em seu pensamento. Zeldovitch estava andando pela sala quando Thorne chegou, e em uma exibição teatral de resignação, o físico russo ergueu os braços em desespero e disse: "Desisto, eu desisto. Eu não acreditava, mas agora acredito".[7]

Os meados dos anos 70 viram os primórdios de um renascimento na consciência pública da ciência, e a idéia de que objetos exóticos como buracos negros, que podiam comer todo os sistemas solares no café da manhã, conquistou público. Foi mais ou menos nessa época que o nome de Stephen Hawking invadiu a consciência popular pela primeira vez. Foi também a época em que muita bobagem, em torno de teorias sérias, foi dita por escritores que popularizaram demais as idéias que os físicos estavam propondo.

O próprio Hawking começou a representar uma metáfora para seu próprio trabalho. Ele estava se tornando o cosmonauta dos buracos negros, preso a um corpo aleijado, penetrando os mistérios do Universo com a mente de um Einstein contemporâneo, indo onde até os anjos temiam ir. Com a chegada dos buracos negros na consciência pública, a mística que tinha começado a se formar em torno dele, em Cambridge, no final dos anos 60, começou a se estender para além dos limites reclusos da comunidade da física. Começaram a surgir artigos de jornais e documentários de tevê sobre buracos negros, e Stephen Hawking começou a ser visto como a autoridade no assunto.

Não era só a mídia que estava começando a registrar os acontecimentos. As realizações de Hawking tinham sido percebidas pelo *establishment* científico. Em março de 1974, semanas depois do anúncio da Radiação de Hawking, ele recebeu uma das maiores honrarias da carreira de qualquer cientista. Na tenra idade de 32 anos, foi convidado a se integrar à Royal Society, um dos cientistas mais novos na longa história da sociedade a receber esta honraria.

A posse aconteceu na sede da Royal Society, no número 6 do Carlton House Terrace, uma mansão branca de colunatas elevando-se acima de St. James's Park, no West End de Londres. É da tradição que os novos membros da sociedade falem ao pódio na grande sala de conferências que domina o prédio a fim de assinar a lista de honra e apertar a mão do presidente. Contudo, no caso de Hawking, o presidente da época, o biofísico e prêmio Nobel *Sir* Alan Hodgkin, levou o livro de assinaturas para a fila da frente, onde estava Hawking, para que ele o assinasse. Levou um século para que Hawking assinasse seu nome. As letras eram lenta e agonizantemente formadas na página, reunindo-se a outros investidos na mesma cerimônia. Enquanto ele escrevia, a sala ficou em completo silêncio. Depois, quando terminou a última letra e Hodgkin retirou o livro de seu colo, os cientistas reunidos explodiram em um aplauso ensurdecedor.

O jornal local, o *Cambridge Evening News*, relatou o grande evento no dia da posse de Hawking, e a festa dada no DAMTP depois da cerimônia em Londres. Amigos, familiares e colegas do departamento foram todos convidados a comemorar sua realização. Como um dos membros mais importantes da reunião e ex-supervisor de Hawking, Dennis Sciama foi convidado a fazer um brinde de improviso a seu aluno mais bem-sucedido, em que ele prestou tributo às realizações de Hawking e ergueu sua taça ao futuro sucesso.

Quando sua família e seus amigos se juntaram a Sciama no brinde, Hawking examinou a sala. Ele sabia que tinha percorrido um longo caminho, mas era só o começo. Embora sempre acreditasse que sua posse na Royal Society viria a ser o momento de maior orgulho de sua carreira, havia muito mais degraus a subir na escada profissional. E, apesar das adversidades — ou talvez, como alguns sugeriram, por causa delas — ele continuaria a subir. Onde seus pés não podiam chegar, sua mente voaria.

# 9

# Quando os buracos negros explodem

Como mencionamos no Capítulo 7, em 1970 Hawking tinha mudado o foco de sua atenção científica do que acontecia no núcleo de um buraco negro, na singularidade, para eventos que ocorriam no horizonte circundante de um buraco negro, a coisa mais próxima que era de uma "superfície". Uma diferença essencial entre estes estudos e a investigação das singularidades era que, mesmo que sua teoria preveja coisas que acontecem em uma singularidade, nunca se pode testar a teoria observando uma singularidade porque elas estão completamente escondidas dentro dos buracos negros (exceto, é claro, a singularidade do Big Bang no início dos tempos, que Hawking estava para investigar mais plenamente no final de sua carreira). Mas quando se aplica a teoria para prever o que acontece na superfície de um buraco negro, no horizonte, quaisquer eventos estranhos que ela descreva devem deixar sua marca no Universo exterior e podem até produzir efeitos que seriam detectados por instrumentos aqui na Terra ou por satélites em órbita em torno da Terra.

Na verdade, foram instrumentos levados por satélites que identificaram, mais ou menos nessa época, o primeiro candidato plausível a um buraco negro em nossa Via Láctea. Assim como as grandes descobertas na astronomia surgiram na década de 1960 através da investigação da parte de rádio do espectro, a comprimentos de onda mais longos do que o da luz, os grandes progressos na década de 1970 vieram pela investigação da parte de raio X do espectro, a comprimentos de onda muito mais curtos que os da luz. Ao contrário das ondas de rádio, contudo, os raios X do espaço são bloqueados pela atmosfera da Terra, e não chegam ao solo (ainda bem, ou todos nós seríamos fritos). Assim, a astronomia do raio X só amadureceu como um ramo da ciência quando detectores adequados foram colocados em órbita em torno da Terra. Tais satélites não tripulados transformaram a visão que os astrônomos têm do Universo, mostrando que era um lugar muito mais violento e vigoroso do que eles pensavam. E pelo menos parte dessa violência, agora eles estavam convencidos, está associada com os buracos negros.

Acontece da seguinte maneira. Um buraco negro isolado é, evidentemente, indetectável, exceto por sua atração gravitacional — a forma como distorce o espaço em sua vizinhança. Ele é, afinal, preto. Mas um buraco negro em um sistema binário, orbitando em torno de uma estrela mais comum, pode tornar sua presença muito visível. A matéria arrancada da estrela companheira pela influência gravitacional do buraco negro se afunilaria para dentro do buraco e seria engolida. No caminho para dentro, formaria um disco giratório de acreção, como a água descendo pelo ralo de uma banheira, com o gás se acumulando e esquentando à medida que a energia gravitacional é convertida em energia de movimento. Os cálculos mostraram que ele se aqueceria o bastante para emitir raios X.

Mas qual é a probabilidade de um buraco negro orbitar uma estrela companheira? Na verdade, sistemas de estrelas binárias são muito comuns — a maioria das estrelas provavelmente tem pelo menos uma estrela companheira próxima, e nosso Sol é uma exceção à regra. As binárias são também fáceis de identificar porque a atração que as duas estrelas exercem entre si faz com que elas se agitem, produzindo mudanças regulares que podem ser observadas pelo uso de telescópios na Terra. As variações orbitais também dão aos astrônomos uma pista para as massas das duas estrelas, e isso pode ser essencial para a identificação de candidatos a buracos negros.

O problema, para os pesquisadores de buracos negros, é que não é o suficiente identificar uma fonte de raios X em um sistema binário. Tanto as anãs brancas como as estrelas de nêutrons também são bastante compactas, com uma atração gravitacional forte o suficiente para arrancar matéria de uma estrela companheira e atraí-la para si mesmas, criando áreas de tensão que irradiam ondas no comprimento dos raios X.

Várias das primeiras fontes binárias de raios X encontradas podem na verdade ser identificadas como anãs brancas, porque as variações orbitais mostraram que suas massas devem ser bem menores que 1,5 da massa solar. Mas quatro buracos negros em potencial, e razoáveis, surgiram dos levantamentos de raios X do céu, realizados no início da década de 1970. Um primeiro exame mostrou que todos eram fontes de raios X de sistemas binários — objetos pequenos, energéticos e compactos orbitando estrelas normais. Pesquisas mais detalhadas gradualmente eliminaram três dos candidatos. Um tinha uma massa 2,5 vezes maior que a do Sol e podia muito bem ser uma estrela de nêutrons. Outro tinha uma massa três vezes maior que a do Sol, que parecia ser um pouco alta para uma estrela de nêutrons, mas permitia que se questionasse seu *status* de buraco negro. A terceira tinha uma massa de apenas duas vezes a massa do Sol. Mas a quarta tinha uma massa estimada entre 8 e 10 massas solares.

A fonte é chamada Cygnus X-1. Só explicações muito tortuosas podiam ser evocadas para que não se inferisse que ela abrigava um buraco negro. Por exemplo, alguns astrônomos sugeriram que a estrela companheira invisível no sistema binário podia realmente consistir em *duas* estrelas — uma estrela comum, fraca e invisível (vaga demais para ser visível) com uma massa seis vezes maior que a do Sol, orbitada por uma estrela de nêutrons de duas massas solares. Mas as explicações arquitetadas ruíram diante do argumento atraente de que a explicação mais simples era provavelmente a melhor. Só seria possível provar que Cygnus X-1 abriga um buraco negro se pudéssemos ir até lá e olhá-la de perto; mas o peso da evidência que se acumulou por duas décadas convenceu a maioria dos astrônomos, e hoje o consenso é que há uma probabilidade de 95% de que Cygnus X-1 seja o primeiro buraco negro a ser identificado. Vários outros candidatos promissores são também conhecidos agora, o que fortalece o argumento — nós não esperaríamos que houvesse apenas um buraco negro detectável em nossa galáxia.

A identificação da própria Cygnus X-1 como um candidato a buraco negro foi a oportunidade de uma famosa aposta, que lança uma luz intrigante no caráter de Hawking. Hawking, cuja carreira tinha se fundamentado no estudo dos buracos negros, fez uma aposta com Kip Thorne, do Caltech, de que Cygnus X-1 não continha um buraco negro. Segundo a aposta, se um dia fosse provado que a fonte é um buraco negro, Hawking daria a Thorne uma assinatura de um ano da *Penthouse*; mas se fosse provado que a Cygnus X-1 não era um buraco negro, Thorne daria a Hawking uma assinatura de quatro anos da revista satírica *Private Eye*. Em junho de 1990 Hawking decidiu que a evidência era incontestável, e pagou a aposta — embora, sendo Hawking, ele o tenha feito de uma forma tipicamente travessa, recorrendo à ajuda de um colega para arrombar a sala de Thorne no Caltech. Eles extraíram um documento registrando a aposta e oficialmente "assinaram" sua admissão da derrota com uma impressão digital antes de devolver o papel aos arquivos de Thorne, para que ele descobrisse mais tarde. Nos meses seguintes, Thorne recebeu devidamente os exemplares prometidos da *Penthouse*.

A disparidade entre as assinaturas da aposta simplesmente reflete os diferentes preços de capa das duas revistas. Mas por que Hawking apostou *contra* os buracos negros? Ele chama isso de política de segurança. Se os buracos negros não existissem, ele teria desperdiçado seu tempo na maior parte de sua carreira, mas pelo menos teria o consolo de ganhar a aposta. Por outro lado, a única forma de ele perder a aposta seria estar certo sobre os buracos negros, e assim ele ficou feliz em oferecer a Thorne algum consolo.

Aos olhos da maioria dos astrônomos, Hawking pecou por excesso de cautela em esperar tanto tempo para pagar a aposta; ele tinha perdido, reconheceram eles, vários anos antes, pois não havia dúvida razoável de que Cygnus X-1 fosse um buraco negro. E uma vez que os buracos negros existem, a investigação de Hawking de suas propriedades no início da década de 1970 passa a ser uma das pesquisas científicas mais importantes já realizadas. Este trabalho teve sucesso não só em unir parcialmente a teoria geral da relatividade com a teoria quântica, mas também em trazer à baila o grande desenvolvimento da ciência do século XIX, a termodinâmica.

Assim como Hawking e Penrose tinham mostrado que a física do Big Bang ficava na verdade *mais simples*, e não mais difícil, quanto mais perto você chegasse do início, no final da década de 1960 outra pesquisa mostrou que buracos negros em colapso são muito mais simples do que os objetos que colapsam para formá-los. Você pode, em princípio, fazer um buraco negro de qualquer coisa: comprimindo a Terra ao tamanho de uma ervilha; ou acrescentando ferro-velho a uma pilha até que tenha o bastante para que a gravidade ocorra; ou observando uma estrela muito mais pesada que nosso Sol passar por seu ciclo de vida, explodir e morrer. Mas embora você faça um buraco negro, terminará com uma singularidade cercada por um horizonte perfeitamente esférico, com um tamanho (uma área de superfície) que depende somente da massa do buraco e não do que ele é composto.

A verdade fundamental sobre os buracos negros foi estabelecida em 1967, pelo pesquisador canadense Werner Israel. Quando desenvolveu as equações, o próprio Israel pensou que, como os buracos negros tinham de ser esféricos, o que as equações lhe diziam era que somente um objeto perfeitamente esférico podia colapsar para formar um buraco negro. Mas Roger Penrose e John Wheeler descobriram que um objeto em colapso, formando um buraco negro, irradiaria sempre energia na forma de ondas gravitacionais — ondulações no tecido do próprio espaço-tempo. Quanto mais irregular a forma do objeto, mais rapidamente ele irradiaria energia, e o efeito desta radiação seria o de atenuar as irregularidades. Penrose e Wheeler mostraram que qualquer objeto em colapso terminaria perfeitamente esférico na época em que formasse um buraco negro. A única coisa que podia afetar a aparência do horizonte em torno do buraco, além da quantidade de matéria dentro dele, seria sua rotação. Um buraco sem rotação é perfeitamente esférico, enquanto um buraco com rotação forma uma protuberância ao equador.

Assim, ficou estabelecido no início da década de 1970 que um buraco negro podia ter rotação, mas não podia pulsar (Hawking teve um pequeno papel neste trabalho também). O tamanho e a forma de um buraco negro dependem somente de sua massa e da velocidade de sua rotação; o horizonte, tudo o que podemos ver de fora do Universo, não tem traços característicos que possam nos dizer do que é feito o buraco. Os físicos chamam esta falta de traços característicos de teorema "sem cabelo". Um buraco negro não tem "cabelo" no sentido de que não tem traços característicos, e como só o que podemos saber sobre ele é sua massa e sua taxa de rotação, o estudo matemático dos buracos negros passa a ser muito mais simples do que os cientistas temiam que fosse.

Como nada pode sair de um buraco negro, sua massa nunca diminui. Assim, a descoberta de que a área de superfície do horizonte nunca diminui pode não parecer dramática para os mortais comuns. Mas Stephen Hawking nos fala que esta descoberta o atingiu com tanta força que o momento ficou gravado em sua memória por mais de vinte anos. Aconteceu, como mencionamos no último capítulo, em uma noite de novembro de 1970, não muito tempo depois do nascimento de sua filha Lucy, quando ele estava se preparando para dormir. A idéia era tão empolgante que ele passou a maior parte da noite pensando em suas implicações.

Em grande parte, ele ficou tão animado porque, na época, ele e Penrose tinham acabado de elaborar uma definição matemática prática de um horizonte de buraco negro em termos de rastros de raios de luz através do espaço-tempo. Com esta definição, percebeu ele, a área de superfície de um buraco negro sempre aumentaria se a matéria ou a radiação caíssem no buraco, e mesmo que dois buracos negros colidissem e se fundissem, a área do novo buraco negro sempre seria maior que (ou, possivelmente, igual a) as áreas de dois buracos negros originais reunidos.

Esta descoberta pode ter deixado Hawking tão empolgado que ele não conseguiu dormir e pode ter impressionado Roger Penrose quando Hawking telefonou para ele no dia seguinte para discutir a idéia, mas inicialmente causou pouca impressão em outros astrônomos e físicos, que consideravam estes conceitos esotéricos. Afinal, as observações dos raios X que levaram à identificação de Cygnus X-1 com uma estrela visível foram feitas no ano seguinte, em 1971, e foi apenas no final de 1972 que se chegou ao consenso de que os raios X provinham de um buraco negro orbitando essa estrela. O que realmente começou a abrir os olhos dos cientistas e fazer com que prestassem atenção nas idéias de Hawking sobre a área crescente de um buraco negro foi a sugestão aparentemente chocante de que isso poderia estar relacionado com o ramo da física conhecido como termodinâmica.

A termodinâmica é simplesmente o estudo do calor e do movimento, como o nome já diz. Foi desenvolvida como um ramo da ciência durante o século XIX e foi de grande valor prático na era dos motores a vapor. Fundamenta-se em regras básicas e simples, como o fato de que o calor não pode fluir de um objeto frio para outro quente. Mas a termodinâmica vai muito além dos aspectos práticos do dia-a-dia de fazer motores a vapor funcionarem com mais eficácia e leva a verdades fundamentais sobre a natureza do tempo e o destino do Universo. Um conceito especialmente importante, relacionado com a incapacidade de o calor fluir "do mais frio para o mais quente", é conhecido como entropia.

Em linguagem cotidiana, a entropia é a lei que nos diz que as coisas se desgastam. Coisas quentes esfriam com o passar do tempo e o calor flui delas. Prédios caem e se esfarelam; os seres vivos envelhecem e morrem. Estas mudanças estão relacionadas com a passagem do tempo, marcando uma distinção entre o passado e o futuro. Elas correspondem a um aumento na quantidade de *desordem* no Universo. Esta desordem é medida em termos de entropia. Devido ao fluxo de tempo do passado para o futuro, a entropia do Universo sempre deve aumentar. O mesmo se aplica a qualquer sistema fechado — a quantidade de entropia pode somente aumentar (ou, no mínimo, permanecer a mesma); jamais diminuir. Agora, obviamente, a presença de seres vivos na Terra se opõe a esta regra. Criamos ordem da desordem construindo casas e assim por diante. Mas a questão é que a Terra não é um sistema fechado. Ela "se alimenta" da energia que flui do Sol, descarregando entropia como resultado disso. Se você pegar todo o sistema solar e tratá-lo como um sistema fechado, a entropia aumenta, assim como mandam as leis da termodinâmica.

Deste modo, a percepção crucial de Hawking, que surgiu com tanta força naquela noite de novembro de 1970, levou à idéia de que a lei que diz que a área de um buraco negro só pode permanecer a mesma ou aumentar é equivalente à lei que diz que a entropia de um sistema fechado só pode permanecer a mesma ou aumentar. Mas mesmo Hawking não fez essa ligação a princípio.

Este é o tipo de passo muito freqüente na ciência, dado por um pesquisador júnior, tradicionalmente sem preconceitos. A idéia de tentar fazer uma ligação entre a física gravitacional dos buracos negros e a física da termodinâmica dos motores a vapor vitorianos teria desanimado até o gênio de um Hawking. Mas para um estudante de pesquisa, preparando-se para uma carreira científica e diante de duas informações que parecem dizer a mesma coisa de diferentes maneiras, parecia valer a perna observar a semelhança.

É claro que os alunos de pesquisa com muita freqüência observam semelhanças estranhas e coincidências na ciência e na maior parte do tempo a "descoberta" não gera nada de significativo. Mas quando um aluno da Universidade de Princeton, Jacob Bekenstein, sugeriu que o tamanho do horizonte em torno da singularidade podia literalmente ser uma medida da entropia de um buraco negro, deu início a uma avalanche de pesquisa que levou Hawking à descoberta de que os buracos negros não são necessariamente negros, afinal — eles explodem.

Assim como se espera que os alunos de pesquisa apresentem idéias malucas (a maioria delas acaba se mostrando infrutífera), é comum na ciência que alguns dos desenvolvimentos mais importantes resultem de alguém tentando provar que a teoria de outro estava errada. Isto aconteceu com bons resultados na década de 1950 e no início da de 60, quando Fred Hoyle apoiou um modelo rival para o Big Bang, a hipótese do estado estacionário, e tornou-se seu proponente mais veemente. Os astrônomos determinados a provar que Hoyle estava errado esforçaram-se tanto para determinar a exatidão do modelo do Big Bang, que podem ter realizado algo sem paralelo no meio científico. Mas às vezes o esforço pode repercutir.

Hawking ficou irritado com a sugestão de Bekenstein. Mesmo um aluno de pesquisa devia ter percebido que há uma ligação direta entre entropia e temperatura, de forma que se a área de um buraco negro era na verdade uma medida da entropia, ela também seria uma medida da temperatura. E se um buraco negro tinha temperatura, então o calor fluiria para fora dele, para o frio (-270ºC) do Universo. Isso irradiaria energia, contradizendo o fato mais fundamental conhecido sobre os buracos negros, de que absolutamente nada — nem mesmo a radiação eletromagnética — podia escapar dele. Junto com Brandon Carter e Jim Bardeen, Hawking escreveu um artigo, publicado na *Communications in*

*Mathematical Physics*, apontando esse erro aparentemente fatal na sugestão de Bekenstein. Ele deu a fórmula para calcular a temperatura de um buraco negro de acordo com a idéia ridícula e foi publicado em 1973. Mas, longe de concordar com Bekenstein, a equipe comentou: "Na verdade, a temperatura efetiva de um buraco negro é zero absoluto (...). Nenhuma radiação pode ser emitida de um buraco negro".[1]

Um ano depois, porém, Hawking tinha mudado de opinião. Seus motivos estavam relacionados com outra linha de pesquisa sobre os buracos negros que vinha seguindo: a possibilidade, levantada primeiro em 1971, de que "miniburacos" muito pequenos, menores até que o núcleo de um átomo, tivessem sido produzidos no Big Bang e ainda existissem no Universo hoje em dia.

A massa crítica para fazer um buraco negro com um objeto em colapso sob seu próprio peso é, como mencionamos, cerca de três vezes a massa do Sol, e a própria Terra tornar-se-ia um buraco negro se fosse comprimida a cerca de um centímetro. Mas absolutamente nada daria um buraco negro se fosse comprimido demais — um saco de açúcar, uma moeda, o livro que você está lendo, *nada*. O problema é que, quanto mais leve é o objeto que você quer transformar em buraco negro, mais você terá de comprimi-lo.

Hawking raciocinou que, à medida que voltamos no tempo, rumo ao início, observamos densidades e pressões cada vez mais altas. Assim, se formos longe o suficiente, chegaremos a uma época em que a pressão era grande o bastante para comprimir qualquer quantidade de matéria que você imaginar, mesmo alguns gramas, em um buraco negro.

O único problema com esse argumento é que, se o Universo tivesse sido perfeitamente suave e uniforme no passado, nenhum miniburaco se formaria; o único buraco negro seria todo o Universo. Mas considerando que existam algumas irregularidades, algumas variações na densidade de um lugar para outro no Universo primordial, então no estágio apropriado do Big Bang alguns gramas de matéria, em qualquer região em que por acaso fosse um pouco mais densa que a média, podiam realmente ser arrancados do resto do espaço-tempo, formando minúsculos buracos negros que durariam para sempre (ou assim pensava Hawking em 1971) e ainda estão por aí.

Sabemos que o Universo não pode ter sido perfeitamente liso e uniforme no Big Bang porque, se o fosse, não haveria como irregularidades como galáxias se formarem com a expansão do Universo. Devem ter existido "sementes" na forma de minúsculas irregularidades em que as galáxias podiam se desenvolver por atração gravitacional. Assim, a concepção de Hawking de miniburacos negros primordiais parecia plausível, mesmo que não houvesse uma forma óbvia de testar a idéia.

De fato, embora não tenha importância pelos padrões de buracos negros convencionais, mesmo um miniburaco podia ter muita massa pelos padrões atuais. Um buraco negro pesando cerca de um bilhão de toneladas, por exemplo (a massa de uma montanha na Terra), teria um raio aproximadamente igual ao de um próton. Miniburacos menos maciços seriam proporcionalmente menores. E os físicos sabiam que se você lidar com objetos tão pequenos assim terá de usar a descrição quântica da realidade a fim de entender o que está acontecendo.

Agora a trama começava a engrossar. Em 1969 Roger Penrose mostrou que é possível que um buraco negro *com rotação* perca energia e desacelere. Isso acontece da mesma forma como os cientistas no espaço às vezes usam a atração gravitacional dos planetas para acelerar uma nave espacial que se move em torno do sistema solar. Por exemplo, na época em que este livro estava sendo escrito, uma sonda chamada *Galileo* tinha acabado de suportar uma manobra "estilingue" em torno da Terra e por fim terminaria, se tudo corresse bem, em órbita em torno de Júpiter. Mas, para chegar lá, ela teria de seguir uma rota circundante.

Após o lançamento, a *Galileo* foi mandada não para fora do sistema solar em direção a Júpiter, mas para dentro, para voar por Vênus. Mergulhando em torno de Vênus em uma órbita cuidadosamente calculada, a nave espacial ganhou energia e velocidade e foi desviada para a Terra. Vênus perdeu uma quantidade de energia correspondente mas, sendo muito mais maciço que a sonda espacial, perdeu apenas uma quantidade minúscula de velocidade em sua órbita. No final de 1990, a *Galileo* realizou outra manobra de estilingue, desta vez envolvendo a Terra, e entrou em uma órbita que a trará de volta por um segundo estilingue para a Terra cerca de dois anos depois. Somente então estará se movendo com velocidade suficiente para chegar a Júpiter em um prazo razoável — e, como um sinal de o quanto a velocidade da sonda aumentará, ela chegará a Júpiter mais cedo do que se tivesse ido direto para fora do sistema solar quando foi lançada, mesmo depois de anos de manobras delicadas para tirar vantagem dos estilingues.

Penrose mostrou que efeitos gravitacionais similares podiam aumentar a energia de radiação eletromagnética perto de um buraco negro com rotação. A radiação ganha energia; a rotação do buraco desacelera. Em 1973, dois pesquisadores soviéticos, Yakov Zeldovitch e Alex Starobinski, ampliaram essa idéia e mostraram que um buraco negro com rotação deve também lançar partículas. Seu argumento tinha a ver com o princípio da incerteza da física quântica, e explicaremos isso brevemente. Eles convenceram Hawking de que o efeito seria real, e ele passou a tentar encontrar um tratamento matemático preciso para descrever o fenômeno. Ficou surpreso, e em princípio aborrecido, ao descobrir que as equações diziam que o mesmo processo devia ser válido mesmo para um buraco negro que não tivesse rotação.

"Temia", escreveu Hawking em *Uma breve história do tempo*, "que se Bekenstein decifrasse isso, ele o usaria como um argumento a mais para apoiar suas idéias sobre a entropia dos buracos negros, o que ainda me desagradaria."[2] Em 1977 ele escreveu no número de janeiro da *Scientific American* que "se esforçou muito para tentar se livrar desse efeito constrangedor",[3] porém em vão. No fim, Hawking teve de aceitar a evidência matemática em vez de seus preconceitos. Ele tinha descoberto que todos os buracos negros emitem partículas de energia e que, portanto, todo buraco negro tem temperatura. A temperatura combina exatamente com as previsões da termodinâmica relacionadas com a área de superfície do buraco negro. Devemos agora descrever como isso funciona (deixando de fora os detalhes matemáticos).

Graças à incerteza quântica, não só os instrumentos humanos são incapazes de medir qualquer quantidade com precisão mas o próprio Universo não "conhece" qualquer quantidade com absoluta precisão. Isto é válido tanto para a energia quanto para qualquer outra coisa. Embora estejamos acostumados a pensar que o espaço não contém absolutamente nada e portanto tem energia zero, as regras quânticas dizem que há alguma incerteza nisso. *Talvez* cada minúsculo pedaço do vácuo realmente contenha muita energia.

Se o vácuo contivesse bastante energia poderia convertê-la em partículas, de acordo com $E = mc^2$. Mas as coisas não são assim tão simples. Se a energia hipotética da incerteza no vácuo fosse convertida em partículas e as partículas se tornassem características permanentes do Universo, as regras da incerteza seriam violadas — tanto observadores humanos quanto o Universo teriam certeza de que havia alguma coisa, na forma de uma ou duas partículas, onde anteriormente não havia nada. A incerteza funciona em mão dupla: está tão impedida de ter certeza de que nestas circunstâncias a energia é diferente de zero, como tem certeza de que a energia é zero.

Na verdade, a versão exata da regra da incerteza diz que a energia só pode ser "emprestada" do vácuo por um período muito curto de tempo, um tempo determinado pela constante de Planck. Isto está relacionado com a incerteza inerente na medida do próprio tempo. A única forma em que esta energia pode ser convertida em partículas é as partículas serem sempre criadas aos pares, que então interagem e se aniquilam antes que o Universo tenha tempo de "perceber" que a energia foi emprestada. Isto significa que as partículas criadas do vácuo são combinadas de uma forma especial.

Cada variedade de partícula, como um elétron, tem uma contraparte conhecida como antipartícula (no caso do elétron, um pósitron). As antipartículas foram produzidas em experimentos usando-se aceleradores de partículas e elas também foram encontradas em raios cósmicos (partículas de energia que chegam à Terra, provenientes do espaço), bem como foram previstas pela teoria quântica, de forma que não há dúvida de que elas existam. De muitas maneiras, uma antipartícula é uma imagem especular de sua partícula equivalente: o pósitron, por exemplo, tem carga positiva, enquanto o elétron tem carga negativa. E sempre que uma partícula encontra sua contraparte antipartícula, as duas se aniquilam.

De acordo com a teoria quântica, portanto, o vácuo é um mar fervilhante de partículas "virtuais". Pares como elétron-pósitron são constantemente criados, interagindo entre si e desaparecendo de acordo com as regras quânticas. Sobretudo, nenhuma energia é liberada, mas os pares virtuais oscilam para dentro e para fora da existência todo o tempo, no limiar da realidade.

O que Hawking mostrou foi que, mesmo para um buraco negro sem rotação, este processo pode drenar energia de um buraco e liberá-la no Universo. O que acontece é que um par de partículas virtuais é criado imediatamente do lado de fora do horizonte do buraco. Na minúscula fração de segundo permitida pela incerteza quântica, uma das partículas é capturada pelo buraco. Então, a outra partícula nada tem para aniquilar, e escapa, carregando energia com ela.

De onde vem a energia? Na verdade, é a energia gravitacional do buraco. A energia do buraco cria duas partículas mas captura somente uma delas, então só a metade da energia é reposta e, como efeito líquido, o buraco perde massa. Se todo o resto é constante — se o buraco não ganha massa de outra parte — ele encolherá, evaporando como uma poça ao sol. Tal processo é lento mas certo, levando bilhões de anos para que se atrofie, até chegar a um miniburaco do tamanho de um próton e neste ponto ele explode. Hawking contradisse sua própria conclusão anterior de que a área de superfície de um buraco negro não pode diminuir. Depois de ter estabelecido uma ligação entre buracos negros e termodinâmica, mostrando que, de acordo com a teoria geral da relatividade, os buracos negros não podem encolher, ele agora tinha descoberto que se você acrescenta a teoria quântica ao processo, a ligação com a termodinâmica é fortalecida, mas agora os buracos negros *devem* encolher.

Para buracos negros comuns, feitos de estrelas mortas, este efeito não teria importância real. Um buraco negro com três ou quatro vezes a massa de nosso Sol e um horizonte aproximadamente tão grande quanto a superfície de uma estrela de nêutrons estará constantemente engolindo traços de gás e poeira de suas cercanias, mesmo nas profundezas do espaço e isto simplesmente mostra que a massa perdida pela Radiação de Hawking é muito menor do que a massa adquirida por esta adição. Se ninguém tivesse pensado na noção de miniburacos negros, ninguém teria muito interesse na Radiação de Hawking. Mas depois que Hawking apresentou o conceito de miniburacos, a idéia da evaporação quântica de buracos negros teve um impacto imediato.

Um buraco menor que um próton não comerá muito material de suas cercanias, mesmo que por acaso ele esteja dentro de um planeta. Para um buraco desse tamanho, mesmo a matéria sólida é principalmente espaço! Assim, a Radiação de Hawking da superfície de um miniburaco realmente dominará seu comportamento. Hawking mostrou que a radiação produzida desta forma confere ao buraco uma temperatura, exatamente a temperatura sugerida pelo trabalho de Bekenstein. Para um buraco negro com a massa de nosso Sol, esta temperatura é de cerca de dez milionésimos de um K (com a radiação ultrafraca de Hawking resultante facilmente superada pela matéria em desagregação); mas para um miniburaco com uma massa de um bilhão de toneladas e o tamanho de um próton, a temperatura é de cerca de 120 bilhões K. Como indicam estes exemplos, a temperatura depende da massa do buraco, então, à medida que perde massa e fica menor, um buraco desses fica mais quente e irradia energia mais rápido, até que finalmente estoura em uma explosão de raios X e raios gama.

Os fãs de ficção científica podem ficar intrigados para saber o seguinte: se hoje podemos encontrar um miniburaco do tamanho de um próton, ele seria uma fonte de energia muito útil. O produto de um buraco desses seria de cerca de 6 mil megawatts e podia fazer uma contribuição substancial para as necessidades de energia de um grande país. Infelizmente, contudo, agarrar um buraco desses, se fosse descoberto, seria complicado — lembre-se de que pesaria um bilhão de toneladas e que a gravidade tenderia a atraí-lo para o centro da Terra.

O tempo de vida de um miniburaco depende da massa exata com que ele começa, mas buracos negros com aproximadamente o tamanho de um próton, nascidos no Big Bang, devem estar explodindo aqui e ali no Universo atualmente. O que é intrigante, detectores transportados em satélites têm relatado explosões ocasionais de radiação gama provenientes das profundezas do espaço, e não há explicação universalmente aceita para este fenômeno. É possível que se tenha realmente descoberto a Radiação de Hawking de buracos negros em explosão, embora até isso seja impossível de se provar.

Hawking tinha chegado a uma coisa que ele jamais pensara ser possível, usando uma combinação da relatividade geral com a física quântica (mais rudimentos de termodinâmica) em um pacote que descreve um fenômeno físico. Foi seu trabalho que fez seu nome fora dos círculos de especialistas de matemáticos e astrônomos, e qualquer físico hoje pode dizer a você o que é a Radiação de Hawking e por que é importante. Mas em um gesto astuto, de certa forma típico da atitude de Hawking em relação a convenções estabelecidas, a descoberta atordoante de que "os buracos negros não são negros" foi anunciada pela primeira vez não nas páginas de uma publicação científica como a *Nature*, mas em um ensaio que Hawking enviou a um obscuro concurso organizado pela Gravity Research Foundation na América.

A Gravity Research Foundation promove um concurso anual de artigos que descrevam novas pesquisas da natureza da gravidade. Até a década de 1970, era quase exclusivamente um concurso nacional na América, com poucos participantes de outros países, embora certa vez a vitória tenha sido de um britânico expatriado que morava nos EUA. Depois, com sua última contribuição à academia, um de nós (J. G.) ganhou o prêmio em 1970. Então, quando Stephen Hawking ganhou o mesmo prêmio um ano depois por um ensaio descrevendo os buracos negros, J. G. rapidamente lhe enviou uma nota de congratulações. Foi ótimo, dizia a nota, ver o nome de Hawking na lista dos vencedores porque isso aumentava o prestígio do prêmio e dava aos vencedores dos anos anteriores uma chance de se aquecer no reflexo da glória de Hawking. "Não sei sobre o prestígio", escreveu Hawking em resposta, "mas o dinheiro é muito bem-vindo."

A versão "oficial" da história do buraco negro em explosão apareceu pela primeira vez na *Nature* em 1º de março de 1974.[4] Enquanto o ensaio para a Gravity Research Foundation tinha o dogmático título de "Os Buracos Negros Não São Negros", o artigo da *Nature*, fugindo às características de Hawking, foi equivocadamente intitulado "Explosões de Buracos Negros?" Isso incitou um furioso debate, como vimos no Capítulo 8, e alguns oponentes da idéia sugeriram que daquela feita Hawking realmente estava falando bobagem. John Taylor e Paul Davies, do King's College em Londres, uniram-se na redação de uma réplica na edição da *Nature* de 5 de julho de 1974,[5] intitulada "Será que os

Buracos Negros Realmente Explodem?" e responderam a esta pergunta com um inequívoco "Não". Mesmo Taylor e Davies, contudo, logo foram convencidos de que estavam errados e Hawking, certo.

Mais importante ainda que a idéia específica de que os buracos negros explodem foi a base subjacente para sua descoberta — de que a física quântica e a relatividade finalmente podiam ser combinadas, dando-nos novos *insights* sobre o funcionamento do Universo. Logo Hawking estaria usando este *insight* para focalizar, mais uma vez, o enigma da singularidade no início dos tempos. Mas agora parece singularmente adequado que sua eleição como membro da Royal Society, a mais elevada honraria acadêmica britânica, viesse na primavera de 1974, poucas semanas depois da publicação na *Nature* do artigo dos buracos negros em explosão. Dez anos depois de ter recebido um prognóstico de dois anos de vida (e apenas cinco anos depois da deterioração que provavelmente parecia encurtar sua promissora carreira), a pesquisa de Hawking estava realmente assentando suas bases. Na segunda metade da década de 1970, ele passaria a investigar a origem do próprio Universo, voltando ao início dos tempos.

# 10

# Os contrafortes da fama

Refletindo sobre suas realizações nos primeiros 32 anos de vida, Stephen Hawking deve ter sentido um profundo orgulho do que tinha realizado. A década de 1970 representou o período em que ele se estabeleceu como um físico de renome mundial e marcou o início de duas décadas de sucesso extraordinário nos mundos díspares da pesquisa arcana e da divulgação científica.

Logo depois de se tornar membro da Royal Society, Hawking foi convidado a passar um ano afastado de Cambridge, no Caltech, em Pasadena. O ano de pesquisa, financiado por uma bolsa Sherman Fairshild, destinava-se ao estudo da cosmologia com o eminente teórico americano Kip Thorne.

Pasadena é um subúrbio arborizado de Los Angeles, aninhado contra as montanhas San Gabriel, a nordeste de Hollywood. As amplas avenidas que cruzam o distrito são ladeadas por grandes casas antigas, e no apogeu de Hollywood era o refúgio preferido das estrelas de cinema. A rua principal, o Colorado Boulevard, foi imortalizada na canção de Jan and Dean, "Little Old Lady from Pasadena", e havia uma profusão de celebridades que fixaram residência ali durante décadas. Mas, no verão, Pasadena é uma das áreas mais enfumaçadas de Los Angeles, porque as montanhas inibem a fuga do ozônio. Quando soa um alerta de *smog* fase 2, os cidadãos são aconselhados a permanecer dentro de casa a menos que seja essencial sair, e as autoridades têm o poder de fechar temporariamente as portas da indústria e do comércio. Os alertas de *smog* são transmitidos pelo rádio, e placas iluminadas são ligadas em todas as estradas. Talvez os índios americanos tenham demonstrado um grande poder de premonição quando batizaram a região de "Vale da Fumaça", muito tempo antes da chegada do homem branco.

O próprio Caltech era singular, pois, para uma instituição com seu prestígio, era minúsculo. Em meados dos anos 70 era lar de não mais que 1.500 estudantes e tinha um décimo do tamanho de faculdades do mesmo nível, como Harvard e Yale. Mas, apesar de seu porte, o Caltech é a meca da Costa Oeste da ciência e tecnologia. Em toda a sua história, atraiu os mais importantes profissionais de todo o mundo. O físico e prêmio Nobel Robert Millikan chegou ali nos anos 20 e recebeu visitas freqüentes de Albert Einstein. O dinheiro simplesmente jorrava ali, vindo de patrocinadores que iam de indivíduos fascinados com a pesquisa científica a multinacionais como a IBM e a Wang. Com alguns dos melhores telescópios do mundo a alguns quilômetros de distância, em Mount Wilson, e o enorme Laboratório de Propulsão a Jato como um "anexo" gigantesco apequenando seu *campus* de origem, era tudo o que um cientista poderia querer.

Alguns dos melhores físicos estavam no Caltech nos anos 70. Kip Thorne dirigia o grupo de relatividade ali e o carismático prêmio Nobel Richard Feynman ainda ensinava na instituição e tocava bongô em bandas universitárias à noite. À parte a qualidade acadêmica, o contraste entre o Caltech e o Caius não podia ser mais gritante. Os prédios que compõem o *campus*, embora projetados com bom gosto e construídos em pedra cor de areia, são todos em estilo espanhol, claros e arejados, com os nove andares da Biblioteca Millikan erguendo-se no centro. Os estudantes admitidos no Caltech estavam entre os melhores do país e trabalhavam arduamente. Havia pouca vida social no *campus*, e a taxa de suicídios entre os alunos era quase tão alta quanto sua reputação acadêmica. Vê-se que ali não havia escassez de personagens pitorescos no período de licença de Hawking.

Richard Feynman, professor de física, já havia adquirido a formidável fama de um excêntrico afável e certa vez enfrentou as autoridades municipais, que queriam fechar um bar de *topless* em Pasadena. No tribunal, ele argumentou que freqüentemente usava o lugar para trabalhar em sua física. Feynman e

Hawking compartilhavam um senso de humor original e, embora seu trabalho raramente coincidisse, eles tiveram muito tempo para conviver. Os dois alcançaram fama internacional como cientistas por seu caráter muito ativo, e cada um deles adquiriu o *status* de *cult* fora do universo de seus discípulos de alunos de pós-graduação e leigos fascinados. Quando Feynman morreu de câncer em 1988, todo o Caltech o pranteou e a aldeia global da ciência sentiu a perda.

Kip Thorne, agora visto como o guru do relativismo da Costa Oeste, gostava de camisas com estampas florais, colares de contas e usava o cabelo grisalho na altura dos ombros. Ele apresentou Hawking a outro físico que estava desempenhando um importante papel em colaborações e se tornou um dos amigos de toda a vida de Hawking — Don Page. Page, que nasceu no Alasca e se formou em uma pequena faculdade no Missouri, trabalhava em seu doutorado na época da visita de Hawking. Os dois imediatamente se entenderam, e antes que o ano de Hawking no Caltech terminasse, eles escreveram juntos um artigo sobre buracos negros.

A família ficou animada com a mudança. Jane organizou tudo nos menores detalhes, reservando passagens aéreas, preparando a bagagem e arrumando os cronogramas, bem como cuidando do transporte de um marido gravemente incapacitado e duas crianças para o outro lado do mundo praticamente sozinha. No Caltech, Hawking foi tratado com o respeito que devia receber em sua própria faculdade em Cambridge. Rampas de madeira foram colocadas contra os meios-fios na vizinhança de sua sala para que ele pudesse se deslocar facilmente com sua cadeira de rodas, e ele recebeu um escritório inteligente e todo o auxílio e os recursos de que precisaria para ajudá-lo com sua pesquisa. O trabalho era satisfatório, e ele achou a colaboração com a equipe de Thorne estimulante e cientificamente recompensadora. Jane e as crianças gostaram do clima do sul da Califórnia. Apesar da poluição atmosférica, do barulho e do trânsito congestionado de Los Angeles, as praias e o Pacífico azul foram uma mudança bem-vinda para o estilo de vida freqüentemente monótono e o clima errático do condado de Cambridge.

Com seu cabelo louro, Lucy, de quatro anos, era o epítome da criança californiana e adorou o lugar. Robert tinha de continuar seus estudos, mas havia muito tempo para a família se reunir e fazer pelo menos algumas coisas de que gostavam na Inglaterra. No ambiente enclausurado do Caltech, a família foi abrigada dos extremos que Los Angeles tinha a oferecer e, circulando por um meio acadêmico privilegiado, Pasadena oferecia o mesmo conforto de Cambridge — só que com sol. Jane levou as crianças à Disneylândia, e Stephen se juntou a eles para viajar pelo sul da Califórnia quando teve um tempo de folga em sua pesquisa. Amigos e colegas os visitavam com freqüência. Eles alugaram automóveis e fizeram viagens a Palm Springs e a *resorts* no litoral e conseguiram ver um pouco mais dos Estados Unidos entre as obrigações de Pasadena.

De volta à Grã-Bretanha, o governo tinha finalmente concordado em se unir ao Mercado Comum Europeu no final da década e o petróleo começou a fluir do equipamento do mar do Norte. Parecia que o início dos anos 70, carregado de greves, cortes de energia e a semana de três dias, pelo menos estava começando a se dissipar. Astronautas americanos e cosmonautas soviéticos apertaram as mãos centenas de quilômetros acima do causticante Camboja. Voltando à Inglaterra em 1975, a família estava pronta para mudanças e melhorias em sua própria vida.

Freqüentemente é preciso uma mudança prolongada de estilo de vida para que se percebam as alterações que podem ser feitas quando voltamos à velha rotina, e os Hawking viram imediatamente que não queriam retornar ao antigo padrão de vida em Cambridge. De certa forma, ficaram felizes em voltar para casa. O interior do país era mais verde, o clima menos previsível, a televisão menos intrometida, e o chá tinha o sabor que Deus ordenou que tivesse. Mas o fato era que, depois de experimentar os confortos da Califórnia, eles não estavam mais dispostos a tolerar algumas das inconveniências de sua vida em Cambridge.

A primeira coisa que os afetou foi que, embora curiosa e nostálgica, a casa em Little St. Mary's Lane era pequena demais para eles. Stephen estava achando impossível usar as escadas, e a casa era apertada demais para uma família de quatro pessoas. Hawking pediu à faculdade para ajudá-lo a encontrar um lugar mais adequado para suas necessidades. Desta vez, as autoridades mostraram uma disposição maior em vir em sua assistência. Como Hawking colocou, "Desta vez, a Faculdade me apreciava muito mais, e o tesoureiro era outro".[1]

Ofereceram-lhes um apartamento térreo em uma grande casa vitoriana de propriedade da faculdade, na West Road, não muito longe do portão do King's College e apenas a dez minutos de cadeira de rodas do DAMTP. A casa tinha um grande jardim, cuidado regularmente por jardineiros da faculdade, que o mantinham permanentemente elegante. As crianças adoraram, e nunca houve problema com suas brincadeiras nos gramados; tinham estabelecido uma trégua informal com os jardineiros. Amplas portas facilitavam as manobras da cadeira de rodas de Hawking por todo o apartamento e, como todo o apartamento tinha um só andar, Hawking não precisava mais lutar com escadas para ir para o quarto.

Em 1974 Hawking estava encontrando dificuldades em se deitar e sair da cama e em se alimentar sozinho. Até seu retorno dos Estados Unidos, Jane fora a enfermeira não remunerada, 24 horas por dia, de Stephen, além de esposa. É claro que Jane tinha plena consciência das responsabilidades que a esperavam quando decidiu se casar com Stephen em 1965, mas o esforço de criar dois filhos e administrar a casa, além de cuidar do marido, estava começando a cobrar um preço alto sobre seu bem-estar emocional. Decidiram convidar um dos alunos de pesquisa de Hawking para morar com eles em West Road. O apartamento era grande o suficiente para outro adulto, e em troca pelas acomodações gratuitas, o aluno ajudaria Jane a cuidar de Stephen.

O sistema funcionou bem. Na verdade, à medida que o prestígio de Hawking crescia, era uma honra e um bom lance na carreira tornar-se seu "aluno-residente". Era inevitável que se formassem laços íntimos entre o jovem pesquisador assistente e seu mentor. Enquanto Jane recebia a ajuda muito necessária, o aluno ganhava um *insight* mais íntimo da mente de Hawking, e parte de seu gênio era transmitido. Pelo menos era assim em teoria. Havia, é claro, outro aspecto: como o próprio Hawking disse: "Era difícil para um aluno respeitar seu professor depois de ajudá-lo a tomar banho!"[2] Bernard Carr, que foi um dos primeiros alunos de Hawking a ter essa honra e agora está na Universidade de Londres, descreve sua época ali como "se estivesse participando da história".[3] Os deveres dos inquilinos eram vários. Para ganhar seu sustento, eles deviam desempenhar os vários papéis de babá, secretário e faz-tudo, ajudando com a organização de viagens, servindo de babá para os filhos, redigindo cronogramas de aulas e cuidando de reparos domésticos gerais.

Outro dos primeiros inquilinos foi o físico americano Don Page. Depois de terminar seu doutorado no Caltech, Page escrevera a Hawking pedindo uma referência para emprego. Nos meses que se seguiram, vários grupos de pesquisa escreveram a Hawking sobre Page, e a cada vez ele dava uma referência favorável. Então, algum tempo depois, ele escreveu ao jovem físico: "Tenho escrito cartas de referência para você, mas posso ter eu mesmo um cargo aqui."[4] Hawking conseguiu ajudar Page a garantir financiamento por um ano e depois organizou uma dotação para mais dois anos de pesquisa. Page se uniu à casa de Hawking em 1976 e restabeleceu a amizade íntima que tinham desfrutado na Califórnia, que sobreviveu até os dias de hoje.

Um dos deveres de Page era ir com Hawking todo dia entre West Road e o DAMTP. Era considerado uma boa oportunidade para conversar, para resumir os esforços do dia anterior e avaliar as tarefas que tinham pela frente. Era um tempo produtivo, muito embora Page achasse difícil se acostumar com a forma como Hawking trabalhava mentalmente com matemática complexa. Falando sobre o percurso que faziam duas vezes ao dia, ele declarou:

> Achei um treinamento muito bom. Durante os três anos em que fiz o pós-doutorado, morei com a família Hawking, e um monte de vezes eu andei de um lado para outro com ele. É claro que eu não podia escrever enquanto estava caminhando, às vezes ele me perguntava alguma coisa e eu tentava pensar numa solução. Quando você tem de trabalhar só com a cabeça, deve ir ao cerne da questão e tentar eliminar os detalhes que não são essenciais.[5]

Por volta da época da mudança para West Road, Hawking descobriu que não podia mais usar o carro de três rodas que tinha pegado emprestado do Serviço Nacional de Saúde desde 1969, com o qual ia para o Instituto de Astronomia três vezes por semana. A princípio, parecia ser outro golpe, mas, como acontecia com freqüência com os Hawking, eles conseguiram contornar a situação de forma vantajosa. Jane conta:

> Foi uma bênção disfarçada, porque as estradas para o Instituto eram perigosas demais. Eu não me importei, porque podíamos pagar por uma cadeira de rodas elétrica (...) que ele usou, e é realmente muito mais conveniente, porque ele não precisa ter alguém para ajudá-lo a entrar e sair, como acontecia com o carro. Assim, ele é completamente independente na cadeira de rodas elétrica. Sempre há algum fator de compensação que torna a deterioração aceitável.[6]

Hawking tornou-se um verdadeiro demônio como motorista de cadeira de rodas. Um jornalista descreveu suas habilidades da seguinte maneira:

> Ele se atirava na rua. A toda velocidade, a cadeira de rodas é capaz de um ritmo decente, e Hawking gosta de usar a velocidade máxima. Ele também não tem medo de nada. Simplesmente se atira no meio da rua, imaginando que qualquer carro que esteja passando vai parar. Seus assistentes correm nervosos para a frente dos carros para tentar minimizar o perigo.[7]

O alívio de Jane de que ele não usaria mais o carro de três rodas nas ruas de Cambridge bem pode ter sido equivocado. Na verdade, no início de 1991, Hawking sofreu um acidente com sua cadeira de rodas. Ele é uma figura muito familiar na cidade, e os transeuntes param para falar com ele. Mas desta vez um motorista não conseguiu ver a cadeira controlada pela figura curvada do mais famoso cientista do mundo. O carro atingiu a cadeira, e o corpo frágil de Hawking foi atirado na rua. Podia ter sido um acidente grave, mas felizmente ele sofreu pequenos arranhões, um corte na face e uma lesão no ombro. Como lhe é peculiar, contrariando os conselhos médicos, ele estava de volta a sua sala 48 horas depois, exigindo que seus papéis e livros fossem colocados diante dele para que pudesse trabalhar.

Em outras ocasiões, suas travessuras de "piloto de corridas" causaram um grande embaraço. Em junho de 1989, Hawking estava para dar a prestigiosa

Conferência Halley na Universidade de Oxford. Um professor jovem e recém-nomeado, George Efstathiou, teve a tarefa inevitável de cuidar do eminente conferencista visitante antes, durante e depois da palestra. Hawking chegou ao Departamento de Zoologia, onde se localizava o maior auditório da universidade, e foi acompanhado até a recepção. Era tarefa de Efstathiou levar seu famoso tutelado ao auditório, um andar abaixo, onde o vice-reitor da universidade e seiscentos estudantes, dignitários da cidade e leigos interessados estavam esperando em expectativa.

Um elevador com capacidade para duas pessoas, que ficava no final da recepção, os levaria ao andar de baixo e dava, através de um corredor pequeno, no auditório. As portas do elevador estavam abertas. Antes que Efstathiou tivesse a oportunidade de ajudar Hawking a entrar no elevador, Hawking ligou a cadeira na velocidade máxima e se dirigiu às portas abertas, 12 metros à frente deles.

Efstathiou lembra-se claramente de ter estimado, mesmo àquela distância, que Hawking não poderia passar pela abertura estreita do elevador, e nada pôde fazer além de observar horrorizado quando seu orador convidado se chocou com a abertura. Levado por fim a agir, Efstathiou precipitou-se a seu encontro, mas não conseguiu pegá-lo. Para sua surpresa, Hawking conseguiu passar pelas portas do elevador.

Mas este foi somente o início dos problemas de Efstathiou. Porque, quando Hawking entrou no elevador, a cadeira girou e ficou espremida no espaço estreito. As portas do elevador se fecharam automaticamente atrás da cadeira, prendendo suas rodas entre elas. Efstathiou ficou em pânico. No andar de baixo, centenas de pessoas esperavam por Hawking, que já estava atrasado. O cientista deficiente não conseguia alcançar nenhum dos botões de controle, mas as portas tinham se fechado atrás dele. O que fazer?

Enquanto isso, aparentemente sem se deixar perturbar pelos acontecimentos, Hawking estava ocupado martelando instruções em seu computador para mandar que colocasse a cadeira na posição contrária. Se Efstathiou pudesse ver seu rosto, indubitavelmente teria encontrado o famoso sorriso traquinas de Hawking. Por fim, Efstathiou conseguiu espremer seu braço por entre as portas e alcançou o botão de abertura das portas. Livre, Hawking mandou a cadeira reverter em alta velocidade e ressurgiu incólume e sorrindo. Como disse Efstathiou: "Essa experiência foi uma boa iniciação à administração da faculdade!"

Hawking usa sua cadeira de rodas como apêndice de seu corpo paralisado, um dispositivo para a expressão física de sua personalidade. Ele não pode gritar com as pessoas. Hoje em dia, é claro, sua voz gerada por computador é totalmente sem expressão, mas ele certamente pode mover sua cadeira de rodas. Hawking tem, como colocou um jornalista, "um traço de ferocidade em [sua] personalidade, manifestando-se em arroubos de impaciência ou raiva".[8] Se ele acha que alguém está desperdiçando seu tempo, simplesmente gira sua cadeira de rodas e acelera, saindo irritado da sala.

John Boslough recorda um incidente, quando ficou do lado errado de Hawking e recebeu sua repulsa habitual. Enquanto conversava com ele, ficou tão desligado do problema do outro que começou a falar de um problema que estava tendo com seu cotovelo, resultado de uma partida de *squash* em Londres no dia anterior. "Hawking não fez nenhum comentário. Simplesmente dirigiu sua cadeira de rodas para fora da sala e esperou no corredor que eu voltasse ao tema em questão — a física teórica."[9] Talvez falar de *squash* com um paralítico não seja a coisa mais sutil a se fazer, mas o incidente ilustra o fato muito bem conhecido de que Hawking certamente não é uma pessoa fácil de se lidar.

Sua reação favorita, quando está irritado com alguma coisa que alguém disse, é atropelar os dedos da pessoa. Todos contam que vários alunos e colegas seus tiveram de desenvolver reflexos muito rápidos. Um dos ex-alunos de Hawking, Nick Warner, afirma: "Sua maior tristeza é ainda não ter atropelado Margaret Thatcher!"[10] Talvez ele venha a ter a oportunidade um dia.

É claro que há um lado muito diferente de sua personalidade: Hawking, o pai de família. Não há nada de que ele goste mais do que usar suas habilidades na cadeira de rodas quando está brincando com os filhos, e ele usa sua habitual imprudência quando corre pelo jardim da West Road brincando de pegar. O triste fato é que ele não pode brincar de outros jogos físicos com eles. Foi Jane quem ensinou críquete às crianças, e era ela quem jogava o antigo jogo de Stephen de croqué nas noites quentes de verão com Robert, Lucy, e mais tarde, Timothy. Como escreveu um jornalista:

> De muitas maneiras, ela tem sido mãe e pai para seus filhos. Até as horas que ela passou como aluna da equipe de críquete da St. Albans School, ora chateada às lágrimas, ora apavorada com a bola, acabou tendo seu valor. "Eu é que tenho ensinado os dois garotos a jogar críquete — e posso ganhar deles!", disse ela.[11]

Enquanto seus dois filhos cresciam, Hawking recebia honras cada vez maiores como cientista. No espaço de apenas dois anos, 1975 e 1976, ele ganhou seis prêmios importantes. Primeiro foi a medalha Eddington, da Royal Astronomical Society, em Londres, dada no ano em que ele voltou da Califórnia. Logo em seguida foi a medalha Pio XI, concedida pela Pontifícia Academia de Ciências do Vaticano. Em 1976 vieram o prêmio Hopkins, o prêmio Dannie Heinemann dos EUA, o prêmio Maxwell e a medalha Hughes da Royal Society — e sua declaração formal observava "seus resultados notáveis em seu trabalho com os buracos negros". Com o reconhecimento de seus talentos pela comunidade internacional da física, sua própria universidade passou a considerar cada vez mais o valor de Hawking. Durante a mudança da Little St. Mary's Lane para a West Road, ele foi nomeado *reader* de física gravitacional no DAMTP, um cargo acadêmico em algum ponto entre o de professor adjunto e o de professor titular.

Enquanto os prêmios se acumulavam, Jane se tornava cada vez mais desiludida com sua vida e seu papel nela. Era uma época de grande transformação no modo como o Ocidente via as mulheres e sua posição na sociedade. Os anos 60, apesar de toda sua liberação sexual e permissividade, viram pouca mudança real no papel das mulheres ou no modo como eram tratadas pela outra metade da população. O que a permissividade e a "liberação" realmente significaram foi um sistema diferente, segundo o qual a mulher média podia ser explorada, tudo oculto por um glacê de anticoncepcionais disponíveis e uma moralidade alterada.

Nos anos 70, as mulheres conquistaram um pouco mais de respeito próprio. Isto em parte teve o apoio de mudanças na legislação e o respaldo da mídia. Alguns desses acontecimentos indubitavelmente alteraram a percepção que Jane tinha de seu papel. Ela estava satisfeita em ser enfermeira, em dar apoio a seu marido em sua brilhante carreira e criar uma família praticamente sozinha. Mas sentia cada vez mais que estava sendo ignorada como ser humano, como uma mulher inteligente que era academicamente bem-sucedida por mérito próprio. Estava começando a se sentir nada mais que uma sombra do grande Stephen Hawking. Como ela própria coloca:

> Cambridge é um lugar extremamente difícil se sua identidade é a de mãe de crianças pequenas. Existe uma pressão para que você faça carreira acadêmica.[12]

Cambridge parece uma singular cidadezinha da Inglaterra, mas há um certo grau de canalhice em sua elite acadêmica refinada. Embora a comunidade universitária tenha sempre reforçado prontamente a imagem de Jane Hawking como mãe e esposa cuidadosa e dedicada, insinuava-se indubitavelmente um elemento de ciúme profissional. As garras se ocultam sob um fino verniz de civilidade, e enquanto seu marido colecionava prêmio após prêmio, Jane resvalava em declínio de seu respeito próprio:

> Eu me sentia muito mal. Eu me via sozinha fazendo todo o possível por Stephen e para criar dois filhos. E as honras iam todas para Stephen.[13]

Ela decidiu fazer alguma coisa a respeito disso e matriculou-se em um curso de doutorado em línguas medievais, especializando-se em poesia espanhola e portuguesa. Ela observou:

> Não foi uma experiência muito satisfatória. Quando estava trabalhando, eu pensava que devia estar brincando com as crianças, e quando estava brincando com as crianças achava que devia estar trabalhando.[14]

Jane passou pelo curso e se tornou professora em Cambridge. Mas a sensação, segundo suas próprias palavras, de ser um "apêndice", não a deixou inteiramente:

> Eu não sou um apêndice, embora Stephen soubesse que era como eu me sentia quando íamos a uma daquelas reuniões oficiais. Às vezes eu sequer era apresentada às pessoas. Eu o acompanhava, colocando-me atrás dele, e não sabia realmente com quem eu estava falando.[15]

Para fazer justiça a Stephen Hawking, de acordo com seus amigos e colegas, ele nunca deixou de reconhecer a contribuição de Jane para seu sucesso e seu bem-estar. Ele aproveitava cada oportunidade para falar dos grandes esforços e sacrifícios que ela fazia para que ele pudesse levar uma vida o mais normal possível. Uma das coisas que mais lamentava era ter sido incapaz de ajudar mais na criação dos filhos, e ele adoraria poder brincar mais com eles, além de brincar de pegar e jogar xadrez.

Naturalmente o problema de Hawking o livrara de muitos deveres além de ajudar a administrar a casa. Seus vários cargos na universidade vieram com uma carga reduzida de ensino e administração, e ele podia passar mais tempo pensando do que o fazia a média dos professores. Alguns atribuíram seus grandes sucessos na cosmologia a esta liberdade intelectual acentuada, mas outros afirmaram que o ponto decisivo na aplicação de suas capacidades foi o início de seu problema, e que antes disso ele não tinha sido mais que um estudante medianamente brilhante. Qualquer que seja o motivo para seu grande *insight* e a compreensão atordoante que tem de sua área, pode ser verdade dizer que ele não teria progredido tão rapidamente nem sido elevado a tais alturas se tivesse de passar uma grande quantidade de tempo organizando comitês, comparecendo a reuniões de faculdade e supervisionando a admissão de alunos de graduação.

Um ressentimento crescente sobre os respectivos papéis na criação dos filhos não era a única dificuldade que lentamente se transformou em problema para o casal durante os anos 70. Havia a questão da religião. Jane fora criada como cristã e tinha opiniões religiosas muito fortes. A um entrevistador, ela declarou:

> Sem minha fé em Deus, eu não teria sido capaz de viver nesta situação. Antes de tudo, eu não teria sido capaz de me casar com Stephen, porque eu não teria tido o otimismo para que ele seguisse em frente e não teria conseguido suportar isso.[16]

Hawking, por sua vez, não é ateu; simplesmente a idéia da fé é uma coisa que ele não consegue absorver em sua visão do Universo. Sua perspectiva não é contrária à de Einstein, e menciona-se que ele disse o seguinte:

> Somos criaturas insignificantes em um planeta menor de uma estrela média nos subúrbios de uma galáxia entre cem bilhões de outras. Então, é difícil acreditar em um Deus que se preocuparia conosco ou mesmo percebesse nossa existência.[17]

Fica claro a partir dessas duas declarações que o casal tinha opiniões muito diferentes praticamente desde o momento em que se conheceram. Jane atribui a opinião de Hawking em relação à religião em parte a seu problema físico:

> À medida que envelhecemos, é mais fácil ter uma visão mais ampla. Acho que o quadro geral para ele é tão diferente do quadro geral de qualquer outra pessoa devido a seu problema e suas circunstâncias — ser um gênio quase totalmente paralisado — e assim ninguém mais pode entender qual é sua visão de Deus ou qual pode ser seu relacionamento com Deus.[18]

Mas será que é realmente isso? Muitos filósofos e cientistas em toda a história teriam feito declarações muito semelhantes à de Hawking, mas eles não sofriam de ELA. Da mesma forma, é claro, há vários cientistas que têm fortes convicções cristãs, e alguns afirmaram que Hawking simplesmente não é qualificado para fazer declarações sobre religião porque ele nada sabe do assunto.

Mas que qualificações são necessárias? Hawking trabalha em um campo que se *choca* com a religião. Seu trabalho lida com as origens e a vida primordial do Universo. Será possível haver um tema mais religioso? Certa vez, ele declarou:

> É difícil discutir o começo do Universo sem mencionar o conceito de Deus. Meu trabalho sobre a origem do Universo está na fronteira entre a ciência e a religião, mas eu tento ficar do lado científico da fronteira. É bastante possível que Deus aja de formas que não podemos descrever pelas leis científicas. Mas, neste caso, eu deveria seguir apenas uma crença pessoal.[19]

E este nunca foi o jeito de Hawking.

Quando indagado se existe algum conflito entre religião e ciência, Hawking tende a cair no mesmo argumento sobre a crença pessoal e não vê um conflito real. "Se tivesse essa atitude", responde ele, quando indagado se acreditava que ciência e religião eram filosofias opostas, "Newton não teria descoberto a lei da gravidade."[20] E o que, à luz do dilema de Stephen e de Jane, fazemos com o famoso último parágrafo de *Uma breve história do tempo*?

> Entretanto, se descobrimos de fato uma teoria completa, ela deverá, ao longo do tempo, ser compreendida, *grosso modo*, por todos e não apenas por alguns poucos cientistas. Então devemos todos, filósofos, cientistas e mesmo leigos, ser capazes de fazer parte das discussões sobre a questão de por que nós e o Universo existimos. Se encontrarmos a resposta para isto, teremos o triunfo definitivo da razão humana; porque, então, teremos atingido o conhecimento da mente de Deus.[21]

A ciência, ao que parece, pode um dia responder à pergunta "como?", mas não "por quê?".

Apesar dessas declarações, o que realmente começou a criar problemas para Jane era uma sensação cada vez maior de que seu marido estava tentando erradicar qualquer necessidade de Deus em sua visão do Universo. E à medida que aumentavam sua fama e sua influência, para ela este problema era progressivamente maior. É duvidoso que ela acreditasse que ele estava travando qualquer tipo de cruzada anti-religião com seu trabalho, ou que ele deliberadamente estivesse tentando provar que a fé era um erro. Simplesmente parecia a ela que, em seu Universo, o raciocínio matemático puro sobrepujava a necessidade de Deus:

> Há um aspecto em seu pensamento que eu acho cada vez mais inquietante e difícil de engolir. É a sensação de que, como tudo é reduzido a uma fórmula matemática e racional, deve ser a verdade. Ele se aprofunda em reinos que são muito importantes para as pessoas pensantes e isso de certa forma pode ter um efeito muito perturbador sobre as pessoas — e ele não é competente para isso.[22]

Mas quem o é? A religião é uma questão muito pessoal. Será que os líderes das várias igrejas sabem mais sobre as origens e o significado da vida do que um cientista? Por que Stephen Hawking deveria ser menos competente para falar de Deus do que qualquer pessoa — ou qualquer pontífice? Os homens de Deus tiveram razão em sentenciar Galileu a terminar seus anos em uma desgraça solitária? Tiveram eles razão em queimar Giordano Bruno na fogueira por ter ele ousado propor uma visão contrária do Universo? Será que todas as guerras religiosas da história humana, com seu terror e sua infelicidade, foram justificáveis? A religião organizada fora competente nestas circunstâncias?

Jane não é cientificamente treinada e não pode compartilhar o discernimento de seu marido sobre o assunto, enquanto ele só pode articular com seus colegas profissionais. Ela disse:

> Uma de minhas maiores tristezas é que, por não ser matemática, eu só consigo entender o trabalho de Stephen em termos pictóricos. Ele tem de explicar tudo de uma forma prática para mim. É bom para ele.[23]

Isso nunca foi um problema antes, mas quando Jane começou a ver que Hawking estava se aproximando de um terreno cujos fundamentos filosóficos estavam muito próximos de suas crenças pessoais, o alarme deve ter soado.

O que ela rejeita mais intensamente é o modelo "sem fronteiras" do Universo de Hawking, que sugere que o Universo é autocontido. É um modelo que agrada particularmente a Hawking. Ele disse da idéia: "Ele de fato subjaz a ciência porque é realmente a declaração de que as leis da ciência estão em toda parte".[24] Quando voltamos ao problema de que, se o Universo é autocontido, precisamos antes de tudo explicar como ele chegou até ali, sua resposta é que não precisamos — "Ele simplesmente EXISTE".[25]

Hawking tem pelo menos um colega próximo com fortes convicções religiosas, seu amigo e colaborador Don Page. Na verdade, Page é um cristão rebatizado, ao mesmo tempo evangélico e cosmólogo. Ele não parece encontrar dificuldade em combinar os dois aspectos extremos de sua vida e seu trabalho. Ele diz do modelo sem fronteiras:

> [Na] visão judaico-cristã, Deus cria e sustenta todo o Universo desde o princí pio. Se o Universo teve ou não um começo, é irrelevante para a questão de sua criação, assim como se a linha de um artista tem começo ou fim, ou forma um círculo sem fim, não tem relevância para a questão ter sido traçada.[26]

Jane certa vez disse a um repórter que tinha ficado triste quando, logo depois de fixar residência em sua casa, Page tentou envolver Hawking em uma discussão religiosa, mas foi obrigado a desistir. Apesar de suas perspectivas muito diferentes, os dois continuaram amigos, simplesmente concordando em não discutir qualquer forma de Deus pessoal.

Hawking confunde tanto seus críticos como seus defensores com declarações aparentemente ambíguas, como esta:

> Mesmo que haja somente uma teoria unificada possível, é só um conjunto de regras e equações. O que é isso que sopra fogo nas equações e faz um Universo para que elas descrevam?[27]

Certamente Hawking não está sugerindo aqui que haja qualquer papel para um Criador. Sobre este assunto, ele parece ter prazer em deixar as coisas em aberto. Ao simplesmente limitar a necessidade de um Deus, ele se abstém de negar inteiramente a existência de Deus:

> Uma vez Einstein fez a pergunta: "Quanta escolha teve Deus na construção do Universo?" Se a proposta "sem fronteira" está correta, ele não teve liberdade para escolher as condições iniciais. É claro que ele ainda teria a liberdade de escolher as leis a que o Universo obedeceria. Mas isto pode não ter sido bem uma escolha; pode bem ser somente uma teoria, ou um pequeno número de teorias unificadas completas (...) que são autoconsistentes e permitem a existência de estruturas tão complicadas como os seres humanos, que podem investigar as leis do Universo e indagar sobre a natureza de Deus.[28]

Os pensadores dos dois lados da divisão — os que apóiam a visão religiosa convencional e os céticos e ateus — têm citado e utilizado erroneamente as palavras de Hawking em tantas oportunidades que um escritor recentemente comparou sua eloqüência e capacidade de ser citado à de Shakespeare ou à Bíblia. Hawking zomba destas sugestões, reafirmando o fato de que sua capacidade de ser citado deriva de sua concisão, um talento que ele teve de nutrir por causa da dificuldade de se comunicar.

Hawking parece ter feito pouco para ajudar Jane a sair de sua crise. Ela ficava, e talvez ainda fique, exasperada com a teimosia dele na questão. "Eu afirmo minha opinião de que há formas diferentes de abordá-la [à religião], e que a via matemática é somente uma delas", disse Jane, "e ele se limita a sorrir."[29]

Não é somente em relação à religião convencional que Hawking se sente extremamente cético. As lições que ele aprendeu com os experimentos ESP nos anos 50 nunca o abandonaram, e ele não tinha tempo para misticismo ou metafísica, qualquer que fosse sua forma. Vários escritores têm tentado unir o abismo entre o misticismo e a física do final do século XX. Muitos vêem paralelos entre a religião oriental e a mecânica quântica, as antigas tradições e a teoria do caos, mas Hawking faz pouco de toda a questão. Em seu livro *Lonely Hearts of the Cosmos*, Dennis Overbye descreve uma ocasião em que encontrou Hawking nos anos 70 e conseguiu orientar a conversa para o tema do misticismo sem ter os dedos dos pés esmagados. Overbye citou o antropólogo Joseph Campbell, em relação à deusa hindu Kali, "a terrível, de muitos nomes, cujo estômago é um vácuo e jamais pode ser preenchido, cujo útero dá à luz todas as coisas para sempre". Depois ele tentou traçar uma ligação entre Kali e os buracos negros. Sem conseguir se conter, Hawking riu, desdenhoso:

> É uma besteira da moda. As pessoas embarcam no misticismo oriental simplesmente porque é um pouco diferente do que conheceram antes. Mas, como descrição natural da realidade, falha abissalmente em produzir resultados (...). Se você olhar através do misticismo oriental, encontrará coisas que parecem sugerir a física moderna ou a cosmologia. Não acho que elas tenham algum significado.
>
> Chamar essas coisas de buracos negros foi um golpe de mestre para Wheeler, porque faz uma ligação [psicológica], ou conjura uma série de neuroses humanas. Se a expressão russa "estrela congelada" tivesse sido adotada por todos, esta parte da mitologia oriental não teria significado algum. Eles a chamaram buracos negros porque têm relação com os medos humanos de ser destruído ou devorado. Assim, neste sentido, há uma ligação. Não tenho medo de ser lançado em um deles. Eu os entendo. De certa forma sinto que sou seu senhor.[30]

Mas vários jornalistas e comentaristas na periferia do mundo de Hawking fizeram algumas extrapolações bastante ridículas sobre este tema. Para alguns, Hawking é uma metáfora de seu próprio trabalho, um astronauta de buraco negro. Quando Overbye lhe contou isso, ele ficou compreensivelmente perturbado com a sugestão.

"Sempre verifiquei as coisas que comunico",[31] rebateu, e atropelou os dedos de Overbye.

Astronauta de buraco negro ou não, as viagens que Hawking fez nos anos 70 aumentavam a cada ano. No inverno de 1976, ele fez uma turnê pela América, dando palestras em importantes conferências em Chicago e Boston. Mesmo para outros cientistas que o conheciam de simpósios e conferências em todo o mundo, sua fala era ininteligível, e quando membros do público em geral e jornalistas estavam na audiência, encontraram quase tanta dificuldade para apreender o discurso de Hawking quanto seu tema.

Apesar de serem prevenidos da deficiência física de Hawking, com muita freqüência os organizadores das conferências não garantiam acesso fácil ao palco na sala de conferências. Ele teria de chegar lá sem rampas ou elevadores. Nessas ocasiões, os amigos e colegas de Hawking iam em seu auxílio, mais de seis deles movendo sua pesada cadeira de rodas. Embora Hawking pesasse pouco mais de 45 quilos, a cadeira tinha baterias que aumentavam seu peso e, de acordo com os que participaram desses exercícios, sempre havia o medo de deixá-lo cair ou de que ele quebrasse o pescoço. Um amigo descreveu como podia ver a cabeça de Hawking oscilando enquanto seis dos mais corpulentos cientistas de seu grupo erguiam a cadeira de rodas um metro e meio para cima no palco, e como ele ficava apavorado que um dia acontecesse algum desastre, simplesmente porque os organizadores não pensaram nas coisas como deviam.

Hawking causou uma grande impressão em sua viagem de 1976 aos Estados Unidos. Para a grande maioria do público, a figura esquálida e curvada em sua cadeira de rodas murmurava incompreensivelmente, aparecendo para fazer seus pronunciamentos a um ponto do palco cerca de dois metros diante deles. Mas apesar disso, os que o ouviam falar sempre o levavam muito a sério. Colegas de trabalho mais íntimos, que podiam entender o que ele dizia, traduziam para seus vizinhos da melhor maneira que podiam, com um ouvido concentrado na matemática que Hawking descrevia. Os *slides* e o alívio de várias piadas surradas ajudavam, mas era sempre uma tarefa complicada.

Nessa época ele tinha mudado completamente de idéia sobre os buracos negros e a termodinâmica, as idéias que tinham gerado tanta controvérsia alguns anos antes. Na palestra em Boston, intitulada "Buracos Negros São Incandescentes", ele causou furor com uma conclusão que refutava a famosa declaração de Einstein, "Deus não joga dados". "Deus não só joga dados", proclamou Hawking, "como às vezes os lança onde não os podemos ver."

Os entrevistadores faziam fila para falar com Hawking. Em janeiro de 1977, a BBC transmitiu um programa chamado *The Key to the Universe* (A chave do

Universo), com um livro que o acompanhava, de Nigel Calder. O programa era em grande parte dedicado ao mais recente trabalho de Stephen Hawking e apresentou um perfil do homem e de seus esforços para unificar a relatividade geral e a mecânica quântica — "a chave do Universo" do título. Pela primeira vez, o público em geral viu o Dr. Stephen Hawking, de 35 anos, e a realidade de sua deficiência física, além de seu trabalho. A audiência britânica chegou a milhões de espectadores.

A partir de 1977, a publicidade que cercava Hawking e suas realizações começou a sair do cenário local e nacional para ganhar escala mundial. Entre relatos de *punks* assinando contrato com gravadoras em frente ao Palácio de Buckingham e a crescente excitação com o Jubileu da Rainha no verão seguinte, sussurrava-se na imprensa de Cambridge sobre o estranho fato de que seu famoso cientista, membro da Royal Society e celebridade dos buracos negros, aparecesse na televisão e nos jornais regularmente e não tivesse o cargo de professor titular na Universidade de Cambridge.

Na surdina, sugeria-se que talvez a universidade não estivesse inclinada a dar a um cientista gravemente incapacitado o cargo de professor titular porque ele podia não viver o suficiente para isso. Mas em março de 1977 a universidade decidiu oferecer a ele uma cátedra especialmente criada de física gravitacional, que seria dele enquanto permanecesse em Cambridge; no mesmo ano, Hawking foi premiado com o *status* de membro professoral do Caius, uma cátedra separada concedida pelas autoridades da faculdade.

Os prêmios e honrarias continuaram a fluir. Robert Berman, supervisor de graduação de Hawking em Oxford, o havia recomendado como professor honorário na Universidade de Oxford. Em sua carta ao Comitê de Propósitos Gerais, declarou:

> A última edição do *Who's Who* mostra algumas de suas realizações, mas não consegue acompanhar o ritmo de prêmios e honras.
>
> É difícil imaginar um cientista mais ilustre produzido pelo College, e seria uma honra para nós se nossa associação com sua carreira fosse manifestada (o mundo acredita que ele é inteiramente um produto de Cambridge).

> Poderia parecer surpreendente pedir para considerar alguém que mal completou 35 anos como Professor Honorífico, mas há dois motivos para isso. Primeiro, sua distinção é muito excepcional e não temos de esperar que se reconheça de modo geral que ele deixou sua marca. Hawking é mencionado em praticamente todo artigo ou conferência sobre buracos negros. Seu livro (*The Large Scale Structure of Spacetime*) era o que todos os cosmólogos estavam esperando.
>
> Em segundo lugar, Hawking é gravemente doente e está confinado a uma cadeira de rodas com uma espécie de paralisia progressiva que normalmente abrevia a vida de suas vítimas muito rapidamente. Ele vive em um estado físico estarrecedor, mas sua mente funciona normalmente.
>
> Espero que não se pense que devemos esperar para ver se ele realmente ganha um prêmio Nobel!

Berman pensava que podia ter de discutir seu caso mais tarde. Ele ficou surpreso quando a recomendação foi aceita sem uma única objeção na primeira reunião do comitê.

O pichador preguiçoso que, na Universidade de Oxford, apenas 16 anos antes, passava mais tempo bebendo do que estudando, tinha percorrido um longo caminho.

# 11

# De volta ao começo

No final de 1974, o trabalho de Hawking sobre os buracos negros tinha mostrado que, somente com o uso da teoria geral da relatividade, as equações diziam que a área de superfície de um buraco negro não podia encolher; mas, com o acréscimo das regras quânticas às equações, revelou-se que podia não só encolher, como também por fim desaparecer em uma nuvem de radiação gama. Seu trabalho anterior com Penrose tinha mostrado que, usando somente a teoria geral da relatividade, as equações diziam que o Universo deve ter nascido de uma singularidade, um ponto de densidade infinita e volume zero, em algum momento há 15 bilhões de anos. Era natural que Hawking passasse à questão científica seguinte; o que aconteceria com sua previsão se as regras quânticas fossem acrescentadas àquele conjunto de equações.

Não era fácil responder a essa pergunta. Desde a revolução quântica, na década de 1920, os físicos vinham tentando combinar a teoria quântica e a teoria da relatividade em uma teoria completa e unificada; o próprio Einstein passou os últimos vinte anos de sua vida profissional sobre o problema e não conseguiu encontrar uma solução. Na verdade, uma teoria completa da gravidade quântica ainda escapa aos matemáticos. Mas, ao se restringir ao enigma específico de como interagem a relatividade e a mecânica quântica no início dos tempos, Hawking pôde progredir, a tal ponto que no início da década de 1980 ele estava questionando se afinal teria havido um início dos tempos. Para compreender como ele chegou a esta hipótese surpreendente, temos de olhar novamente a teoria quântica, em uma variação desenvolvida pelo grande físico americano Richard Feynman. É conhecida como abordagem "soma das histórias" ou do "caminho integral".

As características essenciais da mecânica quântica são demonstradas mais claramente no que é conhecido como "o experimento com dois buracos". Neste experimento, um feixe de luz, ou um fluxo de elétrons, é dirigido através de dois pequenos buracos em uma parede e para uma tela do outro lado. A versão que usa a luz é conhecida como experimento de Young e pode ser conhecida dos cursos de física da escola. O que acontece é que o padrão de luz na tela forma um arranjo característico de faixas claras e escuras, produzido quando as ondas eletromagnéticas que atravessam cada um dos buracos interferem umas nas outras. Onde os dois grupos de ondas se juntam, há uma faixa clara; onde elas se anulam, a tela fica escura.

Esta interferência é fácil de entender em termos de ondas. Você pode conseguir exatamente o mesmo efeito fazendo ondas em um tanque de água e deixando-as atravessar duas fendas em uma barreira. Mas é muito mais difícil entender como os elétrons, que estamos acostumados a considerar partículas duras como minúsculas bolas de sinuca, podem se comportar da mesma maneira. E no entanto é assim.

O que é ainda mais estranho é que o *mesmo* padrão de faixas claras e escuras lentamente é formado na tela (que pode ser quase exatamente igual a uma tela de tevê) quando os elétrons são lançados através dos buracos um de cada vez. Por que isso deve ser estranho? Pense no que acontece quando os elétrons são disparados através de um só buraco. Em vez de um padrão de faixas na tela, há apenas um trecho brilhante atrás do buraco. É isto o que vemos se bloqueamos um dos dois buracos e disparamos os elétrons através deles. "Obviamente", cada elétron pode atravessar apenas um buraco. Mas quando os dois buracos estão abertos, mesmo lançando os elétrons um de cada vez no experimento, não vemos apenas dois trechos de claros atrás dos buracos, mas o padrão de faixas característico do experimento de Young.

Este é o exemplo mais claro da dualidade onda-partícula (ver Capítulo 2), que está no coração do mundo quântico. Quando chega na tela, cada elétron produz um ponto de luz, assim como você esperaria de uma partícula de uma minúscula "bola de sinuca". Mas quando milhares destes pontos de luz são acrescentados, eles produzem um padrão de faixas correspondendo a uma onda que passa pelos dois buracos ao mesmo tempo. É como se cada elétron fosse uma onda atravessando os dois buracos simultaneamente, interferindo consigo mesmo, decidindo que parte do padrão de faixa pertence a ele, e seguindo em frente, chegando como uma partícula que produz um ponto de luz.

Não se preocupe se você estiver achando isso incompreensível. Niels Bohr, um dos físicos pioneiros da revolução quântica, costumava dizer que "quem quer que não fique chocado com a teoria quântica não a entendeu", enquanto Feynman, provavelmente o maior físico teórico desde a Segunda Guerra Mundial, foi ainda mais longe e disse que *ninguém* entendia a mecânica quântica. O que importa não é entender como pode ocorrer tal comportamento estranho de dualidade onda-partícula, mas encontrar um conjunto de equações que descrevam o que está acontecendo e permita aos físicos prever como se comportarão os elétrons, as ondas de luz e o resto. A abordagem "soma das histórias" foi a contribuição de Feynman para esta forma mais pragmática de "compreensão" no nível quântico, e no final da década de 1970 Hawking aplicou-a ao estudo do Big Bang.

Feynman disse que, em vez de pensar em um objeto, como um elétron, como uma partícula simples que segue uma rota única de A a B (por exemplo, através de um dos dois buracos no experimento de Young), temos de vê-lo como se seguisse todo caminho possível entre A e B através do espaço-tempo. Seria mais fácil para uma partícula "clássica" seguir alguns caminhos (algumas "histórias") que outros, e isso é permitido pelas equações de Feynman, atribuindo-se a cada caminho uma probabilidade, que pode ser calculada a partir das regras quânticas.

Estas probabilidades podem interferir com as probabilidades de "linhas do mundo" vizinhas, como eles chamaram, como as ondulações na superfície de um lago interferem umas nas outras. O caminho real seguido pela partícula é então calculado acrescentando-se todas as probabilidades para caminhos individuais (e é por isso que a abordagem também é conhecida como do caminho integral).

Na grande maioria dos casos, as várias probabilidades anulam-se mútua e quase inteiramente, deixando alguns caminhos, ou trajetórias, que são reforçados. Isto é o que acontece com as trajetórias correspondentes a um elétron movendo-se perto do núcleo de um átomo. O elétron não pode seguir a lugar nenhum por causa da forma como as probabilidades se anulam. Ele só pode se mover em uma das poucas órbitas em torno do núcleo, onde as probabilidades se reforçam.

O experimento com os dois buracos é incomum porque oferece aos elétrons dois conjuntos de trajetórias alternativos e igualmente prováveis, através de cada buraco, e é por isso que a estranheza básica do mundo quântico é revelada com tanta clareza neste exemplo. Somente Hawking, contudo, teve a coragem de aplicar a abordagem do caminho integral para calcular a história, não de um elétron, mas de todo o Universo; mas mesmo ele começou de uma forma mais modesta, com as singularidades dos buracos negros.

Quando um buraco negro evapora, o que acontece com a singularidade dentro dele? Uma suposição simples pode ser que, nos últimos estágios da evaporação, o horizonte em volta do buraco desapareça, deixando atrás a singularidade nua que deve ser repugnante à natureza. Mas na verdade as equações desenvolvidas por Hawking no início da década de 1970 para descrever buracos negros em explosão não podem ser levadas a extremos como esse. Estritamente falando, elas só poderiam ser aplicadas se a massa do buraco negro ainda fosse uma fração razoável de um grama — quase grande o bastante para ser pesada em nossas balanças de cozinha. A melhor suposição que Hawking, ou qualquer outro, podia fazer em 1974 era que, quando um buraco negro evapora a este ponto, ele desaparece completamente, levando a singularidade com ele. Mas isso era apenas uma suposição, baseada em alguns princípios quânticos gerais.

Estes princípios são aspectos do princípio fundamental da incerteza. Assim como há uma incerteza fundamental no conteúdo de energia do vácuo, há também uma incerteza fundamental em medidas básicas como comprimento e tempo. O tamanho dessas incertezas é determinado pela constante de Planck, que nos dá "quanta" básicos conhecidos como o comprimento de Planck e o tempo de Planck.

Ambos são muito pequenos. O comprimento de Planck, por exemplo, é de $10^{-35}$ de um metro, muito menor que o núcleo de um átomo. De acordo com as regras quânticas, não só é impossível, a princípio, medir qualquer comprimento com mais precisão do que isso (devemos ter muita sorte!), como também não tem sentido o conceito de um comprimento mais curto que o comprimento de Planck. Assim, se um buraco negro em evaporação encolhesse ao ponto em que tivesse apenas um comprimento de Planck de diâmetro, ele não poderia encolher mais. Se ele perdesse mais energia, podia desaparecer completamente. O quantum de tempo é, da mesma forma, o menor intervalo de tempo com algum sentido. Este tempo de Planck é de meros $10^{-43}$ de um segundo, e não existe nada com um intervalo de tempo mais curto. (Não se preocupe com o tamanho exato destes números; o que importa é que, embora eles sejam exageradamente pequenos, *não são* iguais a zero.) A teoria quântica nos diz que não podemos nem encolher um buraco negro a um ponto matemático, nem voltar no tempo literalmente ao momento em que "começou" o tempo. Mesmo que levássemos o modelo do Big Bang a este limite extremo, teríamos de encarar o Universo sendo criado com uma "idade" igual ao tempo de Planck.

Em ambos os casos, a mecânica quântica parece eliminar as perturbadoras singularidades. Se não tem sentido o conceito de um volume com um diâmetro menor que o comprimento de Planck, então não tem sentido o conceito de um ponto de volume zero e densidade infinita. A teoria quântica está nos dizendo que, embora as densidades atingidas dentro dos buracos negros, e no nascimento do Universo, possam ser assombrosamente altas segundo qualquer medida humana, elas não são infinitas. E se os infinitos e as singularidades podem ser eliminados, há pelo menos uma esperança de encontrar um conjunto de equações para descrever a origem (e, por sua vez, o destino) do Universo. Tendo começado em 1975 a partir do enigma do que acontece nos últimos estágios da evaporação de um buraco negro, em 1981 Hawking estava pronto para revelar suas novas idéias, incorporando a versão soma das histórias de Feynman para a mecânica quântica, a fim de explicar como o Universo passou a existir. O lugar que ele escolheu para a revelação foi... o Vaticano.

Na verdade, a escolha do local não foi um capricho exclusivo de Hawking. Aconteceu que a Igreja Católica tinha convidado vários cosmólogos eminentes para comparecer a uma conferência em Roma em 1981, para discutir a evolução do Universo, do Big Bang em diante. Na década de 1980, a Igreja era muito mais receptiva ao ensino científico do que nos dias de Galileu, e a visão oficial era que não havia problema nenhum em a ciência investigar eventos desde o Big Bang, deixando o mistério do momento da criação nas mãos de Deus.

Felizmente, talvez, a investigação de Hawking do momento da criação ainda se baseava em uma linguagem matemática de difícil compreensão quando ele a apresentou na conferência. Mas desde então ele desenvolveu suas idéias de uma forma mais acessível (mais notavelmente com a ajuda de James Hartle, da Universidade da Califórnia). Não é preciso ter muita intuição para saber que o papa não aprovaria a versão completa das idéias de Hawking, que parecem descartar inteiramente o papel de Deus.

O que Hawking tem tentado fazer é desenvolver uma soma das histórias que descreva toda a evolução do Universo. É claro que agora isso é impossível. Uma história desse tipo envolveria formular a trajetória de cada partícula através do espaço-tempo do início do Universo ao fim, e haveria um número imenso de tais histórias envolvidas na "integração". Mas Hawking descobriu que há uma forma de simplificar os cálculos, desde que o Universo tenha uma forma particularmente simples.

A teoria quântica entra nos cálculos na forma da soma das histórias. A relatividade geral entra na forma de espaço-tempo curvado. Nos modelos de Hawking, um espaço-tempo completamente curvado, que descreve toda a história de um universo-modelo, é equivalente a uma trajetória de uma partícula na soma das histórias de Feynman. A relatividade geral permite a possibilidade de muitos tipos diferentes de curvatura, e alguns tipos de curvatura são mais prováveis que outros.

Se o Universo é semelhante ao interior de um buraco negro, com o espaço-tempo fechado em torno dele, podemos imaginar, no quadro padrão do Big Bang, que tudo (inclusive o espaço) se expande para fora a partir da singularidade inicial, chega a um certo tamanho, e depois entra em colapso novamente em uma imagem especular do Big Bang, o chamado "Big Crunch". Neste quadro, há um começo dos tempos na singularidade inicial e um fim dos tempos na singularidade final. Hawking chama o começo e o fim dos tempos de "bordas" deste modelo do Universo — um modelo desses não tem borda no espaço porque o espaço é dobrado em torno de uma superfície lisa como a superfície de um balão, ou a superfície da Terra; mas há uma borda no tempo no começo, quando o Universo parece um ponto de tamanho zero.

Hawking queria eliminar a borda no tempo, bem como a borda no espaço, para produzir um modelo do Universo que não tivesse nenhuma fronteira. Ele descobriu que, sem ter de chegar a detalhes de calcular cada trajetória de cada partícula através do espaço-tempo, as regras gerais da abordagem soma das histórias, aplicadas a famílias de espaços-tempos curvados, dizem que um determinado tipo de curvatura é muito mais provável do que qualquer outro, se a condição sem fronteiras é válida.

Hawking destaca que esta condição sem fronteiras é, entretanto, apenas uma suposição sobre a natureza do Universo, mas é uma suposição que leva a uma poderosa imagem da realidade. É o equivalente cosmológico de dizer que a abordagem do caminho integral nos diz que um elétron pode seguir somente determinadas órbitas em torno do núcleo; o Universo tem somente um número limitado de ciclos de vida a partir dos quais escolher e todos parecem iguais.

A melhor maneira de conceber esses modelos é por uma extensão da idéia do Universo sendo representada na superfície de um balão. No quadro antigo, esta superfície representa o espaço, e a evolução do Universo do Bang ao Crunch é representada imaginando-se o balão sendo primeiro inflado e depois desinflado. No novo quadro, contudo, a superfície esférica representa tanto o espaço como o tempo e permanece do mesmo tamanho — muito mais parecido com a superfície da Terra do que com a superfície de um balão em expansão. Então, onde é que a expansão observada do Universo entra neste modelo?

Agora, diz Hawking, temos de imaginar que o Big Bang corresponde a um ponto na superfície da esfera, no Pólo Norte. Um círculo minúsculo em torno deste ponto (uma linha de latitude) corresponde ao tamanho do espaço ocupado pelo Universo. À medida que o tempo passa, temos de imaginar linhas de latitude sendo traçadas cada vez mais afastadas do Pólo Norte, ficando maiores (mostrando que o Universo se expande) em todo o caminho para o equador. Do equador para o Pólo Sul, as linhas de latitude ficam menores novamente, correspondendo ao Universo encolhendo a nada com o passar do tempo.

Ainda temos uma imagem do Universo nascendo em um estado superdenso, evoluindo e encolhendo de novo em um estado superdenso, mas não há mais uma descontinuidade no tempo; só não há margem do mundo no Pólo Norte. No Pólo Norte, não há direção norte, e toda direção aponta para o sul. Mas isto simplesmente se deve à geometria da superfície curva da Terra. Da mesma forma, no Big Bang não havia passado, e todos os tempos estavam no futuro. E isso se deve simplesmente à geometria do espaço-tempo curvo. Todo o pacote de espaço e tempo, matéria e energia, é completamente autocontido.

Uma forma muito interessante de entender o que acontece é imaginar que você está no Pólo Norte e começa a andar diretamente para o norte. Muito embora continue andando em linha reta, você logo descobrirá que está andando diretamente para o sul. Da mesma forma, se você tem uma máquina do tempo e começa a viajar para o passado a partir de algum momento logo depois do Big Bang, logo descobrirá que estava viajando para o futuro, muito embora não tenha alterado os controles da máquina do tempo. Você apenas não pode voltar a um tempo antes do Big Bang (estritamente falando, antes do tempo de Planck), porque simplesmente não existe um "antes".

Em *Uma breve história do tempo*, Hawking explicou as implicações disso para a religião. Ele não deixa nenhuma dúvida em seus colegas de que ele é, afinal, um agnóstico e encontra forte apoio para sua crença em seus estudos cosmológicos:

> Uma vez que o universo teve um começo, podemos supor que teve um criador. Mas se o universo realmente é completamente autocontido, sem ter fronteira nem margem, ele não teria nem começo nem fim: ele simplesmente seria. Onde colocar, então, um criador?[1]

Mas mesmo sem um criador, ainda havia problemas a serem resolvidos. Já em 1981, a atenção de Hawking e de outros teóricos se concentrava na seguinte questão: como uma minúscula semente de um Universo explodiu até o enorme tamanho que vemos hoje em dia?

O enigma de como o Universo conseguiu ser tão grande como é hoje agigantou-se cada vez mais na década de 1970. Quando todos pensavam que a teoria do Big Bang era só um modelo para brincar, eles não se preocupavam muito com os detalhes de como podia funcionar. Mas à medida que as evidências mostraram que este modelo fornece uma descrição muito boa do Universo real, passou a ser cada vez mais importante explicar exatamente o que faz o modelo, e o Universo, bater.

Havia dois problemas que os cosmólogos eram simplesmente incapazes de responder na década de 1970. Primeiro, por que o Universo é tão uniforme — por que parece o mesmo (em média) em todas as direções do espaço, e por que, em particular, a temperatura do fundo de microondas é exatamente a mesma em todas as direções? Segundo, o Universo parece estar delicadamente equilibrado na linha divisória entre ser fechado, como um buraco negro, e aberto, de forma que se expandirá para sempre. Em termos da curvatura do espaço, o Universo é extraordinariamente achatado. Por que isso?

Com base somente na relatividade geral, parece não haver motivo para que ele não possa ter sido, por exemplo, muito mais curvo, e neste caso o Universo teria se expandido somente um pouco para fora do Big Bang antes de entrar em colapso novamente, e não haveria tempo suficiente para as estrelas, planetas e pessoas evoluírem. Os cosmólogos suspeitavam de que a suavidade e a horizontalidade do Universo estavam nos revelando alguma coisa fundamental sobre a natureza do Big Bang, mas ninguém conseguia ver o que era até que um jovem pesquisador da Universidade de Cornell, Alan Guth, apareceu com uma idéia nova.

A proposta de Guth tem o nome de "inflação" e deriva da física quântica. Ele sugeriu que, no primeiro segundo depois do começo, o vácuo do Universo possuía um estado altamente energético, como determinam as regras quânticas, mas instável. O estado de alta energia é análogo a um recipiente de água resfriada, muito lenta e cuidadosamente, para *abaixo* de 0ºC. Este super-resfriamento é possível se a água é resfriada com muito cuidado, mas o resultado é instável. A menor perturbação pode fazer com que a água congele, e neste processo ela perde energia (exatamente a quantidade de energia necessária para fundir um cubo de gelo, a 0º C, é liberada quando a mesma quantidade de água congela).

É aqui que a analogia com o gelo é invalidada um pouco, porque, quando o Universo esfriou a partir de um estado excitado do vácuo para o vácuo estável que conhecemos hoje, tanta energia foi liberada que ele se tornou superquente, e não congelado, e por um tempo se expandiu super-rápido. De acordo com essa teoria, em uma fração minúscula de segundo uma região do espaço muito menor que um próton (mas cheia de energia) deve ter sido inflada em um volume de cerca do tamanho de um *grapefruit*. Neste ponto, a inflação se exauriu, e a bola de fogo do tamanho de um *grapefruit* começou a expansão estável associada com o modelo padrão do Big Bang, crescendo nos 15 bilhões de anos seguintes até se tornar todo o Universo visível.

De acordo com a teoria da inflação, o Universo é tão uniforme porque cresceu a partir de uma semente tão pequena que literalmente não havia espaço dentro dele para irregularidades. E as equações também nos dizem que o processo de inflação achatou o espaço. A melhor analogia para isso é a superfície enrugada de uma passa, que está muito longe de ser horizontal. Quando você hidrata a passa, ela incha, expandindo-se de forma que a superfície se estica e as rugas são alisadas. Imagine começar com uma passa menor que um próton e expandi-la ao tamanho de um *grapefruit*, e você pode entender por que o espaço é tão achatado hoje em dia.

O modelo inflacionário tem sido desenvolvido extensivamente desde que Guth fez a proposta original em 1980. Hawking se dedicou a preencher os detalhes deste trabalho em toda a década de 1980, mas os principais desenvolvimentos vieram de um pesquisador soviético, Andrei Linde. Parte das primeiras contribuições de Linde foi reproduzida de forma independente por Paul Steinhardt e Andreas Albrecht, da Universidade da Pensilvânia. Como veremos no Capítulo 15, as primeiras versões da inflação foram alcançadas na década de 1980 por novos *insights* que proporcionam uma nova e espetacular imagem da origem e da evolução não só do Universo, mas de uma multiplicidade de universos. Hawking teve importância também neste trabalho. A partir de então, honras e prêmios cumularam o homem a quem o modesto reconhecimento oferecido pela Gravity Research Foundation fora "muito bem-vindo" pouco tempo antes.

# 12

# Celebridade da ciência

Em 1978 Hawking recebeu um dos prêmios de maior prestígio na física, o prêmio Albert Einstein, concedido pelo Lewis and Rose Strauss Memorial Fund, que anunciou o vencedor em um evento de gala em Washington. A menção afirmava que o trabalho de Hawking podia levar a uma teoria unificada do campo, "muito procurada pelos cientistas",[1] como colocou um jornal de Cambridge. O prêmio Albert Einstein é considerado o equivalente, em prestígio, ao prêmio Nobel, e foi indubitavelmente o prêmio mais importante que Hawking recebeu até aquela época. Os jornalistas começaram a falar da possibilidade de o físico de 36 anos ser o próximo na fila para a maior honraria acadêmica de todas — um convite para a Real Academia de Ciências de Estocolmo.

Mas há dois motivos para que seja improvável que Hawking receba o prêmio Nobel. Primeiro, uma rápida olhada na lista de ganhadores desde os primeiros prêmios em 1901 mostra muito poucos astrônomos. O motivo, de acordo com um relato, é que o químico Alfred Nobel, que criou o prêmio, decretou que os astrônomos deviam ser inelegíveis. Dizem que sua exclusão se deve ao fato de sua esposa ter tido um caso com um astrônomo, e depois disso ele passou a odiar toda a profissão. Apesar disso, Martin Ryle e Antony Hewish dividiram o Nobel de Física em 1974 por seu trabalho em radioastrofísica e Subrahmanyan Chandrasekhar ganhou o prêmio em 1983 por seus estudos teóricos sobre a origem e evolução das estrelas. Como eles foram premiados uns setenta anos depois da morte do fundador, então talvez a academia agora veja os astrônomos com maior simpatia.

Mas há uma razão mais importante para a ausência de Hawking da lista de ganhadores. Uma das regras da academia declara que o candidato só pode ser considerado para um prêmio se sua descoberta puder ser apoiada por evidência experimental ou observacional verificável. Evidentemente, o trabalho de Hawking não pode ser provado. Embora a matemática de suas teorias seja considerada bela e elegante, a ciência ainda é incapaz de provar até a existência de buracos negros, o que dizer verificar a Radiação de Hawking ou qualquer de suas outras propostas teóricas.

Um ano depois de receber o prêmio Albert Einstein, o segundo livro de Hawking foi publicado pela Cambridge University Press: uma coletânea de 16 artigos em comemoração ao centenário do nascimento de Albert Einstein, em 14 de março de 1879. Hawking organizou o livro, intitulado *General Relativity: An Einstein Centenary Survey*, com seu colega Werner Israel. Quando Simon Mitton apresentou-o em uma conferência de vendas em janeiro de 1979, a equipe de vendas, cujo trabalho era levar os livros para a rua e convencer os varejistas de seu mérito, ficou incomumente empolgada. Um dos vendedores disse a Mitton: "Este homem, Hawking... ele é maravilhoso. Não temos problema nenhum em vendê-lo. Todas as livrarias de qualidade vão querer, sem problema". Ele estava certo. Foi devorado e vendeu excepcionalmente bem em capa dura e ainda melhor quando foi lançado depois em brochura. A fama de Hawking estava se espalhando.

Este também foi o ano em que Stephen Hawking finalmente conseguiu sua própria sala no DAMTP — junto com sua nomeação para o cargo de professor lucasiano. Hawking tem consciência de seu lugar na história da ciência. Ele fica fascinado com o fato de ter nascido no tricentésimo aniversário da morte de Galileu em 8 de janeiro de 1642. Naquele ano, Isaac Newton nasceu em Woolsthorpe, um vilarejo em Lincolnshire, e Isaac Newton foi nomeado professor lucasiano em Cambridge em 1669, 310 anos antes de Hawking.

Albert Einstein considerava Galileu o maior de todos os cientistas, e

Hawking tem afirmado que ele foi, em sua abordagem, o primeiro cientista do século XX:

> Ele foi o primeiro cientista a realmente começar a usar os olhos, tanto figurativa como fisicamente. E, de certa forma, foi responsável pela era da ciência de que desfrutamos agora.[2]

O trabalho de Galileu levou diretamente ao trabalho de Newton e ao *establishment* da física clássica. O trabalho de Einstein, que nasceu cem anos antes de Hawking receber a cátedra lucasiana, transformou a física de "larga escala". Subseqüentemente, muitos viam Hawking como o físico que mais provavelmente conseguiria empreender a enorme tarefa de unificar os dois pilares de sustentação da física, a mecânica quântica e a relatividade. Pouco surpreende que Hawking tenha um forte senso de história da ciência.

Em sua posse como professor lucasiano, Hawking deu uma palestra memorável intitulada "Há um Fim em Vista para a Física Teórica?", em que sugeriu que a Grande Teoria Unificada, descrevendo as leis fundamentais do Universo, pode ser alcançada no final do século.

Era uma idéia estimulante e inspiradora. Ao sair da sala, o público sabia que, se alguém podia fazer deste sonho realidade, seria a figura esquálida que tinha se sentado pouco antes no palco diante deles, amarrotada em sua cadeira de rodas motorizada, fazendo declarações poderosas com a confiança que lhe era peculiar.

A nomeação como professor lucasiano de matemática na Universidade de Cambridge foi um dos pontos altos da carreira de Hawking. Ser professor titular em uma das mais antigas e mais respeitadas universidades do mundo é uma realização imensa por si mesma, mas ter conseguido tal proeza na idade de 37 anos é extraordinário. Newton foi nomeado dez anos antes de Hawking quando conquistou a cátedra, mas no século XVII o número de acadêmicos era muito menor e havia muito pouca competição por estes cargos. Por acaso Newton também foi o mais novo a ser nomeado professor lucasiano em Cambridge.

A Páscoa de 1979 viu o nascimento do terceiro filho de Stephen e Jane, um menino que batizaram Timothy. Foi uma época feliz para a família Hawking. Contra todas as expectativas, eles tinham superado obstáculos tremendos para conseguir um grande sucesso. Jane concluíra seu doutorado e estava encontrando alguma satisfação intelectual em seu trabalho no magistério; o professor Hawking estava recebendo a estima de seus colegas e conquistando aclamação popular cada vez maior como o "novo Einstein". Agora havia outro Hawking na West Road.

No mundo, fora do ambiente fechado da academia de Cambridge, o caleidoscópio em eterna mudança da vida foi agitado novamente. Logo depois do nascimento de Timothy Hawking, cientistas do Laboratório de Propulsão a Jato, em Pasadena, ficaram surpresos em descobrir, através da sonda do espaço profundo *Voyager 1*, que Júpiter tinha anéis como seu vizinho celeste, Saturno. Antes que o ano acabasse, Margaret Thatcher começara seu décimo primeiro ano como a primeira mulher a ocupar o cargo de primeiro-ministro na Grã-Bretanha; o primo da rainha, lorde Mountbatten da Birmânia, foi assassinado pelo IRA; e funcionários da embaixada e fuzileiros navais americanos foram feitos reféns em Teerã. Também naquele ano, o conselheiro de arte da rainha, Anthony Blunt, homem de Cambridge, foi exposto como o "quarto homem". A Rússia invadiu o Afeganistão, Madre Teresa de Calcutá recebeu o prêmio Nobel da Paz, e John Cleese continuava a deliciar o público de tevê por "não mencionar a guerra". Um dos maiores filmes do ano foi *Apocalypse Now*.

Na virada da década, Hawking podia olhar para o passado satisfeito com suas realizações dos últimos dez anos. Os sintomas de ELA tinham se estabilizado. Sua fala estava praticamente ininteligível para todos, exceto seus colegas próximos e sua família, e ele estava confinado a sua cadeira de rodas motorizada, mas continuava a trabalhar e a viajar com a mesma intensidade que sempre fizera. Sua liberdade dos afazeres e responsabilidades comuns estava pagando dividendos cientificamente.

A partir de 1980, o sistema de hospedar alunos de pós-graduação para ajudar em casa foi substituído pela enfermagem comunitária e particular. Jane ajudava a cuidar de Stephen por algumas horas pela manhã e à noite. Eles podiam cobrir a assistência insuficiente proporcionada pelo Serviço Nacional de Saúde gastando o dinheiro que Hawking havia recebido do número crescente de prêmios que chegavam e o salário maior de sua nova nomeação.

Stephen e Jane começaram a cultivar uma reputação de *socialites* e anfitriões populares no meio acadêmico de Cambridge. Don Page descreveu Jane como "um grande trunfo profissional para seu marido como anfitriã".[3] O Dr. Berman, orientador de Hawking em Oxford, disse sobre ela: "[Jane é] uma mulher impressionante. Ela cuida para que ele faça tudo o que uma pessoa saudável faria. Eles vão a toda parte e fazem de tudo".[4] Os Hawking logo foram o centro do grupo social de Cambridge. Ser professor lucasiano deu a Stephen um imenso prestígio, tanto nos círculos acadêmicos como na visão mais ampla da *intelligentsia* internacional. Jantares festivos e reuniões sociais na West Road e no DAMTP eram acontecimentos corriqueiros, e entre os convidados com freqüência estavam acadêmicos visitantes e membros da hierarquia universitária. Seu interesse em música clássica era bem suprido em Cambridge, e o casal era visto com freqüência em concertos na cidade. Eles gostavam de ir ao teatro e ao cinema e de jantar fora, tanto em Cambridge como em outras cidades.

A desvantagem óbvia de Stephen às vezes causa constrangimento aos que não o conhecem nos restaurantes e nas várias funções para as quais o casal era freqüentemente convidado. Espectadores ocasionais, sem consciência do fato de que eles estavam na presença de um dos maiores cientistas do mundo, podiam ser perdoados por pensar que a figura murcha afundada em sua cadeira de rodas — tentando falar, mas conseguindo somente produzir um ruído incompreensível, tendo de ser alimentado, sua cabeça, insuficientemente apoiada pelos músculos atrofiados do pescoço, rolando para a frente, o queixo no peito — era um aleijado patético, talvez deficiente tanto mental como fisicamente. Nada podia estar mais distante da verdade. Sobre o assunto de sua deficiência, Hawking disse a um entrevistador na época:

> Acho que sou mais feliz agora do que antes de ter começado. Antes que a doença tomasse conta, eu era muito entediado com a vida. Eu bebia muito, eu

acho, sem fazer nada de útil. Era uma existência sem sentido. Quando as expectativas são reduzidas a zero, a gente realmente aprecia tudo o que tem.[5]

Em outra ocasião, ele disse: "Se você é fisicamente deficiente, não pode se dar ao luxo de ser psicologicamente deficiente".[6] Jane fazia eco a esta opinião, com uma abordagem direta e otimista à vida. "Tentamos aproveitar o melhor de cada momento",[7] disse ela a um entrevistador.

Um jornalista do *Sunday Times* certa vez perguntou a ele se ficava deprimido com sua incapacidade. "Normalmente não", respondeu ele. "Tenho conseguido fazer o que quero apesar dela, e isso me dá um senso de realização."[8]

Outro indagou qual era sua maior tristeza em relação à doença que contraíra. "Não poder brincar fisicamente com meus filhos", disse ele.[9]

Alguns anos antes, Hawking tinha entrado em uma luta prolongada com as autoridades da universidade sobre um acesso melhor para ele ao prédio do DAMTP. A rixa era sobre quem devia pagar por uma rampa a ser instalada. Hawking acabou vencendo e também conseguiu convencer as autoridades a reduzir os meios-fios na vizinhança da Silver Street para facilitar seu trajeto da West Road até lá. Tais conflitos deixaram Hawking belicoso em relação às necessidades de sua deficiência, e ele passou a lutar por várias causas desde então.

Ele enfrentou a Câmara de Vereadores de Cambridge sobre acesso a prédios públicos e venceu. Depois de uma longa discussão e uma troca de cartas cada vez mais cáusticas, os meios-fios foram abaixados em vários pontos essenciais e rampas foram instaladas em vários prédios. Uma disputa específica disse respeito a um prédio público chamado Cockcroft Hall, usado como seção eleitoral durante as eleições locais. Depois do dia da eleição, Hawking queixou-se à Câmara de Vereadores de que era praticamente impossível, para quem tinha uma grave deficiência física, entrar no prédio a fim de votar. As autoridades municipais tentaram argumentar que o Cockcroft Hall não era realmente um prédio público, portanto não estava sob a influência da Lei de Deficientes de 1970. Graças ao envolvimento do Prof. Hawking, a imprensa local interessou-se pela questão e subseqüentemente publicou uma série de artigos destacando os problemas enfrentados por deficientes físicos em Cambridge. A Câmara de Vereadores foi derrotada.

Perto do final de 1979, a Associação Real para Deficiência e Reabilitação nomeou Hawking "Homem do Ano", e seus esforços na luta pelos direitos de deficientes físicos foram novamente notados pela imprensa local, que o elevou a um defensor de sua causa. O próprio Hawking tem sentimentos ambivalentes a esse respeito. Por um lado, ele quer fazer o que pode por outros deficientes físicos, porque, sendo ele mesmo deficiente, sabe e compreende plenamente os problemas que essas pessoas enfrentam. Ele tem um temperamento teimoso e uma natureza rebelde, em parte cultivada por suas circunstâncias, que dão a ele apetite por uma briga. Não há nada de que ele goste mais do que uma boa discussão, seja sobre cosmologia, socialismo ou os direitos dos deficientes. Por outro lado, Hawking sempre fez um esforço consciente para se desligar de seu problema. Ele não tem absolutamente nenhum interesse em aprender mais sobre sua doença ou dar demasiado destaque a sua deficiência.

Um entrevistador perguntou-lhe se lamentava não usar sua capacidade intelectual para ajudar a encontrar uma cura para sua doença. Ele respondeu que teria achado isso inquietante demais. Ele é um físico, não um médico, e saber os detalhes horripilantes seria, para ele, totalmente improdutivo. Evidentemente Hawking fica muito feliz em saber que outros estão trabalhando em uma cura para a ELA, mas não quer saber como está indo a pesquisa. Ele só quer tomar conhecimento das inovações que porventura fizerem.

Tudo isso levou ao que foi percebido na época como uma atitude estranhamente ambivalente em relação aos problemas enfrentados pelos deficientes. Os críticos começaram a se queixar de que ele não estava fazendo o bastante, que sua crescente celebridade era uma plataforma perfeita para ser ouvido acima da multidão. Com o passar do tempo, Hawking na verdade se tornara mais ativo, mas o fato é que ele dificilmente precisa fazer alguma coisa porque, só por permanecer vivo e continuar a trabalhar no ritmo intenso a que ele e o mundo se acostumaram, ele é uma inspiração a deficientes de toda parte.

Em recente palestra em uma conferência de ciência ocupacional na Universidade da Califórnia do Sul, ele certamente fez o máximo para erguer sua voz acima da multidão:

> É muito importante que as crianças deficientes sejam estimuladas a se misturar com outras crianças da mesma idade. Isso define sua auto-imagem. Como alguém pode se sentir membro da raça humana se é colocado de lado desde a infância? Esta é uma forma de *apartheid*. Auxílios como cadeiras de rodas e computadores podem ter um importante papel na superação das deficiências físicas; a atitude correta é ainda mais importante. Não há utilidade em se queixar da atitude do público em relação aos deficientes. É melhor para os deficientes mudar a consciência das pessoas, da mesma forma que os negros e as mulheres mudaram a visão do público.[10]

Depois de tomar gosto pela coisa, Hawking não restringiu sua campanha aos problemas dos deficientes. Ele estava começando a mostrar um crescente interesse em dar sua opinião sobre várias questões sociopolíticas mais amplas. Liderou uma campanha para abolir a proibição vigente à admissão de mulheres no Caius College, uma rixa que durou a maior parte da década. Ele e Jane continuaram a ser membros contribuintes do Partido Trabalhista, e ele se tornou cada vez mais eloqüente em questões sociais como as dificuldades dos pobres e o estado do meio ambiente. Dizia, de brincadeira, que é um "socialista de direita", mas suas atitudes em relação a preocupações que vão da Guerra das Malvinas ao desarmamento nuclear mostram inclinações definidas para um ramo do liberalismo que prevalecia na casa de Hawking em sua infância.

Ao aceitar um prêmio patrocinado por um fornecedor da defesa americana, ele deu uma palestra sobre a insensatez das armas nucleares para os executivos da empresa reunidos na cerimônia:

> Temos o equivalente a quatro toneladas de altos explosivos para cada pessoa na terra. Bastam 250 gramas de explosivo para matar uma pessoa, e assim temos 16 mil vezes mais do que precisamos. Precisamos entender que não estamos em conflito com os soviéticos, que os dois lados têm um forte interesse na estabilidade do outro lado. Devemos reconhecer este fato e cooperar, em vez de nos armarmos uns contra os outros.[11]

Além de ter conseguido sua própria sala, a vida no DAMTP tinha mudado pouco com sua nomeação de professor lucasiano. A Silver Street é uma rua estreita que sai da King's Parade, no centro de Cambridge. A placa para o Departamento de Matemática e Física Teórica é tão discreta que chega a ser quase inútil — os visitantes freqüentemente se vêem incapazes de encontrar a entrada sem a ajuda de alguém. Quando finalmente descobrem, a placa indica uma arcada levando a um pátio de pedra. Vários carros estão estacionados em torno do prédio e há um monte de bicicletas encostadas na alvenaria. Bem no final do pátio fica uma porta vermelha com uma janela de vidro e, na parede de um lado, uma placa de bronze anunciando o departamento de uma forma mais clara e mais elegante.

Dentro do prédio, um corredor com piso de linóleo leva a uma sala de estar grande e desordenada. Mesas e cadeiras baixas e leves estão aleatoriamente distribuídas pela sala, deixadas onde estavam por seus ocupantes mais recentes. As paredes são pintadas de cinza, e toda a atmosfera é de monotonia acadêmica, um tanto negligente, comum. Da sala de estar, portas levam a várias salas. A que Hawking dividia com um ex-aluno, Gary Gibbons, exibe um adesivo que diz: "Buracos Negros São Inatingíveis". A porta para sua nova sala traz, no alto, dizeres típicos de autozombaria: "FAVOR FAZER SILÊNCIO, O CHEFE ESTÁ DORMINDO".

A sala de Hawking mudou pouco desde que ele a ocupou pela primeira vez em 1979. É relativamente pequena e dominada por uma mesa colocada a dois terços do caminho para a porta. As paredes têm estantes e de um lado da mesa há uma série de engenhocas. A primeira é um telefone especialmente adaptado, com um microfone e um alto-falante, para que ele possa usá-lo sem ter de erguer o fone. Perto dele, há outro dispositivo — um *page turner* que automaticamente vira as páginas de qualquer livro colocado em uma plataforma erguida, operado ao toque de um botão. Basta que um assistente coloque um livro para ele e estabeleça a velocidade, e Hawking pode encontrar qualquer ponto no texto que deseje ler. As complicações surgem se ele quer consultar um artigo ou ler uma revista, porque a máquina não pode manipulá-los. Nestas ocasiões, o artigo tem de ser fotocopiado e colocado na mesa para ele. Sobre a mesa, perto dos retratos emoldurados da família, há um computador, aumentado pelo acréscimo de duas alavancas que operam um cursor na tela. Isto substitui o teclado normal e serve de dublê de um "quadro-negro" e processador de textos.

Há uma atmosfera relaxada no departamento. Perpetuando a tradição de várias décadas, todos se reúnem duas vezes ao dia para o café da manhã e o chá da tarde. Nestas reuniões, a conversa gira em torno do trabalho do dia. Passar cinco minutos na sala de estar do DAMTP revela um fato óbvio: os físicos adoram bater papo. Os alunos tratam Hawking com uma irreverência brincalhona; não há cerimônia ou elitismo aqui. Quando visitou Hawking no DAMTP, o escritor Dennis Overbye cruzou com um grupo de alunos amontoados em torno de uma mesa com tampo de fórmica na sala de estar. "Em idade, roupas, palidez e evidência de deficiência nutricional, eles lembravam os *roadies* de uma banda de rock",[12] é como ele os descreve. Hawking brinca com eles, soltando piadas batidas. Seguindo uma velha tradição, se eles têm uma idéia brilhante durante suas discussões, escrevem as descrições matemáticas no tampo das mesas. "Quando queremos salvar alguma coisa, tiramos uma fotocópia da mesa",[13] disse Hawking a Overbye.

Os deveres administrativos de Hawking se estendiam a administrar o grupo relativamente pequeno, que consistia em mais ou menos uma dezena de assistentes de pesquisa de nacionalidades variadas, e a supervisão de um punhado de alunos de doutorado. Além destas responsabilidades, a cátedra lhe permitia realizar algo a que anteriormente ele se dedicara tanto: pensar.

Em casa, o cronograma de Hawking era agitado. Dificilmente uma semana se passaria sem uma visita de um colega estrangeiro. Agora era sua responsabilidade organizar simpósios e palestras dadas por físicos interessados em visitar Cambridge. O grupo de relatividade de Hawking no DAMTP era considerado na vanguarda da pesquisa, e não eram poucos os cientistas interessados em compartilhar seu mais recente trabalho com a equipe de Cambridge.

Nessa época, Hawking tinha criado uma rotina de trabalho exaustiva no DAMTP, que pouco mudou até hoje em dia. Ele se levanta cedo, mas pode levar duas horas para se preparar para sair de casa, chegando a sua sala às 10 da manhã. O trajeto da West Road não leva mais de 10 minutos, e em geral é passado em conversas com um de seus alunos de doutorado ou assistentes de pesquisa. Depois de verificar a correspondência com sua secretária, ele em geral passa a manhã trabalhando em seu computador ou lendo artigos escritos por outros do campo. Às onze da manhã em ponto ele vai com sua cadeira de rodas para a sala de estar, onde um assistente o ajuda a beber o café, erguendo a xícara até a boca de Hawking. Ele depois com freqüência passa algum tempo conversando, da melhor maneira que pode, com os alunos e assistentes de pesquisa, antes de voltar a sua sala até a hora do almoço, para dar e receber telefonemas e responder à correspondência.

Exatamente à uma hora da tarde, ele sai para almoçar no Caius College. Em geral acompanhado de um assistente, ele coloca o controle da cadeira de rodas a toda velocidade em direção à King's Parade, passando pela capela do King's College e o prédio do conselho deliberativo da universidade, e seu assistente tem de trotar para acompanhá-lo. Hawking adora esta cidade em que passou a maior parte de sua vida. A grandeza de sua arquitetura e a atmosfera de intensa atividade intelectual que permeiam o lugar são muito importantes para ele. Acompanhado em seu trajeto por um escritor, ele deu ao entrevistador uma lição de história, matizada com sua característica ironia:

> Quando o Dr. Caius reabriu o Gonville College no século XVI, ele construiu três portões. Você entrava pelo Portão da Humildade, passava pelo Portão da Sabedoria e da Virtude, e saía pelo Portão da Honra. O Portão da Humildade foi derrubado. Não é mais necessário.[14]

Depois do almoço, todo dia útil, Hawking voltava ao DAMTP para trabalhar até a hora do chá. Às 4 da tarde, em geral, a silenciosa sala de estar explodiria com o barulho dos que trabalham ali. Bebia-se chá, enquanto várias conversas animadas ocorriam em pequenos grupos. Na época, como agora, Hawking em geral se sentava em um canto da sala. Ele raramente diz mais que algumas frases durante o chá, mas, quando fala, as pessoas ouvem. Um aluno observou que pode-se ganhar mais com algumas declarações firmes e precisas de Hawking do que com toda uma conferência de qualquer outro.

Seus alunos em geral vêm vê-lo no final da tarde. Eles se sentam ao lado dele à sua mesa ou empoleiram-se junto à tela do computador. Com as folhas de equações em que estavam trabalhando espalhadas diante dele, Hawking verifica seus esforços e faz algumas sugestões curtas. Seus associados próximos, seus assistentes de pesquisa, então detalham seus comentários, ajudam os alunos de doutorado a resolver problemas e desenvolvem as sugestões do professor.

Depois do chá, Hawking em geral trabalha até as 7 da noite. Ele depois sai do prédio com sua cadeira de rodas e refaz o trajeto para casa. Algumas noites ele decide jantar com outros lentes e professores na faculdade. Nestas ocasiões, é obrigado a usar a beca professoral. Em outras, ele fica em casa com Jane e as crianças, ou o casal sai para comer fora em um restaurante de Cambridge, enquanto um dos assistentes de Hawking banca a babá.

Com o aumento de sua celebridade, a quantidade de tempo que Hawking passou viajando para o exterior aumentou ainda mais. Durante o início da década de 1980, ele fez várias viagens aos Estados Unidos todo ano e compareceu a várias conferências e palestras na Europa e em outras partes do mundo. Roger Penrose recorda que nada o impedia de fazer viagens para destinos distantes e que ele tentaria comparecer a qualquer conferência de peso, sem importar onde acontecesse. Em uma conferência na Bélgica, ele quase perdeu o vôo de volta para casa, de Bruxelas, porque o taxista que os levava ao aeroporto se perdeu. Chegando ao aeroporto, com o avião na pista pronto para partir, Penrose teve que correr pelas rampas e prédios do aeroporto com a cadeira de rodas de Hawking a toda velocidade atrás dele. Eles chegaram bem a tempo, entrando no avião minutos antes da decolagem.

Jane começou a viajar ao exterior com menos freqüência para que pudesse cuidar da crescente família em Cambridge. A responsabilidade de cuidar de Hawking nas visitas ao exterior recaía cada vez mais a seus assistentes de pesquisa e colegas próximos. Amigos como Penrose ajudariam da melhor maneira que podiam e viajavam com ele quando compareciam à mesma conferência, mas nesta época um de seus alunos sempre o acompanhava a qualquer lugar que Hawking fosse. Sempre que possível, Hawking tentava esticar o orçamento para financiar uma enfermeira para acompanhá-lo e a seu assistente acadêmico. Neste aspecto, as coisas ficaram mais fáceis depois que ele se tornou professor lucasiano, mas as instituições acadêmicas não gostam de espalhar dinheiro por aí. Na época, contudo, Hawking tinha se tornado suficientemente importante, e seu caso excepcional o suficiente, para que as regras fossem um pouco alteradas.

Quando não viajava com ele a lugares de todo o mundo, a família certamente não era esquecida. Penrose lembra de um incidente quando seu vôo de volta atrasou e eles tiveram de passar várias horas em um saguão de aeroporto. Hawking tinha visto um brinquedo na vitrine de uma das lojas. Ele disse a seu amigo que queria levar aquele brinquedo para Lucy. Mandando Penrose comprar para ele, Hawking passou o resto de sua espera com um grande bicho de pelúcia cor-de-rosa aboletado em seu colo, praticamente soterrando seu corpo destruído. É claro que Lucy ficou deliciada com o presente.

Quando Hawking compareceu à revolucionária conferência de cosmologia organizada pela Pontifícia Academia de Ciências no Vaticano em 1981 (ver Capítulo 11), Jane foi com ele. Os delegados da conferência e suas parceiras passaram uma semana em Roma. Em várias noites, Stephen e Jane foram a restaurantes, com freqüência dividindo sua mesa com Dennis Sciama e sua esposa Lydia, bem como com outros amigos que também tinham ido à conferência. Jane se lembra da viagem como um período feliz para os dois. Entre reuniões e discussões, Stephen tentou encontrar tempo para visitar os pontos turísticos, um de seus passatempos favoritos.

Em seu discurso na conferência, o papa alertou os físicos contra aprofundar-se demais na questão de como ou por que o Universo começou, recordando-lhes que isto era uma questão exclusivamente destinada aos teólogos. Ele prosseguiu:

> Qualquer hipótese científica sobre a origem do mundo, como a do átomo primordial a partir do qual derivou todo o mundo físico, deixa aberto o problema relacionado com o princípio do Universo. A ciência não pode resolver esta

questão por si mesma; é necessário o conhecimento humano que se eleva acima da física e da astrofísica, chamado metafísica; é necessário sobretudo o conhecimento que provém da revelação de Deus.[15]

Hawking ficou impassivelmente sentado em sua cadeira de rodas, ouvindo o papa João Paulo II dizer-lhe que ele não via nada de errado com a cosmologia moderna e até acreditava que pudesse haver algum fundamento na idéia do Big Bang. Mas ali, ele disse, estava a linha divisória que devia ser traçada, e os cosmólogos não deviam tentar olhar para além dela. Alguns dos cientistas mais velhos presentes lembraram-se de outra conferência organizada no Vaticano, em 1962, quando o papa da época, João XXIII, declarou que esperava que todos seguissem o exemplo de Galileu! Foi na Conferência do Vaticano de 1981 que Hawking anunciou seu controverso teorema "sem fronteira" e as conotações religiosas que o acompanhavam. Foi recebido com entusiasmo pelo público, mas o que o papa pensava da idéia não foi relatado. Hawking certamente tem um senso de oportunidade altamente desenvolvido.

Depois da conferência, os físicos visitantes e suas esposas foram convidados a uma audiência com o papa em sua residência de verão, o Castel Gandolfo. O prédio em si não é imponente, mas possui uma beleza simples. Os visitantes atravessam um vilarejo em torno de suas terras e sobem à casa através de uma longa estrada. Os cientistas do Vaticano não eram os únicos convidados do papa naquela tarde, e a segurança no Castel Gandolfo (e na cidade do Vaticano) era previsivelmente forte. Aquele ano, 1981, certamente será lembrado como o ano das tentativas de assassinato.

Seis meses antes, o ex-Beatle John Lennon tinha chegado a seu apartamento no edifício Dakota em Nova York com sua esposa, Yoko Ono. Momentos depois foi insensatamente baleado por um psicopata, Mark Chapman, e milhões de fãs do mundo todo ficaram abalados com o que viram ser o fim de uma época. Em março de 1981, o recém-empossado presidente Reagan foi atingido no peito por uma bala calibre .22, e menos de dois meses depois o papa João Paulo II quase morreu quando foi atingido por quatro balas de uma Browning 9 mm, uma das quais se alojou em seu intestino grosso. A audiência no Castel Gandolfo era o primeiro aparecimento em público do papa desde o incidente na praça de São Pedro que quase levou sua vida.

Após uma reunião particular com os físicos, o papa fez um discurso na sala principal de recepção, depois do que seus convidados foram apresentados a ele pessoalmente enquanto ele permanecia sentado em uma cadeira colocada sobre um tablado, guardado pela segurança papal. Os visitantes entravam de um lado da plataforma, ajoelhavam-se diante do pontífice, trocavam algumas palavras em voz baixa, e depois saíam pelo outro lado do estrado. Quando chegou sua vez, Hawking subiu no estrado com sua cadeira de rodas e foi até o papa. Os outros convidados observaram como o homem, que alguns dias antes tinha falado do conceito "sem fronteiras" e do fato de que podia não haver a necessidade de um Criador, ficava face a face com o líder da Igreja Católica e, para milhões de pessoas, representante de Deus na Terra. Todos, crentes e céticos, ficaram curiosos para saber o que ele diria. Mas ninguém na sala poderia se surpreender mais com o que aconteceu em seguida. Enquanto a cadeira de rodas de Hawking chegava diante do papa, João Paulo saiu de sua cadeira e se ajoelhou, para se colocar no mesmo nível de Hawking.

Os dois conversaram por um tempo mais longo do que qualquer outro convidado. Finalmente o papa se levantou, limpou a batina e deu a Hawking um sorriso de adeus, e a cadeira de rodas girou para o outro lado do palco. Vários católicos se ofenderam na sala naquela tarde, interpretando o gesto do papa como um respeito indevido. Muitos dos não cientistas presentes não tinham familiaridade com as últimas propostas de Hawking, mas sua reputação de cientista com opiniões nada religiosas era bem conhecida. Eles simplesmente não conseguiam entender por que o papa se ajoelhara diante dele; para eles, as opiniões de Hawking estavam no extremo oposto do espectro da doutrina ortodoxa católica. Por que João Paulo não tinha mais interesse neles, os fiéis?

De volta ao DAMTP, o trabalho continuou como sempre. O terceiro livro de Hawking pela Cambridge University Press foi publicado logo depois de sua volta. Mas desta vez as coisas não correram com tanta tranqüilidade, e houve toda uma série de debates entre Hawking e Simon Mitton antes que o livro visse à luz do dia. Era intitulado *Superspace and Supergravity*, tinha mais ou menos o mesmo propósito de *The Large Scale Structure of Spacetime*, e esperava-se que vendesse tão bem quanto seu predecessor — entre 5 mil e 10 mil exemplares em um período de anos. O motivo da rixa entre Hawking e os editores foi a escolha da capa para o livro.

Hawking queria que um desenho do quadro-negro de sua sala fosse fotografado e usado na sobrecapa da edição de capa dura, bem como na capa quando o livro fosse lançado em brochura. O problema começou quando Simon Mitton percebeu que o retrato, um cartum estranho coberto de piadinhas internas e chistes feitos por um grupo de colegas depois de uma recente conferência no DAMTP, fora desenhado em cor e exigia uma impressão em quatro cores. Hawking não queria uma foto em preto-e-branco da ilustração e foi absolutamente inflexível em relação ao uso de uma representação em cores.

A Cambridge University Press insistiu que eles nunca fariam uma capa em quatro cores para um livro como o de Hawking, que, mesmo admitindo sua fama internacional como cientista, não venderia exemplares suficientes para cobrir o custo. A capa, declararam eles, não faria absolutamente nenhuma diferença para o número de exemplares que o livro ia vender. Neste ponto Hawking enfureceu-se e declarou que, se não concordassem em usar sua capa, ele desistiria completamente do livro. Depois de uma reunião editorial convocada às pressas, Mitton capitulou, mas ele tinha razão — *Superspace and Supergravity* vendeu pouco menos que *The Large Scale Structure of Spacetime*.

Enquanto a disputa com a Cambridge University Press estava a toda e Hawking miraculosamente encontrava tempo para trabalhar, viajar, ver sua família e se envolver em brigas burocráticas com autoridades municipais e a universidade, o mundo estava passando por sua agitação habitual. Distúrbios atingiam as cidades britânicas; os conflitos se intensificaram em Beirute; e o presidente do Egito, Anwar Sadat, foi brutalmente assassinado em 6 de outubro, durante uma parada militar no Cairo. Em dezembro, médicos dos EUA foram alertados para uma nova doença mortal que parecia atacar o sistema imunológico do corpo. Mas as notícias de 1981 não foram todas ruins. Em julho, cerca de 700 milhões de espectadores sintonizaram a tevê para ver o príncipe Charles se casar com *lady* Diana Spencer na catedral de St. Paul; a Inglaterra fez jus a uma vitória extraordinária no críquete contra a Austrália; e a Lista de Honra do ano-novo anunciou no final de dezembro a inclusão do físico de Cambridge da cadeira de rodas, que fora pioneiro no importante trabalho sobre os buracos negros — Stephen Hawking foi feito cavaleiro do Império Britânico pela rainha Elizabeth II.

Enquanto a década de 1980 progredia, prêmios e honras continuavam a ser concedidos a Hawking. Só em 1982, ele foi feito doutor honorário em ciência por não menos que quatro universidades: as universidades de Leicester, na Grã-Bretanha, e Nova York, Princeton e Notre Dame nos EUA.

O interesse da mídia se intensificou com o aumento do reconhecimento de Hawking. Em 1983, o programa *Horizon*, da BBC, fez um perfil de Hawking em seu trabalho no DAMTP. Pela primeira vez o público britânico teve a oportunidade de ver o Prof. Hawking andando por Cambridge em sua cadeira de rodas, falando de seu jeito estranhamente distorcido com seus alunos e colegas de trabalho, em casa na West Road com Jane e as crianças e comparecendo a funções oficiais. O público ficou cativado. Vários artigos de revistas apareceram em uma rápida sucessão. O *Times* e o *Telegraph* londrinos publicaram matérias sobre ele, e entrevistas apareceram no *New York Times*, na *Newsweek* e na *Vanity Fair*. Em alguns anos naquela década, "buraco negro" e "Stephen Hawking" viraram sinônimos aos olhos da mídia e do público em geral.

Hawking nunca foi um homem de se envergonhar da publicidade e gostava inteiramente de sua fama crescente. Mas a fama sozinha não paga as contas, e no início dos anos 1980 as pressões financeiras eram cada vez maiores na casa de Hawking. O salário de professor não é grande se comparado com cargos equivalentes na indústria ou no comércio, e o dinheiro ocasional dos prêmios era errático e em geral pequeno demais para fazer alguma diferença. Com o esforço de administrar uma casa e manter sua própria carreira, Jane estava achando que a pouca ajuda da enfermeira que eles podiam pagar era cada vez mais inadequada. Ela precisava desesperadamente de mais assistência de enfermagem, e isso sairia caro.

E não era só isso. Eles tinham conseguido financiar a educação de seu filho mais velho, Robert, na Perse School, em Cambridge, desde os sete anos do menino. Ele foi muito bem-sucedido academicamente e estava planejado que em alguns anos iria para a universidade. Havia bolsas disponíveis, mas que não cobririam todas as despesas de um curso de terceiro grau. Coincidindo com esses problemas, havia o fato de que, em 1982, Lucy estava em seu último ano na escola estadual Newham Croft. Stephen e Jane queriam mandá-la para a Perse School, como fizeram com o filho mais velho. Com Timothy crescendo e os gastos diários da família aumentando, parecia não haver uma forma de pagar pela educação de dois filhos.

E quanto ao futuro? A doença de Stephen ficara estável por vários anos, mas as coisas podiam começar a se agravar novamente a qualquer momento — que era a natureza da doença. Se ele não pudesse trabalhar mais, os prêmios logo secariam e sua pensão da universidade não sustentaria a família com conforto. Havia outro grande medo: se Jane não pudesse mais cuidar de Stephen e ganhar um salário, o que seria dele? Eles não gostavam de discutir as terríveis possibilidades, mas elas existiam e tinham de ser encaradas. Eles precisavam de dinheiro, e rápido. A última coisa que qualquer um deles queria era que Stephen terminasse em um asilo, se sua condição se degenerasse mais, simplesmente porque eles não podiam pagar para que cuidassem dele em casa.

Alguma coisa tinha de ser feita, e rapidamente. Hawking tinha o embrião de uma idéia no fundo de sua mente. Ele não a mencionou a ninguém, permitindo que ela crescesse e se desenvolvesse. Agora, percebeu ele, teria de colocar sua idéia em prática. Vários anos passariam até que o plano secreto de Hawking viesse à tona e, de uma tacada só, resolvesse os problemas financeiros da família. Quando aconteceu, tudo mudou. Mas primeiro havia desenvolvimentos intrigantes a seguir no campo da cosmologia inflacionária.

# 13

# Quando o universo tem bebês

Muito embora Hawking tenha nos oferecido uma imagem de um Universo autocontido, sem fronteiras nem limites, tanto no espaço como no tempo, muitas pessoas ainda se perguntam o que pode estar "do lado de fora" de um Universo assim. Afinal, a analogia entre a superfície fechada do Universo e a superfície fechada da Terra nos estimula a especular que pode haver outros universos, assim como existem outros planetas.

No contexto do Universo sem fronteira de Hawking, quaisquer outros mundos teriam de estar incrustados em alguma forma estranha de espaço que tem mais do que as três dimensões a que estamos acostumados: a superfície de uma esfera, afinal, é na verdade uma superfície bidimensional dobrada em torno da terceira dimensão, mas o espaço-tempo tem quatro dimensões; sempre se precisa de pelo menos uma dimensão extra para dobrar qualquer coisa em uma superfície fechada. Mas há outro modelo — ou uma série de modelos — desenvolvido a partir do cenário inflacionário que nos oferece outra forma de imaginar muitos mundos coexistindo, sem ter de tentar dobrar nosso cérebro em torno de geometrias superiores de cinco dimensões ou mais (quatro do espaço, mais uma do tempo). Embora o próprio Hawking tenha expressado suas reservas com relação à idéia, que tem o nome de inflação contínua, ela é de fato baseada em sua descoberta dramática e inovadora de 1974 de que os buracos negros explodem.

Logo depois do tempo de Planck, de acordo com o cenário inflacionário, o próprio vácuo existia em um estado "falso", excitado e cheio de energia, como água super-resfriada. Quando o falso vácuo sofreu uma transição para seu estado estável de baixa energia, esta energia foi para a explosão fenomenal de expansão que é conhecida como inflação, criando o Big Bang regular a partir do qual evoluiu o Universo que conhecemos. Mas suponha que esta transição não tenha acontecido em todos os lugares ao mesmo tempo.

Quase na mesma hora em que Alan Guth apresentou a idéia da inflação, pesquisadores como Alex Starobinski e Andrei Linde perceberam que as diferentes regiões do falso vácuo primordial podiam ter feito a transição para o estado de baixa energia de forma independente. O efeito seria muito semelhante a desatarraxar a tampa de uma garrafa de bebida espumante — uma miríade de bolhas apareceria através do líquido, cada uma delas correspondendo a um vácuo estável em expansão seguindo seu próprio caminho. Ao contrário das bolhas em seu espumante, porém, cada uma das bolhas continuaria se expandindo, até que todo o líquido terminasse e só restassem as bolhas.

Esta possibilidade levantou problemas técnicos sérios para as primeiras versões do cenário inflacionário porque, se duas bolhas em expansão, ou mais, se fundissem, elas criariam distúrbios que se espalhariam direto pelas bolhas. Se vivêssemos em um Universo formado desta forma, ele não seria perfeitamente uniforme, porque estas perturbações deixariam sua marca — por exemplo, na radiação de microondas de fundo.

Sempre existem maneiras de contornar este problema. A idéia que Hawking defende é de "inflação caótica", em que o mundo além de nosso Universo (o "metauniverso" infinito) existe em um estado desordenado, com algumas regiões em expansão, algumas em contração, algumas quentes e algumas frias. Neste metauniverso caótico, deve haver inevitavelmente algumas regiões em que ocorre a inflação. Por acaso estamos, neste quadro, em um Universo produzido por uma flutuação aleatória dentro do caos.

Mas não é preciso invocar o caos para explicar nossa existência. Talvez vivamos em uma bolha que não se fundiu (ainda!) com nenhuma de suas vizinhas (apesar de isso parecer uma coincidência extraordinária, pode não ser, como veremos depois neste capítulo). Ou talvez alguma lei da física evite que as bolhas se formem muito perto no "líquido" do falso vácuo. É aí que surge a proposta segundo a qual a Radiação de Hawking pode estar envolvida.

A Radiação de Hawking, como vimos no Capítulo 9, é produzida pela interação de efeitos quânticos e gravidade no horizonte em torno de um buraco negro. Mas Hawking e seu colega Gary Gibbons, que dividiam uma sala em Cambridge no final da década de 1970, perceberam que esse tipo de radiação deve ser produzido onde quer que haja um horizonte desse tipo e que tais horizontes nem sempre cercam buracos negros.

Por causa da forma como o Universo se expande, quanto mais duas regiões são separadas, mais rápido elas retrocedem uma em relação à outra. Assim, é possível que regiões de espaço que estão bastante distantes jamais se "comuniquem" usando feixes de luz (ou qualquer outra coisa), porque o espaço entre elas se expande mais rapidamente do que a luz pode viajar. Se a luz não pode viajar de uma região para outra, então existe um horizonte que a luz não pode cruzar, separando as duas regiões de espaço com tanta eficácia quanto o horizonte em torno de um buraco negro separa o interior do exterior.

Hawking e Gibbons mostraram que esse tipo de horizonte também produzirá radiação, assim como a radiação no horizonte em torno de um buraco negro, espalhando-se do horizonte para as duas regiões do espaço. No Universo atual, disperso fracamente pela expansão, o efeito desta radiação é minúsculo, mas pode ter tido uma importância muito maior nos primeiros estágios do Universo em expansão. A expansão do Universo se desacelera de forma estável à medida que a gravidade de toda a matéria do Universo tenta atrair tudo de volta em um Big Crunch. Assim, a taxa de expansão era muito mais rápida, e portanto o efeito da Radiação de Hawking de horizontes era mais acentuado, quando o Universo era mais novo. Muito tempo atrás, até as regiões que se separavam não tinham tempo para se mover mais e eram portanto muito mais próximas.

A idéia de que a radiação produzida por horizontes pode afetar a expansão do Universo foi adotada com entusiasmo e combinada com a idéia da inflação por Richard Gott, da Universidade de Princeton. Andrei Linde também tinha investigado isso, mas fez menos alarde sobre a idéia do que o efervescente Gott.

Acontece que, sob as condições corretas, a Radiação de Hawking produzida em um volume de espaço cheio de horizontes desse tipo pode proporcionar a energia que impulsiona a inflação e faz o Universo (ou o metauniverso) se expandir super-rápido. A expansão super-rápida então cria mais horizontes, que por sua vez produzem mais radiação, impulsionando a expansão super-rápida em um processo auto-sustentável contínuo de inflação. As bolhas de vácuo comum e estável, de baixa energia, que se formam dentro deste mar infinito de expansão inflacionária, crescem a uma taxa mais lenta, e assim, mesmo que duas bolhas se formem próximas, elas continuarão separadas pelo rápido crescimento do falso vácuo do metauniverso entre elas.

As condições "certas" para que este processo funcione são perturbadoras. A temperatura da Radiação de Hawking deve ser de cerca de $10^{31}$ K, e a densidade de massa-energia no falso vácuo tem de ser de atordoantes $10^{93}$ gramas por centímetro cúbico. E, em toda parte desse falso vácuo extraordinário e em rápida expansão, bolhas de vácuo estável estão se formando e se tornando universos por si mesmas.

Neste cenário, não existe apenas um Universo, mas uma infinidade de universos, sempre separados uns dos outros pelos muros impenetráveis do falso vácuo superdenso. De certa forma, este conceito não tem sentido. A existência de outros universos que não podemos observar, e que podem não ter nenhuma interação com nosso Universo, é uma questão mais adequada a filósofos que astrofísicos. Mas acontece que há mais maneiras de fazer um universo, e em alguns cenários os universos podem interagir com os outros, produzindo conseqüências que interessam a todos, não só a astrofísicos e filósofos.

Com toda essa conversa de superdensidade e superenergia, e números como $10^{93}$ gramas por centímetro cúbico, é natural se perguntar quanta massa-energia toda a nossa bolha Universo contém (pressupondo, isto é, que qualquer destes cenários tenha alguma veracidade). A resposta é talvez ainda mais surpreendente — absolutamente nada! Vamos deixar a discussão da inflação contínua aos filósofos e olhar novamente o modelo sem fronteira de Hawking para o Universo, para ver como isso pode ser possível.

Estamos acostumados a pensar em massa-energia principalmente em termos de montes de matéria: estrelas, planetas e assim por diante. Cada um deles contribui com sua própria quantidade de $mc^2$ para a massa-energia total do Universo; mas há outra contribuição, igualmente importante (*exatamente* da mesma importância, se as idéias de Hawking estão corretas). Ela vem da gravidade. E há uma coisa estranha na energia gravitacional — ela é negativa.

Para entender o que isso significa, os físicos falam em termos de energia gravitacional de um conjunto hipotético de partículas. Esta é nula se as partículas estão dispersas ao infinito, afastadas umas das outras ao máximo. Mas se o conjunto de partículas sofre a influência da gravidade, talvez um dia formando uma estrela, perde energia gravitacional. Uma vez que as partículas começam com energia zero, isto significa que na época em que são reunidas para formar uma estrela ou um planeta, elas têm energia negativa. E se toda a matéria em todo o Universo pudesse ser reunida em um único ponto, sua energia gravitacional negativa ($-mc^2$) anularia exatamente toda a massa-energia positiva ($+mc^2$) de toda a matéria.

Mas é exatamente assim que pensamos que o Universo começou: com toda sua massa-energia concentrada em um ponto. Os cenários de Universo fechado realmente descrevem uma situação em que um ponto de energia zero separa-se em matéria com energia positiva e gravidade com energia negativa, expande-se a um determinado tamanho, e depois colapsa novamente em um ponto de energia zero. Em princípio, a idéia parece ridícula. Mas esta não é uma teoria biruta de lunáticos, é uma idéia cosmológica respeitável, apoiada pelas equações da relatividade.

O Universo, ao que parece, é o almoço grátis definitivo. E se o Universo contém energia zero, quanta energia é necessária para se fazer um universo? Não muita — certamente não muita, se comparada com a quantidade de $mc^2$ contida em nosso corpo ou nas páginas deste livro. Porque, de acordo com Alan Guth e seu colega Edward Fahri, você precisa apenas de energia suficiente para comprimir alguma matéria para formar um buraco negro. Depois, o novo universo se liberta — um universo livre de cada buraco negro. Em um *tour de force* para organizar os muitos truques, Guth e Fahri mostraram que as duas grandes linhas do trabalho da vida de Hawking são na verdade uma só: os buracos negros são *big bangs*.

A princípio, as sementes de universos inteiros podem ser produzidas do nada, de uma forma que lembra o modo como pares de partículas virtuais podem ser produzidos do nada pela incerteza quântica (como vimos no Capítulo 9). Um universo bebê como esse estaria na forma de uma concentração superdensa de massa, menor que um próton, mas sem conter nenhuma energia, porque a massa é equilibrada pela energia gravitacional negativa. É claro que, de acordo com as idéias da década de 1970 e antes disso, essas minúsculas sementes superdensas imediatamente entrariam em colapso, voltando a nada sob seu próprio peso. Mas a inflação fornece uma forma de bombardear tal semente para formar um universo em expansão antes que a gravidade o faça entrar em colapso. Levaria então muitos bilhões de anos para que a gravidade detivesse a expansão e finalmente fizesse o universo desaparecer em um Big Crunch.

Então, será que realmente precisamos do falso vácuo em contínua inflação para fazer universos bolhas pipocarem em números infinitos? À primeira vista, isto levanta uma possibilidade preocupante. Se um universo bolha pode deixar de existir no vácuo comum, o que aconteceria se a existência de um deles explodisse perto de nós? Seríamos arrasados pela bola de fogo em expansão de um Big Bang acontecendo bem aqui do lado? Fahri e Guth pensam que não há motivo nenhum para se preocupar com isso. Se estes universos bebês passassem a existir espontaneamente, ou se fossem criados artificialmente, eles não teriam nenhuma interação com nosso Universo depois que tivessem nascido.

Lembre-se de que a semente de um universo bolha como esse deve ser autocontida, destinada por fim a entrar em colapso; em outras palavras, deve ser um buraco negro. Fahri e Guth descobriram que você pode incitar artificialmente este processo de criação de universo, comprimindo uma pequena quantidade de matéria em um buraco negro a uma temperatura de $10^{24}$K (muito modesta, se comparada com as condições no falso vácuo). Mas eles deram a seu artigo científico o título brincalhão de "Um obstáculo à criação de um Universo em laboratório",[1] assinalando que, embora tenhamos a tecnologia (bombas de hidrogênio) para fazer metade do trabalho, que é o de liberar a energia necessária, não temos ainda a capacidade de confinar a energia liberada pelas bombas de hidrogênio dentro de um buraco negro.

Mas não está além das possibilidades de uma civilização mais avançada que a nossa conseguir confinar a energia necessária em um volume suficientemente pequeno. O que aconteceria então? Para as pessoas que criaram esse miniburaco energético, muito pouco. O buraco negro simplesmente se formaria, passaria bilhões de anos evaporando Radiação de Hawking e depois desapareceria. Mas no horizonte do buraco, as coisas poderiam ser bem diferentes.

De acordo com os cálculos da equipe americana, as condições dentro de um miniburaco energético às vezes incitarão a inflação. Mas quando um universo bebê assim começa a se expandir, ele não o faz explodindo do miniburaco e engolfando sua vizinhança no espaço-tempo em que foi criado, mas expande-se em uma série de direções que são *todas* de ângulos retos em relação a *cada* uma das dimensões do universo mãe. E exatamente a mesma coisa acontecerá a universos bebês que são produzidos por flutuações quânticas naturais.

Como todas as séries de dimensões são em ângulos retos, os diferentes universos nunca interagem depois de formados. Mas há uma diferença essencial da idéia da inflação contínua, em que as bolhas nunca interagem absolutamente. No cenário elaborado por Fahri e Guth (e estudado por outros, inclusive Linde), um universo é criado *a partir de* outro. Neste quadro, nosso Universo é a progênie de um universo anterior; e é até possível que nossa bolha de espaço-tempo em expansão tenha sido criada artificialmente no equivalente de um laboratório naquele universo mãe. O escritor de ficção científica David Brin está trabalhando nas implicações em várias histórias; vamos deixar este tipo de especulação para Brin e seus colegas, enquanto tentamos definir as implicações da criação espontânea de universos bebês.

É difícil compreender a proliferação de dimensões que isso implica. Cada universo bebê conterá seu próprio vácuo, dentro do qual outras flutuações quânticas podem ocorrer, produzindo ainda mais universos bebês, cada um deles com suas próprias séries de dimensões, com cada série de dimensões em ângulos retos em relação a cada outra série. Como sempre, temos de cair em uma analogia de duas dimensões, tendendo a uma terceira, para ter uma idéia do que acontece.

A melhor imagem ainda é a mesma velha e familiar do Universo representado pelo revestimento de um balão em expansão. O que temos de imaginar agora é que um minúsculo pedaço desse revestimento é agarrado, formando uma pequena bolha ligada ao Universo por uma abertura estreita — o buraco negro. Essa bolhinha agora pode, por sua vez, se expandir até um tamanho enorme, enquanto o que qualquer residente do universo mãe vê é apenas a minúscula passagem do buraco negro no tecido do espaço-tempo. E todo o processo pode se repetir indefinidamente, produzindo uma espuma infinita de bolhas, cada uma delas em um universo. A cosmologia quântica realmente permite a possibilidade de criar do nada não só um Universo, mas um número infinito de universos.

E isso suscita outra questão. Em um nível, a física trabalha descobrindo as regras de acordo com as quais o Universo opera e as usa para fazer previsões sobre como os sistemas vão interagir. Descobrimos, por exemplo, que a velocidade da luz tem um determinado valor e que é a velocidade máxima. Isso nos permite (ou pelo menos permitiu a Einstein) formular como nossa visão do mundo muda quando nos movemos a alta velocidade. Mas em outro nível os físicos se perguntam por que as regras devem ter exatamente a forma que encontramos.

Por que, por exemplo, a velocidade da luz é de 300 mil quilômetros por segundo, em vez de, digamos, 250 mil quilômetros por segundo? Por que a constante de Planck tem o valor exato que tem e não outro um pouco maior ou um pouco menor? O que aconteceria se a gravidade fosse mais fraca (ou mais forte)? E assim por diante. Vivemos em um mundo que parece ser exatamente correto para formas de vida como nós — o que é de certa forma tautológico, uma vez que é óbvio que se o mundo fosse muito diferente, nós não estaríamos aqui para indagar estas coisas. Mas as regras da física que surgiram da era da inflação podem ter sido diferentes das regras que conhecemos, sutil ou drasticamente diferentes. Será então apenas coincidência que estas regras tenham produzido um Universo adequado para pessoas como nós? A idéia de uma infinidade de universos bolha, formados de um falso vácuo em eterna expansão ou separados um do outro pelo processo de nascimento, diz que não é — e explica outras coincidências cósmicas também.

A idéia de tentar entender a natureza do Universo em termos do relacionamento entre as leis da física e nós mesmos é conhecida como "cosmologia antrópica". Tem uma longa história, mas em sua versão moderna deriva principalmente de um renascimento do interesse incitado por Martin Rees, da Universidade de Cambridge, na década de 1970, e que continua até os dias de hoje.

Rees é um contemporâneo exato de Hawking. Ele nasceu em 23 de junho de 1942, quando Hawking tinha seis meses de idade. Eles estavam trabalhando em seu doutorado em Cambridge na mesma época, e Rees tornou-se professor plumiano de astronomia e filosofia experimental em 1973, com a impressionante idade de 31 anos, apenas seis anos antes de Hawking tornar-se professor lucasiano. Ele foi eleito membro da Royal Society em 1979, cinco anos depois de Hawking. Mas onde Hawking fez sua reputação investigando detalhadamente um conjunto específico de problemas — as singularidades e os horizontes em torno dos buracos negros e no início dos tempos —, Rees é conhecido e respeitado pela amplitude de seu trabalho, que vai dos quasares e pulsares à influência dos buracos negros em suas cercanias, cosmologia e a natureza da matéria escura que mantém o Universo fechado. Quando Rees voltou sua atenção para a cosmologia antrópica e estimulou o renascimento de um sério interesse pelo tema na década de 1970 e 80, desta vez Hawking estava preparado para seguir a liderança de outra pessoa.

Rees tinha desenvolvido um exemplo particularmente elegante da natureza do raciocínio antrópico na cosmologia. Ele formulara em detalhes a evolução de um universo em que a gravidade era mais forte que a de nosso Universo, mas em que todas as outras regras da física eram as mesmas. Galáxias, estrelas e planetas podem existir neste universo-modelo mas são muito diferentes de suas contrapartes de nosso Universo. Em particular, tudo é acelerado a tal ponto que é duvidoso que qualquer inteligência (que levou mais de 4 bilhões de anos para surgir na Terra) possa sequer evoluir.

Para o valor específico da força da gravidade escolhida por Rees, cada estrela tem uma massa aproximadamente igual à de um asteróide de nosso sistema solar (muito menos que a massa da Lua) e um diâmetro de cerca de 2 quilômetros. O tempo de vida típico de uma estrela dessas é de apenas um de nossos anos, e ela queima com um brilho cem mil vezes menor que o do nosso Sol. A Terra tem uma temperatura de superfície média de cerca de 15ºC, e um planeta neste outro universo, orbitando em torno de sua estrela mãe a uma distância aproximadamente duas vezes maior que a distância da Terra à Lua, teria uma temperatura de superfície semelhante. Levaria cerca de vinte de nossos dias para que o planeta orbitasse a estrela. Assim, como a própria estrela teria um tempo de vida tão curto, ela seria queimada em aproximadamente 15 dos "anos" do planeta, ao passo que o tempo de vida de nosso Sol é provavelmente de 10 bilhões de nossos anos.

A vida na superfície deste planeta seria curta, de várias maneiras. As montanhas maiores no minúsculo planeta não teriam mais de 30 centímetros de altura, enquanto a massa máxima de qualquer criatura percorrendo sua superfície seria de apenas um milésimo de um grama — qualquer coisa maior que isso teria o corpo esfarelado se sofresse a forte gravidade desse mundo.

E todas essas drásticas mudanças têm origem, lembre-se, em uma mudança em apenas *uma* das constantes da física, a força da gravidade! É possível imaginar muitas mudanças, que afirmariam que o universo que surgisse da fase inflacionária seria totalmente inóspito para formas de vida como nós.

Se o nosso Universo é o único possível, então a existência de coincidências cósmicas que permitem nossa existência é um verdadeiro enigma. Mas se existem muitos universos possíveis, então existe uma explicação direta. Cada universo bolha diferente pode ter suas próprias leis da física. Em alguns casos, isso significará que as bolhas são mantidas juntas pela gravidade e recolapsam antes que a vida possa evoluir. Em outras, a gravidade pode ser tão fraca que a matéria nunca é reunida e nunca forma estrelas e planetas. Mas haverá um leque de possibilidades — um leque de universos — em que estrelas, planetas e inteligências possam evoluir. O mesmo argumento é válido para cada um dos valores exatos das leis e constantes da física.

Se este quadro é correto, isso significa que pode haver um número infinito de universos no metauniverso, e um número infinito de formas de vida como nós só existirá em universos em que as leis da física sejam corretas. O fato de que existimos predetermina, de certa maneira, as regras exatas da física, que descobriremos, com as quais o Universo funciona. A idéia é conhecida como "princípio antrópico", expressão cunhada por Bernard Carr, que trabalhou com Rees em um artigo fundamental sobre o tema.

É claro que, como pode ser que os diferentes universos nunca se comuniquem, esta ainda é uma questão de debate para os filósofos. Exceto por uma coisa. Lembre-se de que o ingrediente essencial do modelo sem fronteira de Hawking é a abordagem quântica soma das histórias. Quando mencionamos isso anteriormente, demos a explicação sofística de quais eram, exatamente, as diferentes histórias que estavam sendo "somadas". Agora podemos corrigir a história.

Em vez de considerar todos os possíveis universos diferentes que podem ter surgido da inflação, cada um com seu próprio conjunto de leis físicas, "reais", podemos considerá-los possibilidades matemáticas, como os muitos caminhos diferentes que um elétron pode tomar de A a B. E usando a abordagem soma das histórias, Hawking mostra não só que nosso Universo é uma das histórias *possíveis*, mas também que é uma das mais *prováveis*:

> (...) Se todas as histórias são possíveis, então, uma vez que existimos em uma das histórias, podemos usar o princípio antrópico para explicar por que o universo é do jeito que é. Exatamente que significado pode estar relacionado com outras histórias, em que não existimos, não está claro.[2]

Mas, usando a condição "sem fronteira", Hawking e seus colegas descobriram que o Universo pode começar com a quantidade máxima de irregularidade permitida pela incerteza quântica e que a inflação e a subseqüente expansão mais vagarosa do Universo fazem com que essas irregularidades cresçam até se transformarem nas nuvens de gás, que então contraem até se tornarem galáxias de estrelas dentro do Universo em expansão.

Tudo isso é pesquisa de vanguarda da ciência atual. A escolha de diferentes variações sobre o tema — bolhas em um falso vácuo em contínua inflação, universos-bebês, histórias quânticas — reflete não uma incapacidade de decisão dos físicos, mas uma tentativa de seguir em diferentes frentes, sem saber ainda o que será mais promissor a longo prazo (se houver). Mas já está claro que na década de 1990 as premissas básicas subjacentes ao pensamento cosmológico mudaram drasticamente em relação ao que podemos chamar de era "pré-Hawking". Trinta anos atrás, admitia-se que nosso Universo era único. Hoje, parece ser geralmente aceito que, de uma forma ou outra, nosso Universo é apenas um entre muitos. É de se perguntar: quando Hawking apresentou suas idéias em um livro em 1988, o livro causou uma comoção no mundo?

# 14

# Uma breve história do tempo

As últimas notas de "Mad World" do Tears for Fears levam ao noticiário das 12:30 na Radio One enquanto Simon Mitton dirige-se ao DAMTP e um carro com a janela arriada e o rádio ligado estaciona diante do prédio, do outro lado do pátio de pedras. O noticiário está cheio de gente em uma manifestação pela paz em Greenham Common, tropas britânicas na turbulenta cidade de Beirute e o maior filme de Natal que jamais existiu, *E.T.*, mas Mitton tem outros pensamentos astronômicos em mente. Ele está visitando Stephen Hawking para discutir a iminente publicação do novo livro do professor pela Cambridge University Press, *The Very Early Universe*. Inesperadamente, porém, depois de falar dos últimos detalhes do livro junto a chá e biscoitos, os dois caem em uma discussão sobre alguma coisa muito diferente — um livro de cosmologia popular, que Stephen estava acalentando já há algum tempo.

Praticamente desde o tempo em que se conheceram, Mitton vinha intimando Hawking a tentar escrever um livro de cosmologia que objetivasse o mercado popular. Hawking demonstrara pouco interesse pela idéia, mas no final de 1982 reconheceu que um projeto desses podia ser a solução para suas crescentes dificuldades financeiras e decidiu retomar a idéia. Os dois vinham desfrutando de um relacionamento editorial frutífero por muitos anos e, apesar dos problemas com *Superspace and Supergravity*, a primeira editora em que Hawking pensou em apresentar a proposta foi a Cambridge University Press. A intenção original de Mitton era que Hawking tentasse escrever um livro sobre a origem e a evolução do Universo. A Cambridge University Press desfrutava de uma longa tradição na publicação de livros de divulgação científica escritos por importantes cientistas, como Arthur Eddington e Fred Hoyle, cujos títulos venderam bem. Um livro popular de Stephen Hawking, acreditava ele, simplesmente seguiria os demais.

De acordo com Mitton, Hawking deixou as coisas claras de imediato. Ele queria muito dinheiro por um livro assim. Mitton sempre soube que ele era um negociador difícil; isso ficou claro desde a rixa sobre a capa de *Superspace and Supergravity*. Quando surgiu a questão financeira, ele estava preparado para alguma intransigência, mas na ocasião até Mitton se surpreendeu com as sugestões de Hawking. Em sua primeira reunião marcada para discutir o livro, Hawking começou explicando sua situação financeira, deixando claro que queria ganhar bastante dinheiro para continuar financiando a educação de Lucy e arcar com os custos dos acompanhantes. Ele era obviamente incapaz de proporcionar qualquer forma de seguro de vida para proteger a família na eventualidade de sua morte ou completa incapacidade, e assim, se ia passar uma quantidade considerável de seu valioso tempo fora da pesquisa para escrever um livro popular, ele esperava uma recompensa adequada.

Mitton é filosófico em relação a toda a questão, assinalando que Hawking estava mostrando uma lealdade extraordinária para com a Cambridge University Press permanecendo ali. Não havia absolutamente nenhuma dúvida de que ele podia conseguir um salário imenso em qualquer universidade do mundo. Vários colegas dos EUA lhe haviam oferecido somas de seis dígitos simplesmente pelo prestígio que acompanha sua fama internacional, para não falar de enormes glórias das importantes inovações que ele quase certamente faria em um futuro próximo. O fato de que ele continuava em Cambridge por uma fração do salário que receberia em outro lugar, acredita Mitton, é um grande mérito de Hawking. A realidade é que Hawking adorava Cambridge. Eles moravam ali havia duas décadas, e Stephen tinha passado praticamente toda a sua vida acadêmica na universidade. O DAMTP é, sem dúvida, um dos melhores departamentos de física teórica do mundo, e ele só sairia dali em último caso.

No início dos anos 80, o escritório de Simon Mitton ficava no mesmo pátio do DAMTP na Silver Street, assim os dois tinham várias oportunidades de conversar sobre o projeto proposto. Uma tarde, Hawking foi procurá-lo com o rascunho de uma parte do livro. Mitton conhecia o mercado comercial, como qualquer editor. Na verdade, ele era na época autor de vários livros de divulgação científica bem-sucedidos. Mitton tinha uma idéia muito clara do tipo de livro que o público em geral ia querer e que daria a Hawking o dinheiro que ele procurava. Depois de dar uma olhada no que Hawking lhe mostrou, ele chegou à conclusão de que era técnico e intelectual demais para o leitor em geral. "É como feijão", disse a Hawking. "Quando mais suave o sabor, maior o mercado. Simplesmente não há um nicho comercial para livros especializados como este, Stephen."

Hawking foi embora e pensou nos comentários de Mitton; Mitton procurou o conselho da Cambridge University Press para ver o que pensavam da idéia. Os dois se reuniram novamente pouco tempo depois. Mitton tinha notícias animadoras: o conselho aceitara a idéia do livro com alegria e o encarregara das negociações. Hawking, por sua vez, tinha feito uma pequena alteração no trecho que havia escrito antes. Mitton se sentou e leu os originais, enquanto Hawking permanecia imóvel em sua cadeira de rodas do outro lado da sala, pacientemente esperando por sua opinião. Finalmente, Mitton baixou os originais na mesa e olhou para ele.

— Ainda está muito técnico, Stephen — disse por fim. Depois, sorrindo, fez a hoje famosa declaração: — Veja desta forma, Steve... Cada equação reduzirá as vendas à metade.

Hawking pareceu surpreso. Depois, sorrindo, disse:

— Por que você diz isso?

— Bem — respondeu Mitton —, quando as pessoas procuram um livro numa loja, elas dão uma olhada para decidir se querem ler o livro. Você colocou equações em praticamente cada página. Quando virem isso, vão dizer: "O livro está cheio de contas", e devolverão à prateleira.

Hawking entendeu o argumento de Mitton. Junto a uma xícara de chá, os dois começaram a falar de dinheiro. Mitton sugeriu um adiantamento, para o qual Hawking sorriu e deu uma resposta um tanto depreciativa. Mitton sabia que seria uma negociação difícil. No final da tarde, Hawking tinha obtido um adiantamento de 10 mil libras de Mitton, muito mais do que a Cambridge University Press já oferecera a qualquer outro. O percentual de direitos autorais nas edições de capa dura e brochura também eram excelentes. Na manhã seguinte, Mitton mandou um contrato à sala de Hawking. Ele nunca mais ouviu falar do contrato de novo.

No início de 1983, enquanto Stephen Hawking e Simon Mitton se sentavam em uma sala na Silver Street, em Cambridge, discutindo a idéia de fazer um livro de divulgação científica enquanto tomavam chá, a cerca de 5 mil quilômetros de distância um barbudo alto com uns trinta anos passava por uma banca de jornais na Fifth Avenue. Parando por pouco tempo para dar uma olhada nas manchetes, ele pegou um exemplar do *New York Times*, pagou e continuou andando. Ao chegar a seu escritório a algumas quadras dali, ele se sentou à sua mesa; tinha alguns minutos de folga antes do compromisso de almoçar com um agente literário em um restaurante próximo. Peter Guzzardi abriu o jornal e a revista caiu na mesa. Ali, na capa, o retrato de um homem em uma cadeira de rodas o encarava. Deixando de lado o resto do jornal, Guzzardi rapidamente se voltou para o artigo de capa, "O Universo e o Dr. Hawking", e começou a ler.

Minutos depois, estava obcecado. O artigo descrevia a impressionante história do cientista aleijado de Cambridge, Stephen Hawking, que revolucionara a cosmologia e tinha, nos últimos vinte anos, superado com sucesso os arrasadores sintomas de uma doença neurológica arrasadora chamada esclerose lateral amiotrófica. No momento em que terminou a leitura do artigo, ele soube que tinha topado com uma grande história e, na qualidade de editor sênior da Bantam Books, estava na situação ideal de fazer alguma coisa a respeito disso. Com as enormes possibilidades abertas pela descoberta já passando por sua mente, ele enfiou a revista em sua pasta e saiu para almoçar.

O compromisso de Peter Guzzardi era com o agente Al Zuckerman, dono de uma grande agência chamada Writer's House, sediada em Nova York. Durante a sobremesa, Guzzardi mencionou que tinha acabado de ler sobre Stephen

Hawking. Zuckerman tinha lido o mesmo artigo e já estava cuidando disso. Ele soubera recentemente, por meio de um amigo comum, um professor de física do Massachusetts Institute of Technology chamado Daniel Freedman, que Hawking estava trabalhando em um livro. Tinha entrado em contato com seu cunhado, que por acaso também era físico, sobre o projeto.

Durante seu almoço com Peter Guzzardi, Zuckerman já havia decidido entrar em contato com Hawking para saber em que pé estava o livro. Vendo a história humana por trás das descobertas e acreditando que um livro desses podia ser imensamente bem-sucedido, ele queria participar. Antes de sair do restaurante, Peter Guzzardi deixou claro que, se Zuckerman se encontrasse com Hawking e descobrisse se já tinha assinado com outro editor, ele estava certo de que a Bantam ia gostar de saber disso. Na calçada, os dois apertaram as mãos e foram para seus respectivos escritórios.

Seis meses se passaram até que Guzzardi tivesse notícias de Al Zuckerman, mas o agente não tinha descansado nesse meio-tempo. Ele conseguiu entrar em contato com Hawking quando ele estava a ponto de assinar o contrato com a Cambridge University Press (CUP). Foi por pouco — mais alguns dias e o acordo estaria selado, e Zuckerman teria pouco a fazer. Embora a CUP indubitavelmente fosse fazer um bom trabalho na edição do livro de Hawking, provavelmente não teria o editor certo para isso. Hawking queria vender seu livro em massa, apelando ao mercado popular; como uma editora de grande prestígio acadêmico, a CUP simplesmente não está preparada para essa área dos negócios.

Dennis Sciama recorda como se encontrou com Hawking em um trem mais ou menos na época da oferta da CUP e descobriu que seu ex-aluno estava trabalhando em um livro de divulgação científica.

— Vai publicar pela CUP? — perguntou.

— Ah, não — respondeu Hawking com um sorriso malicioso. — Quero ganhar dinheiro com esse.

Zuckerman conseguiu convencer Hawking a não assinar o contrato antes de ter a oportunidade de ver o que ele podia fazer. Eles concordaram que, se

Zuckerman não conseguisse uma editora para o livro, Hawking podia voltar à oferta da CUP, mas Zuckerman tinha quase certeza que podia conseguir mais de 10 mil libras de adiantamento e fisgar uma das grandes editoras. Hawking rascunhou uma proposta para o livro e produziu uma amostra de cerca de cem páginas, e Zuckerman entrou em contato com várias editoras, inclusive a Bantam, nos Estados Unidos. Ele tinha decidido no início que primeiro tentaria fazer negócio com a editora americana, depois garantiria contratos para publicação em outros países.

Peter Guzzardi recebeu a proposta no início de 1984 e a apresentou na reunião editorial seguinte. Levou com ele o artigo do *New York Times* que tinha atraído seu interesse e mostrou-o a seus colegas. Eles imediatamente viram o potencial da proposta e precisaram de pouca persuasão para se convencer de que a idéia era boa. No final da reunião, concordaram em fazer uma oferta séria pelos direitos autorais.

Apesar do óbvio interesse da Bantam, Zuckerman decidiu fazer um leilão do livro. Tudo foi realizado por telefone. Ele mandou o pacote que Hawking havia reunido a algumas das maiores editoras e lhes disse que, se estivessem interessadas no livro, tinham de fazer uma oferta em uma data marcada com antecedência. As partes interessadas lhe enviariam suas ofertas e saberiam se havia uma oferta rival que cobrisse a delas. Depois teriam a opção de aumentar a oferta ou sair do leilão. Perto do final do dia do leilão, apenas duas editoras ainda competiam pelo contrato: a Norton e a Bantam. A Norton havia publicado recentemente *Surely You're Joking, Mr. Feynman!*, os devaneios autobiográficos do prêmio Nobel e professor do Caltech Richard Feynman, e ficou entusiasmada com a proposta de Hawking. O livro de Feynman tinha se saído excepcionalmente bem. Para elas, o mercado em potencial de um livro popular de Hawking era óbvio.

Com a noite chegando e as duas empresas cobrindo as ofertas, a Bantam decidiu arriscar e fazer uma última oferta irrecusável. Telefonemas dispararam entre os escritórios e reuniões foram marcadas apressadamente para decidir o que devia ser feito. Por fim, Guzzardi teve carta branca para fazer seu último lance. Ele ofereceu um adiantamento de 250 mil dólares para Estados Unidos e Canadá e um acordo muito favorável nos direitos autorais das edições em capa dura e brochura. Quando o sol se pôs no horizonte esfarrapado, os tensos minutos se transformaram em uma meia hora de roer as unhas na sala de Guzzardi em Manhattan. Ele realmente queria aquele livro.

Por fim o telefone tocou. Guzzardi pegou o fone. A Norton não cobrira a oferta dele. Desde que submetessem à aprovação de Hawking uma carta delineando o que fariam em relação à revisão e à técnica promocional, o livro era deles.

Autor e agente obviamente tinham pouca dúvida do valor do livro e do potencial de vendas do nome de Hawking — um comportamento extraordinariamente frio, da parte de Hawking, para alguém que, apesar de toda sua fama e potencial de ganhos no exterior, estava na realidade em uma situação financeira delicada. Peter Guzzardi aceitou as condições e escreveu para Hawking falando de suas idéias. Hawking obviamente aprovou, porque o contrato foi assinado pouco tempo depois. Guzzardi disse que uma das coisas em que acreditava que tinha decidido o acordo era sua sugestão de que o livro devia estar à venda em cada aeroporto da América. Hawking adorou a idéia. O fato de que seu livro estava com uma das maiores editoras do mundo deixou-o verdadeiramente empolgado.

Guzzardi conheceu Hawking depois de uma conferência na Fermilab, uma instituição de pesquisa em física de alta energia nos arredores de Chicago. Ele se lembra de que Hawking estava muito cansado depois de fazer sua palestra, mas ainda muito receptivo e entusiasmado com o projeto. Recordando suas primeiras impressões de Hawking, ele disse: "O homem tem uma presença formidável. Dá a impressão de uma personalidade muito poderosa".

Nesta época, as palestras de Hawking eram dadas sempre por um intérprete, em geral um assistente de pesquisa que lidaria com o projetor de *slides* e apresentaria a palestra escrita previamente por Hawking. O mesmo intérprete atuou para Guzzardi quando ele conheceu Hawking depois da palestra. "Foi como ouvir alguém falando em uma língua estrangeira", recorda Guzzardi. "A gente pega uma espécie de ritmo, sem entender realmente o que ele está dizendo."

Embora Hawking estivesse muito feliz em discutir o livro mesmo no final de um dia cansativo, Guzzardi percebeu que alguns de seus assistentes estavam menos entusiasmados com tudo aquilo. Ele achou que eles se ressentiam da idéia de que o trabalho de seu professor fosse popularizado e que as tentativas de interpretar suas teorias em linguagem leiga para o consumo geral de certa forma o desvalorizariam. De acordo com Guzzardi, Hawking não compartilhava esse ponto de vista com seus alunos; pelo contrário, era francamente a favor de divulgar suas teorias para o público em geral. Antes de *Uma breve história do tempo*, Hawking tinha demonstrado um grande interesse em fazer palestras públicas sobre seu trabalho e tinha, achava Guzzardi, um senso de missão em relação à consciência geral da cosmologia.

Depois do primeiro encontro, teve início uma troca de cartas entre Cambridge e Nova York em que sugestões e contra-sugestões eram feitas sobre passagens do crescente manuscrito. Em todo o longo período de gestação do projeto, Guzzardi procurava os conselhos de outros cientistas e especialistas em divulgação científica para ajudá-lo a entender as idéias de Hawking, devolvendo a versão digerida de suas observações para guiar Hawking na direção em que ele tinha dito que queria ir — um best seller. Considerando os compromissos de Hawking no DAMTP, seu cronograma apertado de palestras e conferências em todo o mundo e suas responsabilidades familiares, o trabalho no livro progredia muito bem. Mas, apesar de todos os seus esforços, foram necessários mais 18 meses para que Hawking e Guzzardi conseguissem colocar os originais em forma e prepará-los para publicação.

Foi sugerido que a certa altura a Bantam queria que o livro tivesse um *ghostwriter* na figura de um escritor de ciências bem-sucedido, mas Hawking teria rejeitado inteiramente a idéia. Isso é totalmente infundado. Em nenhum momento tal sugestão foi feita por Guzzardi. Na verdade, foi Al Zuckerman que inicialmente propôs tal idéia:

> Eu li os originais e os achei muito interessantes, e certamente encontraria um editor para eles, mas não seria compreensível de imediato para o leitor leigo

> (...). Achei na época que devíamos usar a ajuda de um escritor profissional para colocar as idéias em uma linguagem que fosse compreendida com mais facilidade. Hawking recusou; ele queria que o livro fosse inteiramente dele. E ele é um homem muito decidido.[1]

Em seu papel de editor, Guzzardi tentou se colocar no lugar do homem comum que compraria e tentaria ler o livro. Ele tentou transmitir isso a Hawking durante sua correspondência transatlântica, com observações como: "Desculpe, professor Hawking, eu não entendi isso!" Zuckerman falou dos esforços de Guzzardi:

> Aposto que, para cada página de texto, Peter escreveu duas ou três páginas de cartas editoriais, tudo para conseguir que Hawking elaborasse as idéias que sua mente produzia, mas que as outras pessoas não entenderiam.[2]

"Fui insistente", diz Guzzardi, "e continuei até que Hawking me fizesse entender as coisas. É possível que ele tenha pensado que eu era meio burro, mas corri o risco e continuei tentando até entender o que ele estava falando." De acordo com Guzzardi, Hawking foi muito simpático durante todo o processo e mostrou muita paciência para com ele. Com seu jeito tipicamente modesto, ele também afirma que Hawking lhe deu crédito demais nos agradecimentos do livro. "Eu fiz", assinala ele, "o que qualquer pessoa inteligente e normal faria e insisti até compreender o que estava acontecendo."

Kitty Ferguson, em seu livro *Stephen Hawking: A Quest for the Theory of Everything*, sugeriu que, por causa de seu problema, e devido ao uso de poucas palavras por Hawking em suas explicações, nas palestras e seminários ele com freqüência salta de uma idéia para outra, pressupondo equivocadamente que os outros podem entender a ligação. Sem uma edição cuidadosa, isto, obviamente, podia representar problemas sérios em um livro supostamente de divulgação científica.

Para Peter Guzzardi, a responsabilidade de editar *Uma breve história do tempo* foi uma experiência muito estimulante. Ele percebeu antes mesmo que o contrato fosse assinado que Hawking era aquele que escreveria o livro definitivo sobre a teoria da origem e evolução do Universo. Era ele quem tinha feito o trabalho fundamental sobre muitas das novas idéias que estavam no cerne do assunto. Quem teria sido mais adequado para a tarefa? Os originais eram de fonte fidedigna. Guzzardi é da escola de pensamento que propõe Hawking como o Einstein do final do século XX. Embora não seja cientista, com sua colaboração no livro ele indubitavelmente conheceu melhor Hawking e sua forma de pensar. O modo como vê o homem é muito diferente do modo como seus alunos e associados profissionais o entendem, mas talvez tenha a mesma profundidade.

Para muitos, Hawking não é o herói que o público parece ter feito dele. Há quem sugira que ele é melodramático nas conferências, que é pretensioso e exibido, que seu constante questionamento é exagerado e deliberadamente controvertido.

O físico e escritor Paul Davies assinalou que poucas coisas intimidam mais do que ver Hawking irromper pelas portas de uma sala de conferência cinco minutos depois de um orador inexperiente ter começado a falar. Ainda piores são as ocasiões em que ele decide sair antes do final da palestra e dispara pelo corredor, acelerando sua cadeira de rodas motorizada direto para as portas de vaivém no fundo da sala. Mas Davies admite:

> Com freqüência, isso acontece simplesmente porque Stephen está com fome ou se lembrou de que devia telefonar para alguém com urgência. Seus atrasos são sempre involuntários e não são feitos para intimidar, mas felizmente isso não aconteceu comigo — ainda!

Há aqueles que não vêem as extravagâncias e a celebridade de Hawking com tanta gentileza. Diz-se que um teórico afirmou: "Ele está trabalhando nas mesmas coisas que todo mundo. Ele só recebe muita atenção por causa de seu problema".[3]

Teriam os críticos de Hawking razão, ou estas são apenas declarações amarguradas sobre o furor em torno dele? A opinião do próprio Hawking sobre as pessoas que o comparam a Einstein é tipicamente atrevida: "Você não deve acreditar em tudo o que lê", diz ele com um sorriso ambíguo.[4]

A conclusão do primeiro rascunho levou a maior parte de 1984. Foi o ano em que uma bomba colocada no Grand Hotel em Brighton quase matou o gabinete britânico, e a primeira-ministra da Índia, Indira Gandhi, foi assassinada por um de seus seguranças no jardim de sua casa em Nova Délhi.

À medida que os meses se passavam e Hawking fazia malabarismos com seus compromissos, os originais cresceram e a pilha de correspondência com seu editor aumentou. No mundo, o coração de um babuíno foi transplantado para um bebê de 15 dias de idade, o bispo Tutu recebeu o prêmio Nobel da Paz e mais para o final do ano Ronald Reagan foi reeleito presidente dos Estados Unidos.

O primeiro rascunho dos originais foi concluído no Natal, e o trabalho de reescrevê-lo começou no Ano-novo. A troca de cartas entre Hawking, em Cambridge, e Guzzardi, em Manhattan, tornou-se ainda mais frenética com a aproximação do prazo final.

A imprensa tomou conhecimento do livro logo depois do Natal de 1984, mas parecia não estar perplexa com o entusiasmo aparentemente insólito da Bantam:

> Será a iminência da primavera ou o novo entusiasmo que detectamos é genuíno? Em todo lugar ouvimos o som de pés saltando em uma exultação genuína de algum projeto querido. Na Bantam, Peter Guzzardi está pulando de alegria com a aquisição de *Do Big Bang aos buracos negros*, de Stephen Hawking (...). Pagando o que Guzzardi chama de "seis dígitos significativos, definitivamente acima de 100 mil dólares", a Bantam tem planos de publicar o livro em capa dura "em algum momento em 1986" (...). "É um grande livro", entusiasma-se Peter. "Hawking está na vanguarda do que sabemos sobre o cosmo. Todo esse negócio da teoria unificada do campo, a conjunção da relatividade com a mecânica quântica, é comparável com a busca do Santo Graal."[5]

Os meados dos anos 80 foram na verdade uma época de crescente otimismo. Enquanto as maiores nações do mundo saíam lentamente da recessão, os mercados começaram a se expandir e todos os setores de negócios estavam em alta. Foi a era do *yuppie*. O "urbanóide" surgiu metamorfoseado da hibernação pós-hippy dos anos 70, rejeitando o que restava de introspecção e integridade e saltou para dentro de um Porsche 911 conversível.

Governos de direita recém-eleitos estavam no poder nas principais nações industrializadas e quase se podia sentir o cheiro da crescente confiança no ar primaveril. A vida era boa; ninguém tinha ouvido a nota baixa de superexpansão e queda. O preço das ações do champanhe e de etiquetas de grife explodiram e os grandes negócios editoriais obedeceram à norma.

Em julho de 1985, Hawking decidiu passar algum tempo no CERN, uma organização européia para a pesquisa nuclear em Genebra. Ali ele continuaria com sua pesquisa fundamental e também se daria algum tempo para se dedicar ao que ele descreveu aos amigos como "um livro popular". Ele alugou um apartamento na cidade, onde recebeu os cuidados de uma enfermeira, 24 horas por dia, e de seu assistente de pesquisa na época, o franco-canadense Raymond Laflamme. Jane, nesse meio-tempo, tinha decidido ir à Alemanha visitar amigos. O casal planejava se reunir em Bayreuth para comparecer ao Festival Wagner em agosto, depois que Stephen tivesse reescrito seu livro.

Uma noite, no início de agosto, Hawking retirou-se para a cama tarde, depois de um longo dia fazendo correções nos originais do livro. Sua enfermeira o ajudou a se deitar e se sentou para relaxar na sala ao lado. Depois de terminar de ler um artigo de revista, ela começaria sua rotina de verificar o paciente a cada meia hora a noite toda. Por volta das 3 da manhã, a enfermeira foi ao quarto de Hawking e o descobriu acordado e com problemas para respirar. Seu rosto estava roxo e de sua garganta saía um gorgolejar. Ela imediatamente alertou Laflamme, e uma ambulância foi chamada.

Hawking foi levado às pressas ao Hospital Cantonal em Genebra, onde foi imediatamente posto sob ventilação artificial. Diz a lenda que foi graças à televisão que o médico encarregado de receber o cientista aleijado no hospital salvou a vida de Hawking. Pouco antes de Hawking se tornar um de seus pacientes, ele tinha acabado de assistir a um programa de tevê sobre um físico de Cambridge que sofria de ELA. Informado do problema de Hawking, ele sabia que drogas podia e não podia administrar a seu paciente. Um médico que não fosse afortunado o bastante para assistir ao programa poderia tê-lo matado involuntariamente.

Hawking foi internado na unidade de tratamento intensivo e as autoridades do CERN foram comunicadas. O líder da divisão, o Dr. Maurice Jacob, chegou ao hospital antes do amanhecer e foi informado de que o estado das coisas era incerto. Pensava-se que Hawking tinha sofrido uma obstrução na traquéia e suspeitava-se de que tivesse contraído pneumonia. Os pacientes de ELA são mais suscetíveis à doença do que os outros; em muitos casos, costuma ser fatal. Maurice Jacob e sua equipe imediatamente tentaram entrar em contato com Jane, mas esta não foi uma tarefa fácil. Ela estava viajando de cidade em cidade e tinha deixado uma série de números de telefone com a enfermeira de Stephen. O problema era que ninguém estava absolutamente certo de seu cronograma. Telefonemas frenéticos foram feitos para vários números particulares na Alemanha, até que ela finalmente foi encontrada na casa de um amigo, perto de Bonn.

Jane chegou ao Hospital Cantonal e encontrou seu marido em péssimo estado. Ele estava em um aparelho de manutenção de funções vitais, mas fora de perigo imediato. Contudo, na opinião dos médicos, teria pouca esperança de sobrevivência sem uma traqueotomia. Stephen era incapaz de respirar pela boca ou pelo nariz e sufocaria se fosse retirado do ventilador que fora colocado ao lado de seu leito no hospital. A cirurgia envolvia seccionar a traquéia e implantar um dispositivo de respiração em seu pescoço, logo acima do nível do colarinho. Jane soube que a cirurgia era essencial para salvar a vida de seu marido, mas havia um problema maior. Se eles seguissem em frente, ele nunca mais seria capaz de falar ou produzir qualquer outro som vocal novamente.

O que fazer? A decisão era dela. Embora Stephen mal fosse capaz de falar há anos, e só sua família e seus amigos íntimos fossem capazes de compreendê-lo, agora havia a perspectiva de uma perda completa de comunicação. Sua voz podia ser difícil de entender, mas ainda era uma fala. Havia, sabia Jane, uma técnica para recuperar parte da fala depois de uma traqueotomia, mas isto só era possível se o paciente fosse razoavelmente apto. Os médicos em torno dela ficaram desconcertados que ele ainda pudesse viajar pelo mundo, mas não havia possibilidade de ele recuperar qualquer forma de fala naquele estado físico. Poderia ela tomar a decisão de seguir em frente e condenar seu marido ao silêncio?

> O futuro parecia triste demais. Não sabíamos como conseguiríamos sobreviver — ou se ele iria sobreviver. Era minha decisão ele sofrer uma traqueotomia. Mas eu às vezes pensava, o que devia fazer? Que tipo de vida eu estaria deixando para ele?[6]

Depois da cirurgia, Hawking continuou no hospital suíço por mais duas semanas. Uma ambulância aérea depois o levou de volta a Cambridge, onde ele foi admitido no Addenbrooke's Hospital. O avião pousou no aeroporto Marshall, no qual ele foi recebido por médicos e escoltado até a unidade de tratamento intensivo do hospital.

Naquela noite, a enfermeira-chefe da unidade médica do Addenbrooke's foi citada no *Cambridge Evening News*: "Ele está em tratamento intensivo. Não temos certeza de sua condição e ele precisa ser avaliado."[7] Nessa ocasião, ele passou algumas semanas no hospital em Cambridge antes de ter permissão para voltar para casa, na West Road.

Em muitos aspectos, Hawking teve sorte novamente. Ele sobreviveu por um triz. Muitos pacientes de ELA morrem de pneumonia iniciada por seu problema. Quando ele contraiu a infecção, por acaso estava em um dos países de medicina mais avançada do mundo; fora recebido no hospital por um médico que recentemente o havia visto na tevê e sabia de seu problema; e teve o apoio de uma esposa inteligente e cuidadosa. Contudo, um dos fatos mais inesperados de todos foi que, se ele tivesse contraído pneumonia dois anos antes, as coisas teriam sido bem piores.

Em agosto de 1985, a redação do que se tornou o best-seller *Uma breve história do tempo* estava quase concluída. Peter Guzzardi, é claro, fora notificado imediatamente de que Stephen adoecera e tinha continuado a editar os originais enquanto Hawking estava se recuperando no hospital. A família recebeu parte do adiantamento e pôde enfrentar financeiramente a crise imediata. Mas o problema de Jane era o que aconteceria a longo prazo. Depois da traqueotomia, Stephen precisaria de cuidados de enfermagem 24 horas por dia. O máximo que o Serviço Nacional de Saúde podia oferecer era enfermagem por sete horas por semana na casa de Hawking, mais duas horas de auxílio para o banho. Eles teriam de pagar por uma enfermeira particular. O adiantamento do livro não duraria muito, e não havia absolutamente nenhuma certeza de seu sucesso no futuro. Para Jane, parecia haver pouca esperança a longo prazo. Como eles sobreviveriam se ele nunca mais trabalhasse novamente?

Havia algumas possibilidades. Ela teria abandonado sua carreira de boa vontade e se dedicado integralmente a cuidar do marido, mas não era uma enfermeira treinada e, de qualquer forma, quem sustentaria a família? A alternativa era a idéia pavorosa de Stephen em um sanatório, incapaz de trabalhar, caindo em um declínio gradual e por fim morto. "Tinha dias em que eu às vezes sentia que não podia continuar, porque não sabia como lidar com isso",[8] disse Jane acerca deste período.

Era óbvio que eles tinham de encontrar apoio financeiro em algum lugar. Jane escreveu uma carta após outra para organizações caritativas de todo o mundo e apelou para a ajuda de amigos da família para procurar instituições que podiam estar interessadas em ajudá-los. A ajuda chegou por meio de uma fundação americana ciente do trabalho e da fama internacional de Hawking, que concordou em pagar 50 mil libras por ano pelos custos da enfermagem. Logo depois, várias outras organizações sem fins lucrativos dos dois lados do Atlântico a seguiram, com doações menores. Jane sentia-se amargurada com toda a situação. Ela se ressente do fato de que, depois de pagar uma vida inteira de contribuições ao Serviço Nacional de Saúde, eles tivessem direito a uma ajuda tão pequena quando foi necessário. Ela tem plena consciência de que, se seu marido fosse um desconhecido professor de física, ele agora estaria vivendo seus últimos dias em um asilo. "Imagine o desperdício de talento",[9] disse ela sobre a situação.

No mês em que Hawking recebeu a oferta de ajuda financeira, um especialista em computação que morava na Califórnia, Walt Woltosz, mandou a Stephen um programa que tinha escrito, chamado Equalizer. Era compatível com os computadores que Hawking usava em casa e no escritório e permitia que selecionasse, em um monitor, palavras de um menu de três mil. Ele podia passar de uma palavra para outra pressionando um botão preso em sua mão. Minúsculos movimentos de seus dedos eram suficientes para operar o dispositivo e mover o cursor para a palavra desejada. Quando uma frase era formada, ele podia mandar para um sintetizador de voz, que então falava por ele. Algumas frases-chave estavam pré-programadas no computador para agilizar o processo, e com alguma prática Hawking descobriu que podia lidar com dez palavras por minuto. "Foi um pouco lento", disse ele, "mas na época eu pensava lentamente, então era bastante adequado para mim."[10]

A nova voz de Hawking, gerada por computador, transformou sua vida. Ele agora podia se comunicar melhor do que antes da cirurgia, e não precisava mais da ajuda de um intérprete quando dava conferências ou simplesmente conversava com as pessoas. Desde a traqueotomia, seu único meio de comunicação tinha sido piscar os olhos, lendo palavras escritas em um cartão colocado diante dele. O sintetizador de voz tinha um sotaque definido, descrito variadamente como americano ou escandinavo. Como há uma certa entonação em certas palavras, ele não parece tanto um robô — algo que Hawking teria odiado. Ele realmente deseja que o sintetizador possa produzir um sotaque britânico, e com freqüência recebe as pessoas com: "Oi, por favor, desculpe meu sotaque americano". Mas ele pode mudar de programa e alterar o sotaque. Em ocasiões especiais, ele gosta de usar um sotaque irlandês, o que talvez é o mais próximo que ele consegue de sua voz natural. Timothy Hawking acha que a nova voz de seu pai combina bem com ele. De todos da família, ele é o que menos pode se lembrar da voz de Stephen, porque tinha apenas seis anos na época da cirurgia na Suíça, e há anos que muito pouco da voz de Hawking podia ser ouvido.

Com sua nova voz e uma certa segurança financeira, Hawking pôde reassumir o trabalho nos originais do livro algumas semanas depois de sair do hospital. Em colaboração com Peter Guzzardi e considerando calmamente as sugestões solicitadas por outros leitores, eles decidiram eliminar várias partes e reescrever outras. Hawking queria acrescentar um apêndice de matemática, que relacionaria as equações esquecidas no miolo do texto, mas Guzzardi vetou a idéia. "Isso apavoraria as pessoas!", disse ele.

Enquanto os dois trabalhavam nos originais e a máquina de publicidade da Bantam começou a girar para a publicação na primavera de 1988, Al Zuckerman não descansou. Depois de vender os direitos para a América e o Canadá, ele procurou com entusiasmo por compradores no resto do mundo. Editores da Alemanha e da Itália ofereceram adiantamentos de 30 mil dólares, sem sequer ver os originais, e havia um crescente interesse no Japão, Escandinávia, França e Espanha. Para sua surpresa, ele recebeu ofertas até da Coréia, China e Turquia, e duas da Rússia — um país para o qual ele nunca tinha conseguido vender um livro. "Tive duas ofertas de editoras de Moscou", disse ele à *Bookseller*. "Elas não concorreram... as duas fizeram a mesma oferta."[11] Parecia que todo mundo queria entrar nessa.

O interesse mundial pelo livro de Stephen Hawking superou os sonhos mais otimistas de Zuckerman. Foi apenas em um grande país que ele encontrou um problema: a Grã-Bretanha.

> As editoras britânicas foram as mais céticas que encontrei. Quando mostrei a primeira versão no Reino Unido, a Dent ofereceu 15 mil libras e outras ofereceram 5 mil e 10 mil libras. Não achei que fossem sérias o bastante, então recusei.[12]

Nesse período, não havia no Reino Unido nenhuma editora que quisesse um livro de um autor britânico que tinha sido comprado em quase todos os países do mundo.

Nenhum progresso foi feito até a convenção da American Booksellers Association em 1987. Mark Barty-King, da Bantam britânica, tinha ouvido falar do livro através das ligações da empresa. Topando com Zuckerman na convenção, ele perguntou se podia ler os originais. Depois de lê-los, marcou uma reunião com Zuckerman para declarar seu interesse no livro. Zuckerman disse a ele que queria 75 mil libras pelos direitos para o Reino Unido. Barty-King subitamente perdeu o entusiasmo:

> [Na época], 75 mil libras pareciam um adiantamento exagerado pelo que era um livro *difícil*, embora notável. Se ele tentou vendê-lo a outras pessoas eu não sei, mas no fim decidimos que podíamos fechar em 30 mil libras. Ele disse que tinha de tentar outras editoras; nós dissemos: "Se você fizer isso, nós baixamos o valor da oferta".[13]

A Penguin, a Collins, a Century Hutchinson e outras não atingiram o piso de 30 mil libras. Zuckerman voltou à Bantam UK e aceitou sua oferta.

Mesmo assim a decisão final de Mark Barty-King foi arriscada. Na véspera de apresentar a idéia na reunião editorial marcada, ele se sentou para fazer algumas contas. Como sempre, começou a calcular as vendas projetadas. Capa dura: nacionais, três mil exemplares, estoque dois mil, exportação, quinhentos; brochura: 10 mil exemplares, estoque 10 mil, exportação, 3 mil; Austrália e Nova Zelândia: 3 mil. As contas não batiam. Finalmente, acrescentou 5 mil libras pelos direitos seriais no Reino Unido e assim pôde justificar a aquisição. Ele levou as contas para a reunião e, contra os conselhos de seus colegas, forçou a barra. A empresa não ganharia um centavo com o livro, ele estava convencido disto. Mas, no aspecto positivo, um livro de prestígio como esse podia aumentar seu lucro como editores de livros "sérios" e, se eles não perdessem dinheiro com o negócio, valeria a pena correr o risco.

Foi somente quando se reuniu pessoalmente com Hawking na Feira do Livro em Frankfurt, no outono antes da publicação, que Mark Barty-King começou a ter uma idéia da enorme presença do cientista:

> Só quando você o conhece é que percebe como ele é extraordinário. O que surpreende particularmente, depois de tudo pelo que ele passou, é que você tem uma forte impressão de seu senso de humor.[14]

Depois de assinar o contrato do livro, ele disse a um jornalista:

> É um livro escrito por um dos maiores intelectos de nossa época, discutindo o tema elementar de quem somos e de onde viemos. É um livro lúcido e muito pessoal, que eu achei bastante difícil de ler por causa do tema, mas em que encontrei um apelo enorme.[15]

Em Frankfurt, Hawking deu uma pequena palestra aos editores reunidos em uma biblioteca alugada para a ocasião. Ele descreveu sua vida e sua filosofia e suas motivações para escrever o livro. De acordo com Guzzardi, eles ficaram fascinados. No processo de publicação nos EUA, Guzzardi teve uma série de reuniões com o diretor de marketing da Bantam para discutir exatamente como abordariam a promoção do livro.

Anos antes, quando soube que Hawking tinha assinado um contrato com uma importante editora comercial, Simon Mitton deu a Hawking um conselho de amigo.

— Cuidado quando lidar com essas pessoas, Stephen — disse ele. — Lembre-se de que, se o objetivo é ganhar dinheiro e vender montanhas de livros, você não pode se importar com as técnicas de marketing.

— O que quer dizer com isso? — perguntou Hawking.

— Bem, eu não duvidaria que eles o vendessem como "Os aleijados não são sensacionais?" Você tem de manter os olhos abertos. Se não se importa com essa abordagem, tudo bem.

Na época, o conselho de Mitton era infundado. Guzzardi não tinha a intenção de promover o livro da forma como Mitton temia:

> Podíamos seguir dois caminhos. Podíamos tê-lo bantamizado — aviões sobre Manhattan carregando faixas, camisetas etc., ou podíamos seguir um estilo com mais classe, mais requinte, de qualidade. O autor tem prestígio, pensamos. Vamos fazer um marketing pesado, mas com sofisticação. Essa era a alternativa, e foi o que decidimos fazer.

Menos de um mês antes da publicação, Hawking recebeu um telefonema surpresa de seu agente, Al Zuckerman. Peter Guzzardi, que tinha visto o livro desde o início, disse que tinha recebido a oferta de um cargo de editor na Crown e estava deixando a Bantam. Os últimos estágios de promoção do livro e o período inicial e agitado das vendas seriam entregues ao novo editor. Uma das última decisões de Guzzardi sobre o livro foi a escolha final do título. Hawking pensava que *Uma breve história do tempo* podia soar frívolo demais e tinha desconfianças em relação à palavra "breve". Foi Peter Guzzardi que conseguiu convencê-lo de que o título era brilhante, sucinto e definitivo. De acordo com Guzzardi, o que finalmente convenceu Hawking foi quando ele observou que a palavra "breve" do título o fazia sorrir. "Stephen entendeu o que quis dizer de imediato", disse Guzzardi, "ele gosta de fazer as pessoas sorrirem."

Quando teve em mãos o material de propaganda desse livro estranho e difícil, *Uma breve história do tempo*, o novo editor da Crown gelou. A primeira decisão do novo editor foi reduzir drasticamente a primeira tiragem do livro — para 40 mil exemplares.

*Uma breve história do tempo: do Big Bang aos buracos negros* chegou às livrarias de toda a América no início da primavera de 1988. A festa de lançamento ocorreu no Instituto Rockefeller, em Nova York, onde um banquete foi oferecido em homenagem ao autor e Hawking fez um pequeno discurso para promover o livro. De acordo com outros convidados, depois de um longo dia de comemorações, apresentações e reuniões aparentemente intermináveis, Hawking ainda estava cheio de energia e com um humor festivo.

A festa se mudou para o aterro com vista para o East River. Stephen se sentia ótimo. Os anos de trabalho em *Uma breve história do tempo* finalmente tinham acabado, e o livro estava nas livrarias e iria, assim era esperado, muito bem. Os amigos recordam como ele ia de um convidado a outro em sua cadeira de rodas com um humor excelente. Havia uma excitação evidente no ar. Era uma noite clara, as estrelas brilhavam sobre o rio e as luzes da cidade refletiam-se em um espectro de pontos coloridos na água. Os copos se enchiam continuamente, e embora o próprio Hawking pudesse beber pouco álcool e não tivesse nenhum paladar, todos contam que ele parecia bêbado pela atmosfera. Mas houve alguns momentos de ansiedade. Um amigo lembra que Jane e a enfermeira de Stephen ficaram apavoradas que ele, em sua empolgação, rolasse sua cadeira de rodas para dentro do rio.

Mais tarde, naquela noite, um pequeno grupo de amigos íntimos e familiares voltou ao hotel. Enquanto passavam pelo *lobby*, Stephen percebeu uma música tocando no salão próximo. Insistindo que era cedo demais para dormir, ele foi sozinho na direção da música, com a intenção de entrar na festa. Seus amigos foram arrastados e convencidos a segui-lo, e Hawking terminou as comemorações nas primeiras horas da manhã, girando com a cadeira pela pista de dança com a banda tocando muito tempo depois de a festa original ter acabado.

A Bantam seguiu seu plano de lançar o livro discretamente. Não houve vitrines pré-arranjadas nem imensos pôsteres do autor. Os indicadores pré-lançamento dos representantes de vendas eram animadores mas confusos. As livrarias estavam dispostas a comprar o livro mas não sabiam bem onde colocá-lo, nem o que fazer com ele. Então, dias depois da publicação, quase houve um desastre. Um preparador de originais da Bantam, olhando um exemplar da primeira tiragem, percebeu que duas ilustrações estavam no lugar errado. O pânico foi imediato. A tiragem de 40 mil exemplares já estava nas lojas. A equipe de vendas começou a telefonar às pressas para as grandes livrarias.

"Cometemos um erro", diziam eles. "Temos de recolher todos os seus exemplares." Para sua surpresa, não havia nenhum exemplar que não tivesse sido vendido. As livrarias em toda a América já haviam preenchido formulários pedindo mais exemplares. De acordo com os executivos da Bantam, este foi o primeiro sinal de que estavam diante de alguma coisa realmente grande. Sem perder tempo, uma nova edição corrigida foi ordenada imediatamente e enviada aos varejistas com a maior rapidez possível. Para grande prazer da Bantam, a revista *Time* publicou um grande artigo sobre Hawking no mês do lançamento, e resenhas favoráveis começaram a aparecer em jornais e revistas de qualidade de todo o país. Semanas depois da publicação, *Uma breve história do tempo* entrou na lista dos best-sellers e subiu tranqüilamente ao topo.

De repente, o livro apareceu nas vitrines de livrarias na Fifth Avenue, e pôsteres de Stephen Hawking eram colocados sobre as prateleiras de seu livro nas lojas de toda a América.

A capa da edição americana do livro mostra Hawking sentado em sua cadeira de rodas contra um fundo de estrelas. Ele parece muito sombrio e encara a câmera quase carrancudo. Hawking tinha dito que ficou insatisfeito com o retrato mas que não tinha o que dizer de seu uso. Alguns amigos e familiares acharam que a foto não expressava realmente seu verdadeiro caráter e carecia de humor.

Um crítico literário desaprovou a Bantam por ter colocado uma foto do autor em sua cadeira de rodas na capa, declarando que era exploração, um gesto comercial cínico da editora para conseguir o maior lucro possível de seu autor aleijado.

Peter Guzzardi ficou profundamente ofendido com a sugestão. "Era óbvio que o crítico não conhecia Stephen, para pensar que ele podia ser explorado", disse ele. "Ninguém pode explorar Stephen Hawking. Ele é perfeitamente capaz de cuidar de si mesmo."

"Acho que o raciocínio por trás dos comentários do cara foi ridículo", lembrou Guzzardi com desgosto em outra ocasião. "Era um triunfo para um homem na situação física de Hawking estar na capa de seu próprio livro. Era inspirador."

No verão de 1988, o livro "difícil" de Stephen Hawking ficou na lista dos mais vendidos por quatro meses e vendeu mais de meio milhão de exemplares na América. Ele rapidamente tornava-se um nome familiar. O fenômeno editorial do ano chegou às manchetes nacionais — e a toda livraria de aeroporto do país.

Em Chicago, um fã-clube de Stephen Hawking foi organizado às pressas e começou a vender camisetas de Hawking. No "círculo científico", ele começou a atingir o *status* e a ter o apelo comercial de uma estrela do rock em escolas e faculdades de Los Angeles a Pittsburgh. O estudante que tinha sido um fã dedicado de Bertrand Russell era agora, cerca de trinta anos depois, ele mesmo um herói dos estudantes.

Junho de 1988 viu a publicação britânica de *Uma breve história do tempo*. Ela imediatamente seguiu o mesmo padrão de sucesso imediato de que desfrutara no Estados Unidos. As livrarias venderam todos os exemplares em alguns dias. Poucos dias depois da publicação, um de nós (M. W.) procurou em cada livraria de Oxford e Londres e não encontrou um único exemplar disponível. Semanas depois ele conseguiu um exemplar — o último, em uma livraria no World Trade Center, em Nova York.

Os representantes de vendas britânicos relatavam um interesse imenso de varejistas de todo o país. A Waterstone's, em Edimburgo, escreveu à editora para dizer que queria montar um *display* na vitrine e estava planejando pedir 100 exemplares do livro. Mas apesar do óbvio interesse que o livro estava gerando, a editora britânica não avaliou a escala de seu sucesso com suficiente rapidez. Mark Barty-King, da Bantam britânica, tinha decidido aumentar a primeira tiragem de 5 mil para 8 mil exemplares, mas estes foram vendidos no final de seu primeiro dia nas lojas. Mais uma vez uma reimpressão imediata foi solicitada. No início de 1991, *Uma breve história do tempo* tinha chegado a vinte reimpressões na Grã-Bretanha e ainda estava vendendo em média 5 mil exemplares por mês em capa dura. O livro deixava as prateleiras mais rápido do que os impressores podiam produzir novos exemplares. Diz-se que o comprador da W. H. Smith afirmou: "A demanda para o livro superou completamente o que estávamos esperando. Era praticamente um livro *cult*".[16]

Resenhas apareceram em publicações que iam da *Nature* ao *Daily Mail* e todas eram favoráveis. Aparecia uma entrevista atrás da outra em jornais e revistas. Hawking estava se tornando uma celebridade tal que tinha que selecionar os jornalistas com quem ia conversar.

"Era interessante ver as entrevistas que ele dava", disse Wendy Tury, da Transworld. "Ele queria que todas fossem como o *Sunday Mirror*, por exemplo."[17]

A atitude de Hawking indicava que ele queria alcançar o público mais amplo possível. Ele queria que encanadores e açougueiros lessem seu livro, bem como médicos, advogados e estudantes de ciência:

> Fico feliz que um livro sobre ciência concorra com as autobiografias de estrelas pop. Talvez ainda haja esperança para a raça humana. Fico muito feliz por ele alcançar o público em geral, não só acadêmicos. É importante que todos te-

> nhamos uma idéia do que é a ciência, porque ela tem um papel muito importante na sociedade moderna.[18]

Entrando na lista de best-sellers do *Sunday Times* duas semanas depois de seu lançamento, ele rapidamente chegou ao número um, onde permaneceu inconteste por todo o verão. O livro já quebrara muitos recordes e na verdade ia quebrá-los todos — ficando na lista da Grã-Bretanha por estonteantes 234 semanas e registrando vendas britânicas de mais de 600 mil exemplares em capa dura antes que a Bantam decidisse lançar o livro em brochura em 1995.

As pessoas começaram a parar Hawking na rua e declarar sua mais profunda admiração. Timothy disse que ficava constrangido com esses incidentes, mas Stephen se deliciava. Um crítico comparou *Uma breve história do tempo* a *Zen e a arte da manutenção de motocicletas*.* A família e os amigos ficaram apavorados, mas Hawking considerava isso um cumprimento — um claro sinal de que ele conseguira atingir seu público-alvo.

Os críticos e comentaristas pareciam bestificados com o sucesso do livro. John Maddox, editor da *Nature*, escreveu no final de 1988:

> Quem se preocupa com a suposta ignorância do público em relação à ciência deve certamente ter o conforto de saber que nos Estados Unidos há em circulação, agora, 600 mil exemplares do livro *Uma breve história do tempo*, do Prof. Stephen Hawking.
>
> Curiosamente, entre umas vinte pessoas que questionei durante uma visita à Califórnia (nem todas cientistas), não descobri nenhuma que não soubesse do livro, havia três que possuíam um exemplar e nenhuma que já o tivesse lido. Isso parece estranho para um volume de apenas 198 páginas, cuja estimativa do tempo de leitura, feita pelo autor, pode ser inferida a partir de sua declaração de que mil calorias de nutrientes serão necessárias para apreender seu conteúdo, aproximadamente em meio dia.
>
> Na verdade, há um estranho embaraço sobre o livro. Uns dizem que é um *cult*, ou descrevem o Prof. Hawking como uma figura *cult*. Na Califórnia, acos-

*Um sucesso *cult* dos anos 1970.

tumada ao ir e vir de gurus que diferem em capacidade de persuasão, esta explicação pode parecer natural. Mas mesmo a Califórnia não pode ter absorvido todos os 600 mil exemplares.[19]

Em agosto de 1988, Simon Jenkins, do *Sunday Times*, escreveu:

> Estou completamente desorientado. Em todo este verão, um livro escrito por um professor de matemática de 46 anos de Cambridge, sobre o problema de equacionar a teoria da relatividade com a mecânica quântica, ficou na lista de best-sellers de não-ficção. No último mês, ficou no topo. Derrubou Michael Jackson e Pablo Picasso. *Uma breve história do tempo*, de Stephen Hawking, atingiu cinco edições e 50 mil exemplares em capa dura. É um verdadeiro arrasa-quarteirão.[20]

Todos, inclusive muitos que o colocaram na lista dos mais vendidos, pareciam espantados com o apelo cosmopolita do livro. Era óbvio que Hawking tinha conseguido atingir a honra de ter encanadores e açougueiros comprando seu livro. Simplesmente não havia tantos estudantes de ciência no mundo que fossem responsáveis pelo número das vendas. Um escritor contou a seguinte história sobre um cientista que parou em uma oficina na América e começou a conversar com o mecânico. Quando o mecânico descobriu que o motorista era cientista, perguntou: "O senhor conhece o professor Hawking? É o meu ídolo".[21] De repente todo mundo era fã de Hawking, e todo mundo tinha uma teoria de como o livro tinha se tornado um sucesso tão extraordinário.

Então, qual é o segredo de seu sucesso? Esta questão ainda está em aberto, anos depois de *Uma breve história do tempo* fixar residência na lista dos mais vendidos.

Em abril de 1991, quase três anos depois do lançamento na Grã-Bretanha, um minúsculo artigo apareceu na seção de fofocas "Weasel" da revista *Independent*, indagando quantas pessoas realmente leram o livro:

> O brilhante Sr. Bernard Levin admitiu em sua coluna do *Times* que foi incapaz de ir além da página 29 de *Uma breve história do tempo*, do professor Stephen

Hawking. Isto levanta a questão: se o brilhante Sr. Levin só conseguiu ir até a página 29, qual é a média provável de páginas dos que embarcaram na busca pelo conhecimento da origem do universo?

Mas permanece o fato de que este pequeno tratado científico, pelo qual a Bantam cobra 14,99 libras, vendeu 500 mil exemplares somente neste país, e que em julho próximo completará três anos inteiros na lista de best-sellers. Compreensivelmente, os editores não têm planos de lançar uma edição em brochura.

Como explicar o sucesso extraordinário de um livro que tão poucos compradores são capazes de entender? Psiquiatras amadores apontam para o problema físico do autor. Ele é uma vítima da doença do neurônio motor, desenganado pelos médicos anos atrás. Mas, contra todas as expectativas, ele escreveu seu livro. Esta é uma história de heroísmo, mas será o suficiente para explicar seu sucesso?

Acho que não. Nem será uma explicação dizer que os leitores esperam desco brir a verdade sobre as origens do mundo em que vivem. Teremos de admitir agora que não há uma resposta fácil. O mistério do sucesso do livro é quase tão desnorteante e fascinante quanto o mistério das origens do universo. Estou preparado para oferecer uma pequena recompensa (digamos, 14,99 libras) a qualquer leitor que me der uma explicação que seja absolutamente convincente.[22]

O artigo provocou uma chuva de cartas, inclusive uma da mãe de Hawkin Isobel, publicada na semana seguinte, em que ela escreveu:

Senhor: Tenho de declarar que sou suspeita para falar, por ser mãe do Prof. Stephen Hawking, mas tenho algumas idéias sobre os motivos para o sucesso de *Uma breve história do tempo*... Um sucesso que surpreendeu o próprio Stephen. Acredito que os motivos são complexos, mas tentarei simplificá-los — como o senhor constatará.

O livro é bem escrito, o que o torna de leitura agradável. As idéias são difíceis, não a linguagem. Não tem pompa nenhuma; em nenhum momento ele menospreza seus leitores. Ele acredita que suas idéias são acessíveis a qualquer pessoa interessada. Isto é controverso; muitos se opõem a suas conclusões em um nível ou outro, mas ele é instigante.

> Certamente sua luta contra a doença contribuiu para a popularidade do livro, mas Stephen passou por um longo caminho antes que o livro fosse sequer imaginado. Ele não angariou suas distinções acadêmicas, bem como as demais, por causa da doença do neurônio motor.
>
> Não afirmo compreender o livro eu mesma, embora eu o tenha lido até o fim antes de chegar a esta conclusão. Acho que minha idade e meu tipo de condicionamento mental têm alguma coisa a ver com minha incompreensão. Sem desejar duvidar do brilhantismo intelectual do Sr. Levin, devo hesitar em presumir que a maioria das pessoas compartilhe a sua incompreensão.[23]

O último argumento de Isobel Hawking parece ter chegado perfeitamente à raiz da questão. Embora alguns considerassem a educação clássica em "humanidades Oxbridge" (Oxford e Cambridge) o perfeito fundamento para uma identificação como "intelectual", há outras formas de educação que, à medida que nos precipitamos para o século XXI, podem ser mais adequadas para os "intelectuais" do futuro. Pergunte a qualquer cientista sobre os preconceitos do cientificamente não treinado. Tais pessoas tornam-se conhecidas em qualquer festinha normal. O cientista sociável tem um excesso de histórias tristes de como o não iniciado protege sua própria ignorância com um menosprezo típico de um Levin, quase revelando o fato de que não entende de assuntos científicos. É com freqüência mais fácil fazer uma piada de coisas que você não deseja admitir do que ser sincero e enfrentá-las. Na Grã-Bretanha, especialmente, esta xenofobia é alimentada pelos vestígios de imagens vitorianas do cientista visto como um operário melhorado sujando as mãos em um laboratório, embromando com substâncias químicas e instrumentos de aparência bizarra.

Entre outros que responderam ao artigo do "Weasel", estava outra carta que expôs com elegância tal esnobismo intelectual equivocado:

> Senhor: O senhor está enganado em pensar que poucos compradores de *Uma breve história do tempo* são capazes de entender a obra. Apenas os que, como Bernard Levin, tiveram uma educação limitada, têm esta dificuldade.
>
> Meu filho de 17 anos que é estudante de física do Nível A achou o livro muito fácil de entender e desejou que Stephen Hawking o tivesse escrito com

maior profundidade. Este rapaz nunca lê um romance e em geral só compra o *Sun*. Ele reclamaria as 14,99 libras oferecidas pelo Weasel àqueles que pudessem explicar a popularidade do livro de Hawking, mas não acredito que seja capaz de escrever uma carta.

Isso corrobora a teoria (...) de que há diferentes tipos de inteligência. Assim como existem cientistas filisteus, há uma *intelligentsia* em humanidades que é matemática e cientificamente analfabeta. Não nos incomodemos com Shakespeare: talvez as escolas devessem ensinar conceitos que ajudem a compreender as bases da natureza do Universo.[24]

Apesar destas opiniões francas, um grande número de pessoas acredita que *Uma breve história do tempo* acabou sendo *o* livro com o qual ser visto nos anos 80 e 90. Logo depois da publicação, apareceram vários artigos, em que o escritor comentava o fato de que amigos e colegas estavam concorrendo para ver quem conseguia ler o livro todo mais rápido. Os dois autores deste livro compararam notas sobre os comentários de nossos amigos não cientistas (e às vezes aqueles cientificamente educados também), que afirmaram em jantares que estão tentando "uma página por dia", ou que estão "três páginas na frente de meu vizinho". Até Simon Jenkins, que demonstra uma alta consideração por Hawking e seu livro continuamente, entrou na briga:

Tenho certeza de que Hawking está se beneficiando da "sabedoria por associação". Comprar um livro é uma atitude mais virtuosa do que meramente ler uma resenha dele, mas não precisa envolver sua leitura. À mesa do café ou no banheiro, um livro é o equivalente intelectual de uma etiqueta Gucci costurada em uma bolsa ou um jacaré em uma camiseta.[25]

Outros afirmaram que *Uma breve história do tempo* vendeu tanto porque foi capturado por uma geração perdida de ambientalistas pós-yuppies que o viam como o símbolo da sabedoria de uma nova era, que de certa forma assume uma importância semi-religiosa em sua mente. É claro que Hawking acha essas idéias hilariantes.

Então, o que os colegas de Hawking pensam de seu livro? Para dizer a verdade, muitos nem o leram, afirmando que dificilmente o vêem como uma leitura de praia. Entre os que o têm, as opiniões são variadas. Vários chegaram à conclusão de que Hawking não foi longe o bastante e que o livro devia ter o dobro do tamanho, mas que talvez seja o profissional neles falando.

Alguns gostaram; outros, não. Mais de um físico disse que achava que Hawking estava errado ao integrar conclusões científicas aceitas e estabelecidas com suas especulações controversas sem informar ao leitor leigo das distinções entre as duas. Outros acreditam que a insistência de Hawking em incluir biografias curtas de Galileu, Newton e Einstein no final do livro é pretensiosa — implica que o autor achava que o nome "Hawking" seria o próximo na fila em qualquer *Uma breve história do tempo* futuro. Esta última visão parece discordar da opinião do próprio homem sobre o *frisson* da mídia em torno de seu *status*. Pois ele afirmaria que eles é que fizeram esta declaração, e não ele próprio. Outros argumentariam que ele tinha toda razão em se colocar à mesma luz do triunvirato ilustre.

Qualquer que seja a razão do extraordinário sucesso do livro, ele superou de longe as expectativas mais loucas de editoras que o compraram, o agente que viu seu valor comercial e, sobretudo, o escritor e o editor que o criaram.

A história final de seu apelo cosmopolita fica por conta do físico russo Andrei Linde. Logo após a publicação do livro, ele estava em um avião rumo aos Estados Unidos, indo a uma conferência e, por acaso, o que não era incomum, estava sentado ao lado de um homem de negócios. Em algum momento do vôo ele deu uma olhada e percebeu que o homem estava lendo o livro de Hawking. Sem ter sido apresentado e antes do habitual bate-papo, eles entabularam uma conversa sobre o livro.

— O que está achando dele? — perguntou Linde.

— Fascinante — disse o executivo. — Não consigo largá-lo.

— Ah, que interessante — respondeu o cientista. — Eu o achei muito pesado em algumas partes e não entendi completamente outras.

Neste ponto o executivo fechou o livro no colo, inclinou-se com um sorriso compassivo e disse:

— Deixe que eu lhe explique...

# 15

# O fim da física?

Stephen Hawking gosta de sugerir que o fim da física teórica pode estar à vista. Ouvir Hawking lhe contar que a física pode estar chegando ao fim era um tipo de clichê na área na década de 1980, assim como no início da década ele usava sua aula inaugural de professor lucasiano para colocar a questão. Dez anos depois, o fim não parecia mais próximo do que naquela época, mas ele ainda o proclamava com otimismo. Mas mesmo que a física teórica realmente esteja chegando ao "fim" que Hawking prevê com tanta ansiedade, ainda haveria muito trabalho para os físicos.

Em uma entrevista à *Newsweek* em 1988, Hawking disse que depois de descobrir uma teoria de tudo, "ainda haverá muito a fazer", mas a física então seria "como fazer alpinismo depois de escalar o Everest".[1] Outros cosmólogos, inclusive Martin Rees, preferem uma analogia um tanto diferente. Eles assinalam que aprender as regras do xadrez é somente o primeiro passo de um longo e fascinante caminho para se tornar um grande mestre. A muito procurada teoria de tudo, dizem eles, não seria mais que a física equivalente das regras do xadrez, e o *status* de mestre ainda estaria longe no horizonte.

A meta imediata da física — o Santo Graal que Hawking e alguns outros pesquisadores acreditam estar próximo — é uma teoria unificada, completa e coerente em que todas as interações físicas são descritas em um único conjunto de equações. Para demonstrar o que isso significa e como a pesquisa dessa teoria deve ser desanimadora, vamos dar uma olhada na moderna compreensão do modo como funciona o Universo, o que requer quatro teorias separadas para explicar diferentes características do mundo.

No século XIX, somente duas teorias eram necessárias (e assim, de certa forma, a física se tornou mais complicada nos últimos cem anos). A teoria da gravitação de Newton descrevia a força que mantém os planetas em órbita em torno do Sol ou faz uma maçã cair de uma árvore; as equações do eletromagnetismo de Maxwell descreviam o comportamento da radiação, inclusive da luz, e as forças que operam entre partículas eletricamente carregadas ou entre magnetos.

Como explicamos no Capítulo 2, porém, estas duas teorias eram incompatíveis. As equações de Maxwell estabelecem uma velocidade para a luz que é a mesma para todos os observadores, enquanto a mecânica newtoniana dizia que a velocidade medida da luz dependeria do movimento do observador. Esta dicotomia era um dos principais motivos para Einstein desenvolver primeiro a teoria especial e depois a teoria geral da relatividade — uma teoria aprimorada da gravitação que é compatível com as equações de Maxwell. A teoria geral da relatividade e a de Maxwell são, contudo, teorias "clássicas", no sentido estrito do termo. Isto é, elas tratam o Universo como um *continuum*. O espaço, na visão clássica, pode ser subdividido e medido nas menores unidades que você desejar, enquanto a energia eletromagnética pode vir na menor quantidade que você desejar.

A revolução quântica mudou a forma como os físicos vêem o mundo. Eles agora consideram o Universo descontínuo, com um limite definido sobre o quanto um "pedaço" de energia eletromagnética pode ser pequeno, e mesmo sobre quão pequena pode ser uma unidade de tempo ou uma medida de distância. Foram descobertas relacionadas com a natureza da luz que levaram à revolução quântica, e o eletromagnetismo foi por fim suplantado por uma nova teoria, a eletrodinâmica quântica (QED, *quantum electrodynamics*), que incorpora o melhor da teoria de Maxwell com as novas regras quânticas.

Mas a QED só se estabeleceu na década de 1940, época em que duas "novas" forças estavam na agenda. As duas forças têm apenas um alcance muito curto e operam somente dentro do núcleo de um átomo (e é por isso que eram desconhecidas no século XIX, antes da descoberta do núcleo). Uma é chamada de força forte e age como a cola que mantém unidas as partículas no núcleo; a outra é conhecida como força fraca (porque, logicamente, é mais fraca que a força forte), e é responsável pelo desintegração radioativa.

Mas de muitas maneiras a força fraca se assemelha à força eletromagnética. Baseando-se no sucesso da QED, nas décadas de 1950 e 60 os físicos desenvolveram uma teoria matemática que podia descrever tanto a força fraca quanto o eletromagnetismo em um só conjunto de equações. Foi chamada teoria "eletrofraca" e fez uma previsão fundamental: à força fraca, deviam estar associados três tipos de partículas que têm o mesmo papel que o fóton (a partícula de luz) na QED. Ao contrário do fóton, contudo, estas partículas (conhecidas como $W^+$, $W^-$ e $Z^0$) deviam, de acordo com a nova teoria, ter massa. Não só qualquer massa antiga, mas massas muito bem determinadas — cerca de nove vezes a massa de um próton para as duas partículas W e oito vezes a massa do próton para a $Z^0$. Em 1983 a equipe do acelerador de partículas do CERN, em Genebra, encontrou vestígios de partículas com exatamente as propriedades corretas. A teoria eletrofraca foi um sucesso comprovado, e os físicos estavam de volta a somente três teorias necessárias para explicar o funcionamento do Universo.

Com este sucesso em mãos, os teóricos desenvolveram uma teoria similar à QED para descrever a força forte. Agora sabemos que as partículas nucleares (prótons e nêutrons) são na verdade feitas de entidades fundamentais conhecidas como *quarks*. Os *quarks* têm diferentes variedades, e os físicos, por capricho, deram a elas nomes de cores — vermelho, verde e azul. Isso não significa que os *quarks* sejam mesmo vermelhos, verdes ou azuis, da mesma forma que quando se diz que um drinque tem um aroma ferrugento não quer dizer que realmente contenha ferro oxidado. São só nomes. Mas, por um capricho ainda maior, os físicos chamam a teoria quântica que descreve como os *quarks* interagem, responsável pela força forte, de "cromodinâmica quântica", ou QCD (*quantum chromodynamics*, do grego para "cor"). Agora há várias formas promissoras sendo investigadas que podem levar a uma única teoria que envolva tanto a QCD como a teoria eletrofraca. Tais conjuntos de equações são conhecidos, muito pretensiosamente, como Grandes Teorias Unificadas, ou GUT (*Grand Unified Theories*). Mas a QCD ainda não está tão bem estabelecida quanto a teoria eletrofraca, e as próprias GUT apenas indicam a forma que pode assumir uma teoria futura definitiva.

O que é ainda pior, chamar de Grandes Teorias Unificadas torna-as mais pretensiosas devido ao fato de que nada do progresso em direção à unificação deve alguma coisa à gravitação! A primeira força da natureza a ser investigada, e pelo menos parcialmente compreendida, mostrou-se a mais intratável quando se tentou ajustá-la ao molde quântico. Sem a gravidade incluída em sua trama, parece justo dizer que — parafraseando um famoso comentário de Hawking sobre os buracos negros — as Grandes Teorias Unificadas afinal não são tão grandes assim. Apesar do sucesso de Hawking em usar uma unificação parcial da teoria quântica e da relatividade geral em sua pesquisa dos buracos negros e do começo dos tempos, a gravidade ainda é mais bem descrita pela teoria geral da relatividade — uma teoria clássica do *continuum*.

A perspectiva de incorporar a gravidade ao que, supomos, teria sido chamado uma "teoria superunificada" ficou "muito próxima" por mais de uma década. Logicamente, podíamos supor que primeiro precisávamos desenvolver uma teoria quântica da gravitação e depois, a partir dela, formular uma unificação com as outras três forças. Uma característica de uma teoria quântica da gravitação como essa é que ela também deve incorporar partículas que são associadas com a força gravitacional, novamente lembrando o modo como os prótons são associados com o eletromagnetismo. (No caso de você estar se perguntando, sim, existem partículas similares chamadas "glúons", mas ninguém as detectou ainda.) Os físicos já têm um nome para essas partículas hipotéticas da gravidade — "grávitons". Mas assim como dizer que um *quark* é vermelho não significa que ele realmente tenha a cor vermelha, dar à partícula quântica da gravidade um nome não quer dizer que alguém já tenha encontrado uma ou que alguém já tenha apresentado uma teoria quântica satisfatória da gravitação.

Na época da aula inaugural de Hawking em 1980, os pesquisadores estavam ficando empolgados com uma família de possíveis teorias quânticas da gravitação, que reuniram sob o nome de supergravidade. Uma versão da supergravidade é chamada de "*N* = 8", porque prever a existência de um tipo de gráviton também requer outras oito variedades de partículas conhecidas como gravitinos (junto com mais 154 variedades de outras partículas ainda não descobertas). A pletora de partículas associadas a essa versão preferida da supergravidade pode parecer pesada demais, e é, mas não representa um progresso considerável em relação às tentativas anteriores de descobrir uma teoria quântica da gravitação, que parecia exigir um número infinito de "novas" partículas. Na verdade, de todas as variações sobre o tema da supergravidade, N = 8 é apenas uma variação que opera naturalmente em quatro dimensões (três de espaço, mais uma de tempo) e contém um número finito de partículas. Certamente conseguiu o voto de Hawking como a teoria que mais provavelmente faria sucesso em 1980.

Tudo mudou nos anos seguintes. Em meados dos anos 80, o entusiasmo pela supergravidade tinha passado com uma maré crescente de apoio a um tipo completamente diferente de idéia, conhecida como a teoria das cordas. A idéia central da teoria das cordas é que as entidades que nos acostumamos a considerar pontuais (como elétrons e *quarks*) são na verdade lineares — "cordas" minúsculas. Tais cordas seriam muito pequenas: seriam necessárias $10^{20}$ delas, ligadas pelas extremidades, para chegar ao diâmetro de um próton. Essas cordas podiam ser abertas, com suas extremidades ondulando livremente, ou fechadas em pequenos anéis. De qualquer forma, alguns teóricos acreditam que a forma como vibram e interagem pode explicar muitas características do mundo físico.

A teoria das cordas data na verdade do final da década de 1960, quando foi invocada como descrição da força forte. O sucesso da QCD deixou de lado a primeira versão da teoria das cordas, embora alguns matemáticos estivessem às voltas com ela, sem qualquer interesse nas equações e sem nenhuma expectativa de fazer uma inovação importante para unificar nossa compreensão das forças da natureza. Em meados dos anos 70, dois destes pesquisadores, Joël Scherk, em Paris, e John Schwarz, no Caltech, realmente encontraram uma forma de descrever a gravidade usando a teoria das cordas. Mas a resposta de seus colegas foi, essencialmente: "E quem precisa disso?" Na época, a maioria dos pesquisadores da gravidade estava mais interessada na supergravidade. A teoria das cordas não era necessária para explicar a força forte e a supergravidade parecia promissora; então, por que se incomodar com cordas?

Essa atitude mudou quando ficou claro que era pavorosamente difícil fazer quaisquer cálculos usando a teoria da supergravidade $N = 8$. Mesmo que não houvesse infinitos com que se preocupar, 154 tipos de partículas, além do gráviton e de oito gravitinos, eram demais para controlar matematicamente. Hawking disse que se supunha no início da década de 1980 que, mesmo usando um computador, seriam necessários quatro anos para concluir um cálculo, verificando todas as partículas na teoria que estavam envolvidas, sem nenhum infinito escondido em algum lugar, e que seria quase impossível realizar o cálculo sem cometer um erro. Assim, ninguém estava preparado para desistir de sua carreira para fazer o cálculo.

O principal motivo para que o interesse na teoria das cordas renascesse em meados dos anos 80 foi a percepção de que, em sua forma mais satisfatória, estas teorias *automaticamente* incluíam o gráviton. Em outras tentativas de formular uma teoria quântica da gravitação, os pesquisadores começaram a conhecer as propriedades que um gráviton devia ter e tentaram formular uma teoria em torno delas, mesmo que isso significasse colocar a bordo outras 162 partículas. Com a teoria das cordas, eles estavam trabalhando com as equações quânticas de uma forma geral, fazendo jogos matemáticos, e descobrindo que as alças fechadas de cordas descritas por algumas equações tinham exatamente as propriedades exigidas para uma descrição da gravidade — eram, na verdade, grávitons. Inevitavelmente, a nova variação sobre o tema das cordas foi batizada de "teoria das supercordas". Em 1988, com a publicação de *Uma breve história do tempo*, estava aberta a estrada para a superunificação que Hawking defendia com tanto entusiasmo.

Mas ainda havia alguns problemas. Um é que as pessoas ainda não tinham certeza do que significavam todas as equações. Como ilustra o exemplo do gráviton, as equações vieram primeiro, com o *insight* físico de seu significado ficando para trás, e ainda havia muitas equações para as quais ainda não havia *insight* físico. Isso é muito diferente da forma como os grandes desenvolvimentos na física foram feitos no início do século XX e, na verdade, séculos antes, até na época de Newton. Por exemplo, Einstein costumava contar que um dia estava sentado em sua sala em Berna quando subitamente teve a idéia de que um homem caindo do teto não sentiria a força da gravidade enquanto estivesse caindo. Este *insight* sobre a natureza da gravidade levou diretamente à teoria geral da relatividade — primeiro o *insight* físico, depois as equações. Exatamente o mesmo processo aconteceu quando Newton observou a maçã cair de uma árvore e depois desenvolveu a teoria da gravidade.

Mas parece que a ciência, ou pelo menos a física, não funciona mais assim. Um dos pioneiros da teoria da supergravidade é Michael Green, do Queen Mary College, em Londres. Em um artigo na *Scientific American*, em 1986, ele assinalou que, com a teoria das cordas,

> os detalhes têm de vir primeiro; ainda estamos tateando em busca de um *insight* unificado na lógica para a teoria. Por exemplo, a ocorrência do gráviton sem massa (...) parece acidental e de certo modo misteriosa; gostaríamos que eles surgissem naturalmente em uma teoria, depois que os princípios unificados estivessem bem estabelecidos.[2]

Outra esquisitice da teoria das supercordas não parece perturbar os matemáticos, mas demonstra com muita clareza aos mortais menores o quanto estas idéias têm se desgarrado da realidade do dia-a-dia. O que pareciam ser as melhores versões das teorias das supercordas, as únicas em que os grávitons pareciam surgir naturalmente (embora misteriosamente) das equações, só funcionam em uma matéria de 26 dimensões. Assim, se as supercordas realmente descrevem o funcionamento do Universo, onde se escondem todas as dimensões extra?

Na verdade, os matemáticos têm pouca dificuldade em dispor de dimensões "extra" do espaço. Eles usam um truque que chamam "compactação", que pode ser compreendido observando-se a aparência de objetos vistos de diferentes distâncias no mundo cotidiano. A imagem padrão que eles nos pedem para conjurar é de uma mangueira de borracha. Vista de perto, fica claro que uma mangueira consiste em duas folhas de material bidimensional enrolados em torno de uma terceira dimensão. Mas se nos afastamos da mangueira e a estudamos de longe, parece ser uma linha unidimensional. Se olharmos a extremidade dessa linha unidimensional, ela chega a parecer um ponto, com dimensão zero.

Considerando um exemplo ligeiramente diferente, todos sabemos, por experiência diária, que a superfície da Terra não é nada homogênea — ela tem rugas e lombadas, chamadas de vales e montanhas, tão extremas que em alguns lugares é impossível andar pela superfície. Mas para um astronauta, longe no espaço, a superfície parece ser muito lisa e regular.

Pode ser por isso que não percebemos as outras duas dimensões do espaço. Elas podem estar enroladas, ou "compactadas" no equivalente multidimensional de cilindros e esferas. Cada ponto do espaço que percebemos deve realmente ser um nó de espaço de 22 dimensões, enrolado muito apertado, de forma que não podemos ver as lombadas. O quanto é apertado? Grosseiramente falando, a estrutura complexa do espaço somente seria aparente em uma escala de menos de $10^{-30}$ centímetro. (Por comparação, o núcleo típico de um átomo tem cerca de $10^{-13}$ cm, transversalmente. Assim, um núcleo é cerca de 100 quatrilhões de vezes maior que os nós na estrutura do espaço. Em relação ao núcleo, os nós são 100 mil vezes *menores* que um núcleo, comparados com nosso polegar.)

Embora os matemáticos não tenham problema para descrever essa compactação fenomenal, surge a interessante questão de por que 22 dimensões devem ter se enrolado desta forma, enquanto as outras três dimensões de espaço vêm se expandindo desde o Big Bang. O que é intrigante, a familiar lei da gravitação e as equações do eletromagnetismo descoberta por Maxwell somente "funcionam" em um universo onde haja três dimensões de espaço mais uma de tempo. Se, por exemplo, houvesse mais dimensões espaciais, não haveria órbitas estáveis a serem seguidas pelos planetas em torno de uma estrela central. A mais leve perturbação e o planeta cairia na estrela e seria queimado, ou ficaria à deriva no espaço e congelaria. De fato, como assinala Hawking, sequer haveria alguma estrela estável — qualquer coleção de gás e poeira ou se romperia ou entraria em colapso imediatamente em um buraco negro.

Assim, as leis da física podem estar nos dizendo que, qualquer que seja o número de dimensões com que você comece, todas, exceto as três dimensões espaciais e a dimensão do tempo, devem ser instáveis e se compactar. Há ainda uma pista, proveniente de pesquisa recente, de que o colapso das outras 22 dimensões pode ter proporcionado a força motora que deu início à expansão das outras três dimensões. E é claro que tudo isso se relaciona com a idéia da cosmologia antrópica, que descrevemos no Capítulo 13. Talvez existam outros universos, outras bolhas de espaço-tempo, onde a compactação agiu de uma forma um pouco diferente, deixando, talvez, seis ou sete dimensões espaciais (ou apenas uma). Mas, uma vez que aqueles universos não representarão um lugar adequado para nenhuma forma de vida, não haverá ninguém neles tentando decifrar o enigma da natureza da física. Se formas de vida como nós podem existir somente em um universo com três dimensões espaciais, não é de espantar que o Universo em que vivemos tenha somente três dimensões espaciais!

Assim, a que ponto chegou o estudo da física para responder às questões definitivas da vida e do Universo? Será que não haverá mais trabalho nenhum para os físicos teóricos no século XXI?

Em 1980, em sua aula lucasiana, Hawking sugeriu que podemos ver o fim da física "no final do século". Com isso ele quis dizer que os físicos teriam uma teoria completa, coerente e unificada das interações físicas que descrevem todos os fenômenos observáveis. Algo em torno da teoria das supercordas, talvez.

Como Hawking admite, houve ocasiões anteriores em que os físicos pensaram que estavam prestes a descobrir todas as respostas. Mais notoriamente, no final do século XIX, havia uma sensação geral de que, com as equações de Maxwell e Newton firmemente estabelecidas, todo o resto seria meramente uma questão de detalhes, uma questão de colocar os pingos nos "is" da ciência. Dificilmente tal sensação estava firmemente estabelecida quando a física voltou-se para as revoluções gêmeas da teoria quântica e da teoria da relatividade. E todavia, no final da década de 1920 — somente uma geração depois —, o pioneiro da física quântica, Max Born, estava dizendo às pessoas que em seis meses não haveria mais nada de significativo para os físicos teóricos fazerem.

Na época, as únicas partículas fundamentais conhecidas eram o elétron e o próton, e parecia a Born que elas eram bem compreendidas. Mas no início da década de 1930, o nêutron foi descoberto, e agora sabemos que tanto o nêutron como o próton são feitos de partículas ainda mais fundamentais, os *quarks*.

Mesmo dando uma dimensão real ao otimismo de Hawking de 1980, isto não significa que todos os físicos estariam desempregados depois do ano 2000. Como Hawking enfatizou em sua aula, as leis da física que tanto orgulhavam Born sessenta anos atrás realmente eram tudo de que precisamos, em princípio, para descrever o comportamento das reações químicas. Já os processos biológicos dependem da química de moléculas complexas. A química depende quase inteiramente das propriedades de elétrons, e na década de 1920 Paul Dirac descobriu uma equação quântica que descreve exatamente como os elétrons se comportam. O problema é que esta equação é tão diabolicamente complexa que ninguém foi capaz de resolvê-la, exceto para o átomo mais simples possível (o hidrogênio), que tem um só elétron orbitando um único próton. Nas palavras de Hawking, em sua aula lucasiana:

> Embora a princípio conheçamos as equações que governam toda a biologia, não somos capazes de reduzir o estudo do comportamento humano a um ramo da matemática aplicada.

Mesmo que tenhamos uma genuína teoria unificada que contenha todas as forças da natureza, seria muito mais difícil usá-la para entender o comportamento de todo o Universo do que foi entender o nosso comportamento usando a equação de Dirac. Assim, ainda há muito trabalho a ser feito pelos físicos teóricos.

Na época em que apareceu *Uma breve história do tempo*, em 1988, Hawking estava sendo mais cauteloso com relação ao possível fim da física teórica. Ele falava de "se" descobrirmos uma teoria complexa e não "quando" a descobrirmos. Na verdade, embora a ressonância milenar da possibilidade de descobrir uma teoria completa no ano 2000 tenha dito um óbvio apelo em 1980, esta é uma das perspectivas que continuam a ser relegadas ao futuro. Como dissemos, os físicos têm falado de um fim para a física "bem próximo" por pelo menos vinte anos, e em geral, se pressionados, eles diriam que o "próximo" que esperam estaria uns vinte anos à frente — em qualquer momento em que você lhes faça a pergunta! À medida que entramos em um novo século, mesmo o físico mais otimista fixa a data para a descoberta de uma teoria completa não antes de 2020, e a maioria se recusa a se deixar levar por tais especulações.

Mas talvez eles devam considerar com alguma urgência a questão de se descobrir a teoria definitiva. Porque no final da aula lucasiana, Hawking fez outra previsão, uma previsão que resistiu ao teste do tempo (até agora). Comentando os rápidos desenvolvimentos feitos com os computadores durante a década de 1970, ele disse que "parece muito possível que eles assumam completamente o controle da física teórica" em um futuro próximo. Isso não aconteceu ainda. Embora o progresso com os computadores tenha sido ainda mais drástico na década de 1980 do que na de 70 (por exemplo, estamos escrevendo estas palavras usando computadores mais poderosos do que os disponíveis a todo um departamento cheio de matemáticos na década de 1970), os computadores ainda precisam ter seus esforços orientados por cientistas humanos. Mas problemas complexos como cálculos envolvendo cordas de 26 dimensões seriam inconcebíveis sem a ajuda de computadores. Talvez seja mais provável que os computadores não precisem mais de orientação humana para lidar com estes problemas no final do século XX do que os físicos humanos venham a descobrir sua muito procurada teoria definitiva. O comentário mais presciente de todos, na aula inaugural de Hawking, pode na verdade ter sido sua última frase, que proporciona um final adequado para nossa discussão de sua contribuição para a ciência:

> Talvez o fim esteja próximo para os físicos teóricos, se não para a física teórica.

# 16

# Hollywood, fama e fortuna

De sua concepção à lista de best-sellers, *Uma breve história do tempo* consumiu mais de cinco anos. No mesmo período, Hawking continuou sua pesquisa e a administração do DAMTP. Em 1984, muito antes que o primeiro rascunho estivesse concluído, Hawking fez uma turnê de conferências pela China. O itinerário da viagem teria sido exaustivo para um homem fisicamente capaz, mas ele insistiu em se fartar ao máximo durante a visita. Circulou com sua cadeira de rodas pela Grande Muralha, viu as atrações turísticas de Pequim e deu palestras a auditórios lotados em várias cidades. Dennis Sciama disse que ele acreditava que a viagem exigiria muito de Hawking e chegou a sugerir que ela talvez tenha ajudado a precipitar sua subseqüente doença na Suíça menos de um ano depois.

Mas houve outros esforços pelo caminho. No início do verão de 1985, Hawking fez uma turnê de palestras pelo mundo. Uma das escalas mais importantes foi a Fermilab, em Chicago. No coração do grupo de cosmologia da Fermilab estavam três personalidades que chamavam muita atenção, Mike Turner, David Schramm e Edward Kolb, que talvez tenham contribuído para a lenda e as histórias que cercam a fraternidade da cosmologia global tanto quanto o fizeram pela ciência.

Mike Turner é um californiano alto e bonito, com uma voz que pode ser confundida com a de Harrison Ford. Sua sala na Fermilab, onde passou a maior parte de sua vida profissional, é cheia de brinquedos e engenhocas. Pendurado no teto estão aviões e OVNIs infláveis. As paredes são forradas de cartões-postais de amigos de todo o mundo, mensagens cômicas e imagens excêntricas, o chão coberto de livros e caixas de artigos científicos. Uma parede é dominada por um quadro-negro cheio dos hieróglifos da física; outra se abre para uma vista dos lagos e bosques que cercam as colunas de concreto maciço do prédio central, que se afunila na base e converge no topo, formando um V invertido.

Edward Kolb, conhecido por "Rocky" por causa de sua predileção pelas lutas, é um cosmólogo de Los Alamos que se juntou ao grupo de cosmologia na mesma época que Turner, no início dos anos 80. Ele e Turner tornaram-se grandes amigos e ganharam a fama de dupla cômica da Fermilab, sempre fazendo pegadinhas e provocações. Suas aulas eram invariavelmente espirituosas e divertidas, com Turner freqüentemente usando desenhos reluzentes e coloridos de Darth Vader para ilustrar suas idéias.

O grupo de cosmologia foi criado por David Schramm, diretor do departamento de astronomia da Universidade de Chicago, amigo íntimo de Hawking e uma personalidade formidável no cenário internacional da cosmologia.

Hawking chegou na Fermilab para dar uma palestra técnica a um grande grupo de físicos de todo o mundo e imediatamente descobriu que não havia nem elevador, nem rampa que lhe permitisse chegar à sala de conferências no porão. Turner recorda como ele e Kolb acompanhavam Hawking pelo prédio quando de repente a idéia terrível lhes ocorreu: como eles levariam Stephen para o palco? Eles se olharam e, sem dizer uma palavra, Turner ergueu o corpo leve de Hawking em seus braços e Kolb pegou a cadeira de rodas. No meio do corredor da sala de conferências, Turner conscientizou-se de que todo o público olhava ansioso enquanto eles lutavam para chegar ao palco e de repente se lembrou de como Hawking odiava chamar a atenção para sua deficiência. Na hora, Hawking nada disse sobre o incidente, percebendo, como mencionou mais tarde, que não havia absolutamente nenhuma alternativa.

No dia seguinte ele deu uma palestra pública em Chicago, tendo uma recepção de estrela do rock. O público, todo de pé, lotava o auditório, e várias pessoas tiveram de voltar da porta. Ele era reconhecido em todo lugar aonde ia, e era parado na rua por pessoas interessadas no que ele estava fazendo. O título da palestra era "A direção do tempo". A um público espantado, ele declarou que, em algum momento no futuro distante, o Universo começaria a se contrair, voltando à singularidade, e que durante este colapso o tempo se reverteria — tudo o que tinha acontecido durante a fase de expansão seria reencenado, mas de trás para frente.

Muitos se opunham às idéias de Hawking, inclusive seu amigo íntimo Don Page. Na verdade, o próprio Hawking sabia que estava se aventurando em um terreno inexplorado. Depois da visita, os dois escreveram artigos opostos, publicados na mesma edição da revista científica *Physical Review*. O artigo de Hawking vinha na frente e concluía dizendo que Page tinha alguns argumentos interessantes sobre o assunto, e que ele podia estar certo. Dezoito meses depois, em dezembro de 1986, Hawking voltou a Chicago para dar uma palestra em que anunciou que estava errado em 1985 e agora proclamava que a visão oposta era a correta: o tempo não se reverteria em um Universo contraído.

Na época, Hawking e Guzzardi estavam organizando os originais de *Uma breve história do tempo*, que Al Zuckerman vendia a editoras estrangeiras, e Hawking tinha se acostumado com seu sintetizador de voz gerado por computador. Um engenheiro de computação de Cambridge chamado David Mason projetara e montara uma versão portátil do dispositivo operada por um minicomputador que podia ser ligado à cadeira de rodas de Hawking. Agora sua voz podia ir com ele aonde quer que ele fosse. Ele começou a dar palestras com a nova máquina em 1986. De repente o público podia entender plenamente o que ele estava dizendo, e embora a voz não produzisse frases com a pronúncia britânica que Hawking preferia, agora o que ele tinha a dizer era tão mais claro que ele não precisava mais usar um intérprete.

Inicialmente, comparecer a uma palestra de Hawking é uma experiência muito estranha. Um assistente empurra sua cadeira de rodas para o palco, seu sintetizador de voz é conectado ao sistema de alto-falantes e os discos do computador, que contêm o texto de sua palestra, são inseridos no computador preso ao braço de sua cadeira de rodas. Para o público, Hawking parece totalmente passivo, imóvel, exceto por sua expressão facial, os movimentos minúsculos e imperceptíveis de seus dedos operando o computador. Ele ergue as sobrancelhas e sorri nos momentos apropriados; seus olhos lampejam sob as luzes do palco enquanto sua cabeça pende sobre o peito. Paradas nos bastidores estão duas enfermeiras e um pequeno grupo de alunos de pesquisa, sempre prontos a dar assistência, se necessária. Depois de uma apresentação feita pelo organizador, e quando os aplausos se reduzem, uma voz sem corpo irrompe de repente dos alto-falantes: "Nesta palestra, gostaria de discutir..." Os discos pré-programados podem guardar pouco menos de meia hora de sua palestra, e assim, em um ponto predeterminado da palestra, ele tem de anunciar ao público que está recarregando o computador e continuará em alguns momentos.

Depois da palestra, ele convida o público a fazer perguntas, mas adverte que levará algum tempo para programar as respostas em seu computador. "Enquanto isso", diz ele, "por favor, conversem, leiam o jornal, relaxem." Pode demorar até 10 minutos para se ouvir uma resposta. Um orador anuncia que o professor Hawking agora está pronto para responder, e o público silencia. Não há possibilidade de interação entre quem faz a pergunta e Hawking: a resposta é aceita e a pessoa seguinte está de pé e pronta com outra pergunta. Às vezes a resposta de Hawking é um simples "Sim" ou "Não" rápidos. Às vezes, só para se divertir, ele deliberadamente leva cinco minutos para dar uma resposta monossilábica. O público adora e explode numa gargalhada espontânea. Em várias ocasiões ele esperou cinco minutos só para pedir ao inquiridor que repetisse a pergunta. O tempo não diminuiu em nada o senso de humor inato de Hawking.

Em dezembro de 1990 ele foi convidado a dar uma palestra pública em um simpósio em Brighton. O local era um imenso complexo de auditórios chamado Brighton Conference Centre. Infelizmente para os delegados, o complexo teve de ser compartilhado com o grupo de rock Status Quo, que dava um *show* em uma das principais salas. Entre cinco e sete horas, a intensa concentração de platéias em várias salas e teatros em todo o prédio foi rompida pela banda fazendo a passagem de som no Main Hall.

Entremeando a palestra sobre buracos de minhoca e estrelas de nêutrons dos astrofísicos havia um *tump, tump tump* de um baixo e os gritos dos *roadies* nos microfones, "Um, dois; um, dois; testando, testando; um, dois..."

Na noite anterior à palestra de Hawking, ele era esperado para uma reunião informal em seu hotel às 20h30min. Na hora combinada, um pequeno grupo de jornalistas e amigos chegou, foi conduzido para dentro e se sentou para esperar por ele. Vinte minutos depois, a mãe de Hawking, Isobel, chegou e olhou surpresa para os presentes.

— Onde está Stephen? — perguntou um dos jornalistas. — Ele devia estar aqui às 20h30min.

— Stephen? Ele foi ver o Status Quo — respondeu Isobel.

Um grupo de alunos de Hawking queria ver a banda e mandou um representante descobrir se ainda havia ingressos à venda. Depois de saber que o *show* estava com os ingressos esgotados havia meses, o aluno disse aos organizadores que Stephen Hawking estava na porta ao lado e queria muito ver o Status Quo. Cinco minutos depois ele recebeu alguns ingressos complementares. De acordo com um dos alunos, Hawking se divertiu o tempo todo e assistiu a todo o *show*.

Após a publicação de *Uma breve história do tempo*, houve uma mudança sutil na atmosfera do DAMTP em Cambridge. Havia incessantes solicitações de entrevistas de jornais e revistas de todo o mundo. Em várias ocasiões, nos dois anos seguintes, uma equipe de televisão se apoderava do prédio para fazer um documentário sobre a vida daquele que tinha se tornado o mais famoso cientista do mundo. As mesmas histórias apareceram repetidamente em uma variedade de línguas, todas falando de sua coragem na superação de uma doença paralisante para se tornar um gigante da ciência e um herói da mídia. Um jornalista depois de outro visitava a sala abarrotada na Silver Street para passar uma hora inspiradora com o mais recente herói do público. De volta a seus escritórios, eles escreviam sobre a pintura insípida do DAMTP, os assistentes desmazelados, as sempre presentes enfermeiras e o pôster de Marilyn Monroe na face interna da sala de Hawking.

Apesar dos milhares de palavras escritas sobre ele, muito pouca informação nova apareceu nas páginas da imprensa mundial. Os detalhes da ELA e a sucessão de prêmios e honras que lhe foram concedidos foram exibidos repetidamente, mas Hawking estava decidido a manter alguma privacidade em meio a toda aquela loucura.

Nos Estados Unidos, a ABC fez um perfil de Hawking em sua série *20/20*, enquanto na Grã-Bretanha apareceu um novo documentário, chamado *Master of the Universe*, que ganhou um prêmio da Royal Television Society em 1990. No filme, Hawking aparece rodando pelas ruas de Cambridge, e em uma tomada é visto entrando pela entrada principal do King's College. No outono seguinte à transmissão do programa, o responsável pela admissão ao King's ficou atordoado com o imenso número de candidatos às vagas do curso de matemática da faculdade. Os telespectadores obviamente supuseram que o professor Hawking ensinava e trabalhava no King's College. Na verdade, ele simplesmente usava um caminho através do terreno do King's como um atalho conveniente para sua cadeira de rodas quando rumava para o DAMTP. Mas o King's não decepcionou os brilhantes jovens matemáticos subitamente ansiosos por vagas na faculdade.

Hawking gostava da adulação e da celebridade. Continuou a viajar pelo mundo. Os convites para dar palestras estavam se tornando excessivos e, se não escolhesse cuidadosamente as palestras a que compareceria, gastaria com elas todo o seu tempo. No Japão, foi recebido como um ídolo, tendo o tipo de recepção que em geral é reservada a chefes de Estado ou estrelas do rock de fama internacional. Centenas faziam fila para ouvi-lo em salas de conferência de todo o país.

De volta a Cambridge, o volume de correspondência que Hawking recebia diariamente há muito tornara-se demasiado para que ele pudesse lidar pessoalmente. Um assistente de pesquisa e sua secretária tinham a responsabilidade de peneirar a pilha de convites, cartas, documentos e correspondência profissional. Há alguns anos ele vinha recebendo correspondência "lixo", um inconveniente do cargo vivido por muitos outros cientistas famosos em todo o mundo, especialmente físicos. Mas no final dos anos 80 Hawking estava começando a receber uma quantidade incomum de cartas estranhas, que cobriam todo o espectro das excentricidades. Os missivistas iam de físicos amadores de cidadezinhas do interior propondo soluções ridículas para problemas cosmológicos a extremistas religiosos criticando o que entendiam como a intrusão da ciência em áreas sagradas. Muito antes, o DAMTP havia criado um "arquivo-lixo", no qual os melhores exemplares do gênero eram guardados, devido a seu valor como entretenimento; o resto era colocado na cesta de lixo.

Enquanto isso, continuavam chegando louvores acadêmicos e reconhecimentos públicos. Já no início de 1985, muito antes da publicação de *Uma breve história do tempo*, seu retrato, encomendado pelos curadores, foi pendurado na National Portrait Gallery de Londres. No final dos anos 80 ele recebeu mais cinco títulos honorários e sete prêmios internacionais. Em 1988 ele dividiu com Roger Penrose o prêmio de física da Fundação Wolf, uma fundação israelense, por seu trabalho sobre os buracos negros.

Em janeiro ele viajou a Israel para receber a distinção e um prêmio em dinheiro de 100 mil dólares, em uma cerimônia no Knesset, o parlamento israelense em Jerusalém, a que compareceram o presidente de Israel e outras personalidades da política e da ciência de todo o mundo. O prêmio não passou sem controvérsia. Legisladores judeus boicotaram o evento, afirmando que as teorias de Hawking contrariavam um dogma do judaísmo segundo o qual nem o tempo, nem objetos existiam antes que Deus criasse o Universo. Apesar dos protestos, o próprio Hawking ficou feliz com o prêmio, e em um comentário tipicamente ambíguo ele disse à imprensa: "Estou muito feliz. Isso mostra que a ciência britânica ainda é boa, apesar dos cortes governamentais".[1]

Em 1989 a rainha novamente o homenageou quando ele foi incluído na Lista de Honra pela segunda vez. Desta feita ele foi feito Companion of Honour, uma das mais altas honrarias do país, e compareceu a uma recepção no Palácio de Buckingham no verão seguinte para receber o prêmio das mãos da rainha. Durante a semana em que se tornou oficialmente Companion of Honour, ele recebeu uma honra muito rara, quando a Universidade de Cambridge lhe conferiu o título de doutor honorário em ciência. Somente em casos muito excepcionais os acadêmicos recebem doutorados honorários de suas próprias universidades. O prêmio foi entregue pelo príncipe Philip, reitor da universidade, em uma cerimônia especial em Cambridge. Centenas de pessoas foram às ruas e aplaudiram quando Hawking passou em sua cadeira de rodas pela King's

Parade na procissão de dignitários, chegando ao prédio do conselho deliberativo da universidade para acompanhar os corais do King's e do St. John's College, com a Orquestra de Metais da Universidade de Cambridge.

Para completar a semana extraordinária, na noite de sábado, enquanto o sol se punha nas agulhas e torres de uma Cambridge aquecida pelo calor do verão, os acordes de Bach, Vivaldi, Purcell e Handel podiam ser ouvidos enquanto a Camerata de Cambridge realizava um concerto especial em homenagem a Hawking no prédio do conselho da universidade, no centro da cidade. Naquela noite ninguém conseguiu reprimir as lágrimas, de acordo com a cobertura do evento feita pelo jornal local. Como um favor especial, a orquestra tocou "A cavalgada das Valquírias", de Wagner, uma das peças favoritas de Hawking. Enquanto cessavam os aplausos para os músicos, Stephen foi até o palco, virou-se e agradeceu ao público através de seu sintetizador de voz, recebendo uma ovação de pé de seus amigos, familiares e membros do público presentes para homenagear o homem que tanto tinha realizado contra todas as expectativas. De acordo com um jornalista:

> As lágrimas rolavam do rosto de homens e mulheres como um tributo à sua coragem, bem como ao intelecto excepcional que continuou a promover o conhecimento do tempo e do espaço, apesar dos estragos de uma doença paralisante.[2]

Outro jornalista disse a ele na recepção, após o concerto, que *Uma breve história do tempo* tinha recebido mais pedidos de informação dos leitores da seção de literatura "Lançamentos" do que qualquer outro livro.

Com o *status* elevado de Hawking como um cientista e escritor mundialmente famoso, sua campanha pelos direitos dos deficientes ganhou impulso. Em 1989, um projeto para a criação de um alojamento especial para alunos deficientes físicos na universidade foi apresentado em Cambridge. Foi chamado de Shaftesbury "Bridget's" Appeal, em memória de Bridget Spufford, filha deficiente de um professor de história de Cambridge que não conseguiu encontrar uma só universidade no país equipada para suas necessidades. Bridget

Spufford morreu em maio de 1989, e sua mãe, Margaret, conseguiu solicitar a ajuda de Hawking, que de boa vontade concordou em ser o patrono da organização de caridade.

O nome de Hawking tinha peso, e um apelo para levantar 600 mil libras foi lançado em um arroubo de publicidade local. Hawking declarou publicamente que a atitude da universidade em relação aos deficientes físicos era espantosa, afirmando que insultavam a legislação quando ignoravam uma lei do Parlamento, datada de 1970, segundo a qual deixar de proporcionar acesso adequado a pessoas deficientes era ilegal. Ele falou de sua própria situação e de como a universidade ignorara suas necessidades especiais em todo o seu período de graduação e pós-graduação, instalando uma rampa no DAMTP somente sob coerção e depois de uma longa batalha, quando ele chegou ao cargo de *reader*. A situação era tão ruim em Cambridge, revelou ele, que o National Bureau for Handicapped Students (Agência Nacional para Estudantes Deficientes) aconselhava as pessoas com deficiências graves a não considerar Cambridge devido a suas acomodações inadequadas.

Hawking também ajudou a criar um alojamento para alunos deficientes na Universidade de Bristol, que, quando concluído, foi batizado de Hawking House. Em um arquivo de sua sala no DAMTP está uma escultura abstrata oferecida a ele por sua ajuda na criação do prédio do alojamento.

Em 1989, os direitos autorais de *Uma breve história do tempo* começaram a fluir, e com as vendas globais na casa dos milhões, era óbvio que Hawking não precisava mais da ajuda financeira de organizações beneficentes para manter um estilo de vida mais confortável, prover educação para seus filhos e pagar por enfermagem 24 horas por dia. Ele reconheceu com gratidão sua enorme dívida para com as fundações que salvaram sua vida. Mas à medida que *Uma breve história do tempo* aos poucos se tornava o que parecia ser uma presença permanente na lista de best-sellers, começaram a se formar nuvens inesperadas de uma tempestade de controvérsia sobre uma passagem específica do livro.

No Capítulo 8, "Origem e Destino do Universo", Hawking refere-se aos acontecimentos que cercaram a formulação da teoria cosmológica da inflação, que ele descreveu no Capítulo 11. Ele levantou a história em 1981, em uma visita a Moscou, onde o físico russo Andrei Linde falou-lhe de seu mais recente trabalho sobre a inflação. Linde escrevera um artigo sobre o assunto, mas Hawking apontara uma falha importante na teoria que subseqüentemente levou o cosmólogo russo a um trabalho de vários meses para resolvê-la, antes que a versão reescrita estivesse pronta para a publicação.

Nesse meio-tempo, um dia depois da volta de Moscou, Hawking partiu para a Filadélfia para receber um prêmio do Franklin Institute, depois do que ele foi convidado a dar um seminário. Ele conta a história da seguinte maneira:

> Passei a maior parte do seminário falando dos problemas do modelo inflacionário, assim como em Moscou, mas no final eu mencionei a idéia de Linde de uma lenta quebra de simetria e minhas correções a ela. No auditório estava um jovem professor assistente da Universidade da Pensilvânia, Paul Steinhardt. Depois ele conversou comigo sobre a inflação. Em fevereiro seguinte, mandou-me um artigo dele mesmo e de um aluno, Andreas Albrecht, em que propunham uma coisa muito semelhante à idéia de Linde da quebra de simetria lenta. Mais tarde ele me disse que não se lembrava de descrever para mim as idéias de Linde, e que tinha visto o artigo de Linde somente quando quase tinham terminado o deles.[3]

Quando Steinhardt descobriu o que Hawking havia escrito sobre ele, ficou compreensivelmente furioso. O dano potencial a sua carreira era imensurável. Na época, Steinhardt era professor júnior, enquanto Hawking era professor lucasiano de Cambridge e amplamente reconhecido como um dos mais eminentes físicos do mundo. Todo o incidente lembrava o conflito, no início do século XVIII, entre o matemático relativamente desconhecido Gottfried Leibniz e Isaac Newton, sobre quem teria inventado o cálculo. Mas a inclusão desta passagem no best-seller de Hawking não foi o começo da história. A controvérsia tinha se iniciado já em 1982, depois de um *workshop* de física organizado por Hawking em Cambridge.

Mike Turner e John Barrow, que estiveram no *workshop*, mostraram a Hawking seu sumário da reunião e sugeriram que podiam ser incluídas algumas observações sobre a descoberta de Linde e Albrecht-Steinhardt, da "nova inflação". Hawking opôs-se ao crédito compartilhado proposto. Em vez de enfrentar Steinhardt ou Albrecht diretamente, ele sugeriu a Turner e Barrow que ou apagassem seus nomes, ou acrescentassem uma referência ao artigo de Hawking-Moss, dando a eles o crédito pela co-descoberta da "nova inflação".

Os motivos de Hawking para tomar essa atitude foram, primeiro, que ele alegava (incorretamente) que o artigo de Steinhardt-Albrecht tinha aparecido seis meses depois do artigo de Linde e, segundo, que ele tinha discutido a teoria de Linde em um seminário alguns meses antes, ao qual Steinhardt e Albrecht também estavam presentes. Irritados com a atitude de Hawking, Turner e Barrow alertaram Steinhardt e Albrecht para o conflito e ao mesmo tempo decidiram, a seu próprio risco, não seguir a solicitação de Hawking.

Steinhardt escreveu a Hawking explicando sua posição e enviou-lhe cadernos de notas e cartas que comprovavam que seu trabalho já estava em andamento antes da palestra de Hawking em outubro anterior. Ele também dizia, bastante categoricamente, que não tinha absolutamente nenhuma lembrança de Hawking mencionando as idéias de Linde no seminário. Acima de tudo, Steinhardt ficou enfurecido com o fato de Hawking tê-lo atacado pelas costas e, se ele tinha dúvidas sobre a validade de seu trabalho, devia ter levantado a questão abertamente. Ele percebeu que Hawking estava criando toda a controvérsia não tanto para promover seus próprios interesses mas para apoiar seu amigo Linde, mas isso não desculpava seu comportamento.

Hawking respondeu a Steinhardt que ele não quis dizer nada com suas observações a Turner e Barrow e que aceitava inteiramente que o trabalho de Albrecht-Steinhardt era independente do de Linde. Ele chegou a concluir sua carta com um desejo amistoso de que pudessem trabalhar juntos em projetos futuros, deixando claro que, no que dizia respeito a ele, o assunto estava encerrado.

Isso foi em 1982, antes de Hawking começar a escrever *Uma breve história do tempo*. Foi uma grande surpresa, portanto, quando em 1988, com o livro de Hawking na lista dos best-sellers, Steinhardt foi informado da passagem ofensiva. Na época, Steinhardt tinha ouvido boatos de que Hawking mencionara o assunto em conversas particulares por anos, e evidentemente não tinha deixado o assunto de lado como dera a entender em sua carta a Steinhardt em 1982. Mas foram as circunstâncias em que Steinhardt descobriu a perseguição de Hawking que realmente o ofenderam. Steinhardt solicitara uma informação sobre a obtenção de uma bolsa da Fundação Nacional de Ciência, e foi o diretor de financiamento que apontou para a seção ofensiva no livro de Hawking. É desnecessário dizer que não houve mais nenhuma discussão sobre bolsas da Fundação Nacional de Ciência naquela ocasião.

Steinhardt teve de defender sua reputação. O comportamento de Hawking agora estava tendo um efeito potencialmente prejudicial e grave em sua carreira. Ele decidiu consubstanciar seus argumentos sobre o seminário Drexel procurando diretamente as antigas notas e obtendo comprovação independente. Mas em vez disso, ele topou com uma coisa muito mais útil — um videoteipe do seminário de 1981. Depois de copiar a fita com testemunhas independentes em cada etapa, ele mandou uma cópia para Hawking, em Cambridge, e uma cópia para a Bantam, em Nova York, por entrega expressa. Vários meses se passaram antes que Hawking respondesse ao desafio de Steinhardt. Desta vez ele escreveu que o texto ofensivo em *Uma breve história do tempo* seria alterado na edição seguinte e que os editores tinham preparado um comunicado à imprensa para anunciar a alteração. Contudo, ele nem se desculpou com Steinhardt pelos danos que seus atos lhe causaram, nem sugeriu que sua versão original tinha sido completamente equivocada. Hawking só cedeu quando vários colegas de todo o mundo começaram a deixar claro que pensavam que ele estava errado.

Essencial entre os que apoiaram Steinhardt foi Mike Turner, da Fermilab. Ele se viu em uma situação muito desagradável no decorrer de todo o caso. Ele era amigo dos dois, mas achava a atitude de Hawking injusta. Por fim, em uma reunião em Santa Barbara em 1988, Hawking encontrou Turner e perguntou: "Não vai mais falar comigo?" Ainda irritado com o incidente, Turner sugeriu que Hawking podia fazer mais para curar as feridas que causara. Tentando encerrar o assunto, Hawking escreveu uma carta ao *Physics Today*, publicada na edição de fevereiro, em que dizia ter certeza de que as duas equipes tinham trabalhado de forma independente com a nova inflação e que ele lamentava se seu relato do incidente tinha sido mal interpretado pelos leitores de seu livro.

No que dizia respeito às duas partes, o assunto estava encerrado, mas o comportamento de Hawking nessa ocasião foi patentemente errado. O aspecto mais sombrio de sua famosa teimosia desprezara a justiça. Steinhardt ainda sofre com o incidente, que sem dúvida e equivocadamente prejudicou sua carreira e lhe causou um sofrimento emocional inteiramente desnecessário. Porém, como evidenciado pelo conflito Leibniz-Newton, tais desacordos e altercações são muito comuns na história da ciência. Personagens como Hawking mantêm o mundo da ciência vivo e energizado com suas idéias e sua imaginação, mas os aspectos menos criativos de suas fortes personalidades podem às vezes sair pela tangente com uma intensidade comparável a suas contribuições mais criativas.

Semanas depois de *Uma breve história do tempo* entrar na lista de best-sellers americana, os direitos de filmagem foram abocanhados. Um ex-produtor de noticiários da ABC, Gordon Freedman, rapidamente viu o potencial do livro de Hawking para o cinema. Ele por acaso também tinha o mesmo agente de Hawking, Al Zuckerman. Freedman e Zuckerman fizeram um acordo e os direitos de filmagem foram vendidos.

O problema para Freedman era o que ele faria com a aquisição depois. Ele não queria fazer um documentário da vida e do trabalho de Hawking — já existiam muitos desse tipo, que tinham coberto o terreno com bastante eficácia. Por outro lado, ele achava que havia muitos fundamentos nas idéias descritas no livro para produzir um filme que explorasse os aspectos mais esotéricos do trabalho de Hawking, bem como para esclarecer o aspecto humano essencial. Ocorreu então uma série de coincidências, que por fim levaram a um projeto viável.

Freedman procurou a Anglia Television, na Grã-Bretanha. A Anglia é sediada em Norwich, tão perto de Cambridge que Hawking era considerado uma celebridade local. Semanas antes um produtor da Anglia, David Hickman, procurara os editores encarregados com a idéia de fazer um filme sobre Stephen

Hawking. A emissora rival da BBC East, também sediada em Norwich, tinha feito o premiado *Master of the Universe*, e Hickman pensava que deviam fazer um programa que lidasse com o tema de uma forma diferente da equipe da BBC. Incitado pela oferta de Freedman nos Estados Unidos e pela proposta de Hickman, a Anglia se interessou pelo conceito e concordou em assumir o projeto de Freedman, com Hickman como produtor e Gordon Freedman como produtor executivo.

Um ano se passou, durante o qual os produtores imaginaram como levantariam o dinheiro para financiar o projeto. O conceito original era um especial de TV com orçamento alto, um "*Super-Horizon*",* como Hickman o descreveu. Para isso, eles precisavam de muitos fundamentos. Depois de um almoço em Londres com Caroline Thomson, então editora encarregada de programas de ciência no Channel 4, a rede expressou interesse no projeto, mas não podia pagar toda a conta. Neste ponto, Freedman decidiu sondar as grandes redes de tevê americanas. Em vez de procurá-las diretamente, ele foi primeiro à empresa de Steven Spielberg, a Amblin Entertainment, em Los Angeles.

Spielberg vinha acompanhando o trabalho de Hawking há muitos anos e, de olho no valor comercial do projeto, imediatamente se interessou pela idéia de ajudar a aumentar a consciência do público para o que Hawking estava tentando dizer em *Uma breve história do tempo*. Spielberg é outro dos que vêem Hawking como a última resposta do século XX a Albert Einstein e sentia um profundo fascínio por coisas extraterrestres desde criança. Foi o envolvimento de Spielberg que realmente alavancou o esquema e garantiu o financiamento básico necessário para colocar o projeto em prática.

Spielberg e Hawking se conheceram no início de 1990, nos estúdios Universal da Amblin, em Los Angeles, onde posaram para fotógrafos e conversaram por mais de 90 minutos sob o sol da Califórnia. Expressando admiração mútua, eles aparentemente se deram muito bem. Hawking tinha gostado de *E.T.* e de *Contatos imediatos de terceiro grau*. Ele chegou a sugerir, de brincadei-

**Horizon* é uma série de documentários de ciência da televisão britânica.

ra, que seu filme devia se chamar *De volta para o futuro 4*. De sua parte, Spielberg ficara encantado com *Uma breve história do tempo*. De acordo com um jornalista, quem testemunhou o encontro relatou que foi Hawking o centro das atenções — uma verdadeira proeza em Hollywood, onde Spielberg é considerado um semideus.

No mesmo mês, Freedman tinha entrado em contato com a Amblin, com um cineasta chamado Errol Morris que o procurou com uma idéia para um novo filme. Morris tinha escrito e dirigido o controverso *Na linha da morte*, um sucesso de crítica sobre um suposto assassino de policiais que foi preso por engano depois de um incidente em Dallas. A idéia de Morris era fazer um filme sobre o mistério em torno do que aconteceu ao cérebro de Einstein depois de sua morte. Quando a proposta de Hawking apareceu, Spielberg sugeriu que Morris podia gostar da idéia e talvez se dispusesse a dirigir o projeto.

Morris estava ciente do trabalho de Hawking desde seus dias de estudante, quando estudou filosofia e ciência em Princeton e freqüentara aulas dadas pelo eminente físico americano John Wheeler, o primeiro a aplicar a expressão "buraco negro" no contexto da astronomia. David Hickman sugerira que Morris também estava interessado no projeto porque, em um certo nível, ele via paralelos entre Randall Adams, protagonista de *Na linha da morte*, e Stephen Hawking. Adams foi apanhado em uma situação que estava inteiramente fora de seu controle, preso em uma teia de acontecimentos sobre os quais tinha pouca influência. Da mesma forma Hawking, apanhado em um corpo paralítico, é fisicamente preso, mas transcendeu mentalmente esta barreira para atingir a grandeza. Morris é fascinado por esses temas e os usa como ponto de partida para seus filmes iconoclastas.

No final de 1989, com o envolvimento de Spielberg, a NBC da América ficou interessada. O presidente da Divisão de Entretenimento da rede era um grande admirador de *Na linha da morte* e adotou a idéia quase imediatamente. A NBC acabou se tornando a principal patrocinadora do filme. Com o interesse de duas redes de tevê nas mãos, Freedman decidiu então tentar a televisão japonesa. A idéia de um especial de tevê sobre Hawking, apoiado por Spielberg, era muito atraente para os japoneses, e a Tokio Broadcasting precisou de muito pouca persuasão. O projeto agora tinha os fundos necessários. Com as três redes, os produtores tiveram um orçamento de 3 milhões de dólares. Eles podiam efetivamente fazer o filme que queriam.

A abordagem de Errol Morris era fazer um filme em torno de uma série de entrevistas, gravando muito mais metragem do que seria usada na versão final. Editando o material de entrevistas de forma a reduzi-lo a talvez metade do tamanho original, eles começaram a construir imagens visuais em torno do que restava. Na primeira fase do projeto, os pesquisadores conseguiram uma lista dos amigos, familiares e colegas de Hawking de todo o mundo, que eles pensavam que podiam estar interessados em participar do projeto. Mas foi uma surpresa quando descobriram que muita gente não queria aparecer no filme.

Hickman acredita que exista alguma resistência da comunidade de Cambridge à mídia. Como Peter Guzzardi, ele acha que alguns alunos de Hawking — bem como colegas mais graduados — se ressentem da idéia de um trabalho científico sério ser supersimplificado. Ele também detectou que, apesar do imenso sucesso de *Uma breve história do tempo*, houve um nítido cerrar fileiras em certos setores com a sugestão de se fazer um filme comercial em torno das idéias de Hawking.

"A Universidade de Cambridge é uma comunidade muito difícil", disse ele. "São várias rivalidades, muitos ciúmes, animosidades. Apesar do fato de as entrevistas não terem roteiro nenhum (eles podiam falar do que quisessem, até do que comeram no café da manhã), havia uma sensação clara de que éramos um tipo de pasquim do cinema."

Felizmente para os produtores, porém, havia muito mais participantes interessados do que os que imaginavam que estavam sendo obrigados a alguma coisa um tanto ofensiva.

Em janeiro de 1990, o estúdio central da Elstree Studios foi reservado por duas semanas. Os primeiros a chegar foram os cenógrafos. Morris teve a idéia de dar ao cenógrafo o nome de um entrevistado e dados gerais de como se relacionava com Hawking, e o cenógrafo então criaria cenários individualizados para a filmagem de cada entrevistado. Às vezes o cenário não tinha absolutamente nenhuma importância para o tema; em outros casos, ele combinava com o tópico da entrevista.

Como os entrevistados não tinham roteiro, Morris com freqüência diria a eles: "Olha, eu não sei como começar esta entrevista. Por que você não me conta algumas histórias?" Ele tinha o que chama de regra de dois minutos: "Se você dá dois minutos às pessoas, elas mostram como são malucas."

Para *Uma breve história do tempo*, eles realizaram mais de trinta entrevistas em 13 dias no Elstree, usando 33 cenários diferentes. Os entrevistados incluíam Dennis Sciama, o Dr. Robert Berman, Isobel Hawking, amigos da escola e da graduação e colegas do DAMTP como Gary Gibbons. Mas a estrela era o próprio Stephen Hawking.

O cenário mais importante no Elstree durante as duas semanas de filmagem era uma reconstituição da sala de Hawking no DAMTP. Não se poupou nenhum esforço para recriar a sala nos menores detalhes. Até Hawking ficou bestificado com a atenção de Morris aos detalhes.

"Fiquei surpreso que eles tivessem todo esse trabalho, porque a maioria das pessoas não saberia se a sala era diferente",[4] disse ele.

Morris ficou maravilhado com o fascínio de Hawking por Marylin Monroe. Hawking sorriu e explicou que gostara muito de *Quanto mais quente melhor*, e desde então sua família e seus amigos insistiam em comprar-lhe produtos Marylin sempre que podiam; Lucy e sua secretária deram-lhe pôsteres, Timothy lhe dera uma mochila Marylin, e Jane, uma toalha. "Acho que posso dizer que ela era um modelo do Universo",[5] brincou ele.

Morris também decidiu fazer uma reprodução da cadeira de rodas de Hawking, precisa até nos detalhes da placa de licenciamento, para quando ele não pudesse fazer uma tomada. Usando técnicas de "macrofilmagem", ele podia fazer *closes* extremos do cromado e do couro, enchendo a tela com a imagem para acompanhar uma entrevista em *off*. De acordo com Hickman, a casa da infância de Hawking, no número 14 da Hillside Road, foi filmada quase tijolo por tijolo.

O próprio Hawking foi filmado contra um fundo azul, para que sua imagem pudesse ser projetada em qualquer fundo que o diretor escolhesse. A intenção original era ter Hawking narrando partes relevantes do filme usando seu sintetizador de voz. Mas logo ficou claro que a aspereza da voz era irritante depois de algum tempo, quando usada como narração em *off*. Conseqüentemente, Morris decidiu descartar a idéia e o espectador ouve a voz de Hawking somente quando ele realmente está falando para a câmera. O uso da tela azul dá ao diretor uma enorme flexibilidade. "Posso colocar Stephen Hawking nos lugares a que ele pertence, em uma paisagem mental em vez de em uma paisagem real",[6] disse Morris.

O que o espectador não vê, porém, são astronautas caindo em buracos negros ou outros clichês de documentários de ciência. Como Hickman observa: "Ninguém viu um buraco negro — até onde sabemos, são objetos teóricos. O tema deste filme está no reino da imaginação".

Com um orçamento de 3 milhões de dólares, Hickman, Freedman e Morris podiam chamar os melhores profissionais do setor para lidar com o cenário, a iluminação, a cinematografia, a produção de som e os demais aspectos técnicos essenciais. A equipe de retaguarda, responsável por transformar as idéias de Morris em um produto viável, tinha credenciais impecáveis; entre eles, havia quem tinha trabalhado em mais de uma dezena de filmes importantes de Hollywood, inclusive *Edward Mãos-de-tesoura*, *Batman II*, *Gigolô americano* e *Coração selvagem*. O compositor americano Philip Glass foi convidado a escrever a trilha do filme, sua música eletrônica polirrítmica agindo como um complemento perfeito para as acrobacias visuais de Morris.

Hickman diz que o filme na verdade trata de Deus e do tempo, e não tanto da pesquisa científica ou da deficiência física de Hawking:

> Estávamos muito mais interessados nos conceitos que Stephen tentava retratar em seu livro do que em produzir um documentário de ciência com perguntas como "Qual é o futuro da cosmologia?". A coisa mais estimulante na cosmologia é o fato de que cruza com a metafísica e a ciência convencional. É muito interessante que Stephen tenha atraído muita atenção sobre os aspectos religiosos de seu trabalho, bem como o fato de que ele é íntimo de vários físicos com profundas preocupações teológicas, como Don Page.

Nos dias em que era chamado a fazer algumas tomadas, Hawking viajava ao Elstree com sua equipe de enfermeiras e auxiliares na van Volkswagen especialmente convertida que tinha comprado logo depois de receber o prêmio Wolf. No estúdio, um silêncio reverente descia sobre a turma de técnicos. Hawking, apesar de sua deficiência, tem uma poderosa presença que surpreende muitas pessoas em seu primeiro encontro. Sentado em sua cadeira de rodas, ele passaria horas sob os refletores do estúdio, observando em silêncio o frenesi de atividades em torno dele enquanto a câmera fazia um *close-up*, ou a maquiadora passava ruge em suas bochechas entre as tomadas do filme.

A filmagem de *Uma breve história do tempo* foi concluída na primavera de 1990, mas a técnica de produção de Morris é de trabalho intensivo durante a fase de montagem de um projeto. Esta tomou o restante de 1990 e parte do início de 1991, e o filme finalmente chegou aos cinemas da América e da Europa na primavera de 1992. A intenção era exibir o filme em salas selecionadas por um curto período e depois transmiti-lo internacionalmente pelas redes de tevê que financiaram o projeto, a NBC nos Estados Unidos, a Tokio Broadcasting no Japão e o Channel 4 no Reino Unido. Depois seria vendido a outras redes de tevê em todo o mundo e destinado por fim a aparecer nas locadoras de vídeo.

Enquanto o projeto do filme estava na fase de montagem, durante o verão de 1990, aconteceu o aparentemente impensável. Manchetes horrorizadas em vários jornais do país anunciaram o triste fato de que Stephen e Jane Hawking estavam se separando depois de um casamento de 25 anos.

Na verdade, os dois já estavam se separando há vários anos. À medida que a carreira de Hawking chegava a novas altitudes de fama e sucesso, os prêmios e medalhas se acumulando junto com homenagens de todas as partes do mundo, Jane se sentia cada vez mais isolada. Ela começou a acompanhar Stephen nas viagens ao exterior com menos freqüência, e como não tinha mais a responsabilidade de cuidar de seu marido, começara a voltar sua atenção para seus próprios interesses — seu trabalho, seu jardim, seus livros, e um envolvimento cada vez mais ativo em um dos melhores corais de Cambridge.

A comunidade acadêmica de Cambridge ficou chocada com a notícia. Pelo que qualquer um podia se lembrar, Stephen tinha se esforçado muito para promover o papel que Jane tinha desempenhado em sua vida e, apesar de suas desavenças, para quem era de fora, seu casamento era um modelo de segurança. Por semanas, amigos e colegas de trabalho foram incomodados por repórteres de jornais que cercavam a casa dos Hawking na West Road para tentar obter um furo e cavar as baixezas da dissolução do casamento. Hawking era uma figura famosa em todo o mundo, e para os editores de suplementos dominicais ainda havia a peculiaridade macabra da deficiência de Stephen para usar em um furo de primeira página.

Felizmente, a imprensa marrom nunca conseguiu descobrir o que queria. Em Cambridge, a comunidade científica cerrou fileiras, e os amigos da família, se sabiam de algum detalhe sobre por que o casal tinha se separado, nada disseram. Aos poucos, porém, as histórias começaram a surgir. Havia boatos de relações extraconjugais de vários anos, muito antes de seu casamento ter chegado à crise; mas aqueles que conheciam bem o casal consideravam muito mais significativas as histórias de tensões crescentes entre Stephen e Jane relacionadas com velhas discussões religiosas. Suas desavenças tinham sido varridas para baixo do tapete por muitos anos, mas, com a redação de *Uma breve história do tempo*, parece que as feridas haviam sido reabertas.

Em seu trabalho, o agnosticismo inicial de Stephen tornou-se mais abertamente ateu, e com sua teoria sem fronteira ele tinha efetivamente dispensado a idéia de um Deus. Mas, por ironia, as profundas convicções religiosas de Jane foram uma das forças que lhe permitiram lidar tão bem com o fardo da deficiência cada vez mais grave de Stephen. O casal, entretanto, tinha vivido em desunião religiosa pela maior parte de sua vida conjugal, e isso certamente não era motivo para a separação.

Como foi descrito em vários artigos de jornais, a ruptura veio quando Stephen deixou Jane se mudar para um apartamento e passou a morar com a enfermeira que tinha cuidado dele por vários anos, Elaine Mason. De acordo com os relatos, no processo de separação do casal, ele e Elaine ficavam cada vez mais íntimos. Por vários anos, era Elaine, e não Jane, que o acompanhava a suas viagens ao exterior e era com ela que ele passava grande parte de sua vida profissional. A situação foi agravada pelo fato de Elaine ser casada com David Mason, o engenheiro em computação que tinha adaptado o computador de Hawking para que se ajustasse a sua cadeira de rodas. O casal tinha dois filhos, e de fato David Mason e Hawking se encontravam nos portões da escola primária que Timothy e os filhos de Mason freqüentavam. Foi por meio desse contato inicial, e pelo pedido de Hawking de um computador em sua cadeira, que Mason pôde fundar sua própria empresa de computação e Elaine Mason mais tarde se tornou uma das enfermeiras da equipe de Stephen.

Jane cuidou de seu marido por mais de 25 anos, sacrificando grande parte de suas esperanças e ambições pessoais, mas à medida que a fama e o sucesso internacional começaram a tomar conta de sua vida, e seus caminhos divergiram, parece que eles não precisavam mais um do outro. Alguns comentaristas tentaram colocar a culpa em Stephen, mas muitos outros acreditam que estas opiniões estão longe da verdade. Em qualquer término de casamento, culpa não é uma palavra que se use levianamente. Sem dúvida Jane dedicou a maior parte de sua vida a Stephen, cuidando praticamente sozinha dele quando ele era um físico pouco conhecido e lutava para superar a deficiência e desenvolver sua carreira. Mas as coisas mudam; muitos casais se separam. Vários amigos acham que Stephen não deve ser culpado por deixar a mulher que tanto fez por ele. É um insulto à dedicação de Jane e a seu compromisso que coloquem o passado como uma canga em torno de seu pescoço.

Como todos os términos, este causou muita tristeza. Os filhos dos Hawking receberam a notícia particularmente mal. Robert, então com 23 anos, tinha feito pós-graduação em física em Cambridge no ano anterior e já estava embarcando em um curso de doutorado; Lucy, com quase vinte, estava na Universidade de Oxford estudando línguas modernas. Os dois, embora naturalmente tristes, tinham idade suficiente para aceitar a situação e tocavam sua vida longe de casa, buscando a independência. A separação afetou o mais novo, Timothy, com mais rigor. Com onze anos, ele era novo demais para entender plenamente os motivos para que seu pai deixasse sua casa na West Road.

Há pouca dúvida de que o trauma da separação afetou Stephen tanto quanto qualquer dos envolvidos, e os repórteres afirmam que o famoso sorriso de

Hawking agora raramente era visto. Outros observam que, na época, ele manifestava grandes oscilações emocionais. Ele podia estar aparentemente muito feliz por algum tempo, sorrindo e brincando com seus colegas e alunos, e depois caía em depressão, lançando uma sombra de tristeza na atmosfera do DAMTP.

É importante lembrar que, embora muitos tenham passado por convulsões semelhantes, a grande maioria tem várias vantagens em relação a Stephen Hawking. Eles podem afastar ou liberar suas emoções de várias maneiras; embora esses métodos possam se mostrar ineficientes, eles não estavam disponíveis para Hawking. Ele não podia chorar nem gritar, sair para correr, ou tomar um porre; ele não podia se mostrar estúpido nem conversar com os amigos com facilidade. E embora tenha sido ele quem pediu a separação, a dor indubitavelmente ainda estava presente.

Muita gente que afirma conhecer Stephen Hawking foi superprotetora em relação a ele, especialmente desde o anúncio de sua separação. Essa atitude é equivocada e em geral é exibida pelas pessoas que não o conhecem tão bem assim. Os amigos íntimos sabem que Hawking não precisa de ninguém para protegê-lo — ele é perfeitamente capaz de cuidar de si mesmo. As mesmas pessoas que tentam proteger Stephen também cometem o erro de tentar imbuí-lo de sentimentos e emoções diferentes das que nós temos, quase como se, por causa de seu intelecto refinado, ele não compartilhasse os mesmos sonhos, esperanças e paixões do resto da humanidade.

Um de seus amigos mais íntimos, David Schramm, conhecia Hawking havia mais de vinte anos e tinha pouca paciência com os que tentam criar a imagem de Stephen como um homem emocionalmente diferente dos outros. Ele nunca era brando quando se referia à vida pessoal de seu amigo. Certa vez, quando apresentou uma palestra de Hawking em Chicago, ele disse: "Como foi provado pelo fato de seu filho mais novo Timothy ter metade da idade de sua doença, obviamente nem tudo em Stephen é paralítico!" Parece que metade do público ficou chocada e sem fala, mas Hawking adorou.

Schramm acredita que as pessoas fiquem com medo de encarar o fato de que, em termos emocionais, Stephen Hawking é um homem normal. Por causa do poder de seu intelecto e da natureza singular de sua condição física, elas se convencem de que ele não sente o mesmo que os outros. Stephen adora a companhia das mulheres, gosta de paquerar e aprecia a beleza física; por que outro motivo ele teria um pôster de Marilyn Monroe em sua sala? Provavelmente não por causa do intelecto dela. O relacionamento de Hawking com Elaine Mason não é baseado em piedade ou outros desses fundamentos frágeis. De acordo com Schramm, que passou muito tempo com o casal, existe um verdadeiro amor entre eles.

Hawking se recusa a falar publicamente de sua vida particular e faz disso uma condição para qualquer entrevista. Os jornalistas, por sua vez, continuam a especular sobre as causas e resultados da separação. Jane, por suas próprias razões, até recentemente permaneceu igualmente de lábios selados sobre o assunto (ver Capítulo 18). Ela rejeitou repetidas vezes pedidos dos produtores para que participasse do filme de *Uma breve história do tempo* e concordou em participar de entrevistas somente com jornalistas que conhecia pessoalmente.

Até algum tempo depois da separação, os retratos de Jane e dos filhos ainda decoravam a sala de Hawking no DAMTP, mas a ruptura foi sem dúvida uma separação amarga. Os amigos afirmam que Jane falou com amargura sobre ela. Ela agora não tinha nenhuma obrigação, como colocou um conhecido, de "promover a maior glória de Stephen Hawking".[7] Somente um ano antes, Jane tinha dito a um repórter que 1989 tinha sido o ano em que tudo tinha se assentado para eles, quando chegaram a um novo ponto alto em sua vida:

> Para mim, a satisfação vem muito mais do fato de sermos capazes de continuar, de sermos capazes de permanecer uma família unida. Os prêmios foram como açúcar no glacê do bolo. Eu não diria que isso faz toda a escuridão valer a pena. Não acho que um dia vou conseguir conciliar em minha mente as oscilações do pêndulo que vivemos nesta casa — do fundo mesmo de um buraco negro para todos os reluzentes prêmios.[8]

Ela explicou a outro jornalista que seu papel não era mais o de cuidar de um homem doente, mas "simplesmente dizer a ele que ele não era Deus".[9] Talvez possamos detectar, em declarações como estas, sinais de profundos ressentimentos e inquietações. Mas na última cena de *Master of the Universe*, da BBC, vemos Stephen e Jane olhando para um Timothy adormecido em sua casa na West Road, enquanto a voz de computador de Hawking declara: "Temos uma linda família, sou bem-sucedido em meu trabalho, escrevi um best-seller. Não posso pedir mais do que isso".[10]

Os filhos de Hawking sempre souberam que às vezes seu pai pode ser um homem de convivência difícil. No final dos anos 80, Lucy, no documentário *Master of the Universe*, disse:

> Não sou tão teimosa quanto ele. Não acho que quero ser teimosa. Não acho que tenho todo esse vigor mental, o que significa que ele fará o que quer, custe o que custar a qualquer um.[11]

Esta teimosia lhe foi útil enquanto sua vida pessoal desmoronava e as pressões da fama mundial começaram a invadir seriamente sua vida. Enquanto Hawking estava chegando ao pináculo do sucesso fora do mundo da ciência, novas complicações começaram a afetá-lo, à medida que ele fazia a transição da celebridade para o ícone.

# 17

# Uma breve história da viagem no tempo

Muito embora tenha completado 50 anos em 1992 (por coincidência, o ano em que a primeira edição deste livro foi publicada) e tenha previsto a morte da física vinte anos antes, Stephen Hawking continuou envolvido com pesquisa científica desde então. Mas, como muitos grandes e antigos homens da ciência (uma descrição que, contrariando as expectativas, agora é inteiramente adequada para Hawking), em seus últimos anos ele voltou sua atenção para idéias nas margens mais extremas da respeitabilidade científica. Durante meados da década de 1990, as contribuições à pesquisa de Hawking envolveram em grande parte os paradoxos e as possibilidades da viagem no tempo — um campo em que ele não foi pioneiro, mas seguiu os passos de seu velho amigo e parceiro científico, Kip Thorne.

Você pode se surpreender em saber que o tema da viagem no tempo é uma área respeitável de pesquisa, mesmo que esteja nas margens mais extremas da respeitabilidade. Se você se surpreende, não é o único. Quando um de nós escreveu um livro sobre viagem no tempo[1] e foi resenhado nas páginas da publicação de astronomia *Observatory*, a revista recebeu uma carta irada de dois engenheiros da Universidade de Hull, criticando os editores por darem crédito a idéias tão ridículas, ao ponto de reconhecerem a existência do livro. Mas tudo naquele livro, e tudo o que diremos a você neste capítulo, é baseado em ciência sólida e respeitável, produzida pelo trabalho de Thorne e do também eminente Igor Novikov (antigamente da União Soviética, agora trabalhando na Dinamarca) — e, é claro, do próprio Hawking. Construir uma máquina do tempo pode não ser uma perspectiva viável da engenharia, mas a existência de máquinas do tempo naturais é uma possibilidade que um crescente número de cientistas agora está levando bem a sério.

A descrição física de uma máquina do tempo funcional, que intrigou Hawking e outros pesquisadores recentemente, tem forte relação com a física de universos-bebês, descrita no Capítulo 13. Naquele cenário, a matéria que colapsa em um buraco negro e em direção à singularidade em nosso Universo pode de certa forma ser desviada por atalhos no espaço-tempo, surgindo para formar um novo universo em expansão, em sua própria série de dimensões do espaço-tempo. Mas o que não falamos em nossa discussão anterior é que em princípio o buraco negro original e o novo universo-bebê ainda estão ligados pelo equivalente cosmológico de um cordão umbilical, um túnel através do espaço-tempo que os cosmólogos prosaicamente chamam de "buraco de minhoca". No contexto dos universos-bebês, um buraco de minhoca teria um diâmetro comparável ao menor *quantum* de comprimento (o comprimento de Planck, cerca de $10^{-35}$ m) e, como nenhuma informação pode sair do buraco negro, marcando o fim do buraco de minhoca em nosso Universo, a conexão parece ser somente de interesse acadêmico.

Mas há outra maneira de ver os buracos de minhoca, uma forma que tem sido a favorita de muitos escritores de ficção científica há muito tempo. As equações da teoria geral da relatividade também permitem a existência de um tipo mais modesto de buraco de minhoca, que liga dois lugares em nosso Universo. O próprio Einstein, trabalhando com Nathan Rosen em Princeton na década de 1930, formulou a descrição matemática adequada de um buraco de minhoca desses, conhecida como uma ponte Einstein-Rosen.

Os problemas habituais com os buracos de minhoca se aplicam a uma ponte Einstein-Rosen, que é, com efeito, um buraco de minhoca que liga dois buracos negros em nosso Universo — um atalho no espaço-tempo. Um buraco de minhoca desses pode se formar naturalmente, dizem as equações; mas a gravidade dos buracos negros em qualquer extremidade do túnel devoraria o buraco de minhoca mais rápido do que a luz pode viajar por ele, fechando-o antes que houvesse tempo para qualquer coisa passar de uma extremidade a outra.

Este resultado era tão bem conhecido que por cinqüenta anos nenhum relativista se incomodava em estudar em detalhes as equações que descrevem estes buracos de minhoca. Mas isso não impediu os escritores de ficção científica de extrapolar a idéia e usá-la como base para mover seus personagens (e naves espaciais) pelo Universo mais ou menos instantaneamente. A idéia de que, se você tem uma ponte Einstein-Rosen ligando uma região de espaço próxima a nosso Sol com uma região do espaço do outro lado da Galáxia, uma nave espacial podia mergulhar em uma extremidade e sair na outra basicamente de imediato, sem se preocupar em cobrir todo o espaço intermediário em algo pouco mais baixo que a velocidade da luz. Mas o que os escritores de ficção científica cuidadosamente varreram para baixo do tapete foi a evidência de que qualquer túnel desses através do espaço somente seria aberto por uma fração de segundo e teria, de qualquer forma, o comprimento de Planck, e assim suas naves (e quaisquer passageiros) seriam esmagados pela viagem.

Tudo isso mudou, como Kip Thorne conta em seu livro *Black Holes and Time Warps*,[2] em meados dos anos 80, quando o ilustre cientista Carl Sagan decidiu se voltar para a ficção. Como outros escritores de ficção científica, Sagan queria usar a idéia de um túnel através do espaço para contornar a barreira da velocidade da luz. Mas, sendo cientista, ele queria pelo menos mencionar o problema do rápido colapso de um buraco de minhoca e dar a seus leitores uma linguagem científica dúbia, fornecendo uma "explicação" fictícia de por que o túnel em que viajavam não entrava em colapso. Ele procurou os conselhos de Kip Thorne sobre como podia fornecer esta necessária camuflagem verbal, e Thorne aceitou o desafio.

No final do período acadêmico de 1984-85, Thorne percebeu que o que seria necessário para manter aberto um buraco de minhoca seria entremeá-lo com a chamada "matéria exótica". A matéria exótica tem esse nome por possuir uma propriedade estranha — pressão negativa, ou tensão negativa. Se você espremer matéria comum, ela é comprimida; mas se você espremer matéria exótica, ela se expande (ela não só resiste a sua compressão; ela realmente se expande). Você pode pensar que isso não é bem um passo adiante, uma vez que ninguém jamais viu matéria exótica. Mas ainda assim os cosmólogos acreditam que ela possa ocorrer naturalmente no Universo, na forma do que é conhecido como corda cósmica.

A corda cósmica é um material hipotético que restou do Big Bang, na forma de tubos de energia muito mais estreitos que um átomo, mas possivelmente esticando-se por todo o Universo. É um subproduto da era do próprio Big Bang, e a melhor maneira de pensar nela é como um pedaço de Big Bang "congelado" e preso em um tubo com um diâmetro de somente $10^{-14}$ do núcleo de um átomo. Como a corda contém a densidade de energia do Universo de $10^{-35}$ segundos após o momento da criação, ela é tão estreita que cada centímetro de corda cósmica conteria o equivalente a 10 trilhões de toneladas de massa. Uma alça de corda cósmica de um metro pesaria tanto quanto a Terra.

Não há prova direta de que as cordas cósmicas existam ou mesmo que tenham existido, mas há algumas evidências circunstanciais — como objetos que podem ter fornecido as "sementes" em que as galáxias se desenvolveram quando o Universo era jovem. A influência gravitacional de alças de corda levaria à união de nuvens de gás, que por fim se tornariam grandes o bastante para realizar a tarefa de formação de galáxia sem ajuda nenhuma.

E a corda cósmica tem outra propriedade estranha, como você pode estar deduzindo. Ela opera sob tensão negativa. Se você puxar um pedaço de corda cósmica, ela encolherá; mas se espremer, ela esticará. É o tipo de coisa que pode manter os buracos de minhoca abertos; quanto mais a gravidade dos buracos negros envolvidos tentar espremer e fechar o buraco de minhoca, mais a corda cósmica se expandirá e o manterá aberto.

Sagan ficou encantado com as sugestões de Thorne de como manter aberta uma ponte estelar atravessável, e a explicação apareceu em seu romance, *Contact*, publicado em 1985. Na época, poucos leitores perceberam que a "bobajada" que descrevia a estrutura do buraco de minhoca através do qual os personagens de Sagan viajavam era na verdade a teoria científica mais recente sobre os buracos de minhoca, na vanguarda da pesquisa. Mas o que é surpreendente, visto da perspectiva atual, é que nem Thorne nem Sagan entenderam de imediato que as equações que Thorne havia descoberto, que permitiam a existência de um buraco de minhoca atravessável, eram igualmente válidas para a viagem no tempo e a viagem no espaço. A questão é que as equações da teoria geral da relatividade de Einstein descrevem o espaço-tempo, e não só o espaço. Um buraco de minhoca (como uma ponte Einstein-Rosen) pode ligar diferentes partes de espaço-tempo em nosso Universo. Isto significa que ele pode ligar diferentes regiões de espaço ao mesmo tempo (permitindo a viagem no espaço instantânea). Ele também pode ligar o mesmo lugar a diferentes tempos (permitindo a viagem no tempo instantânea). Ou, na verdade, pode ligar diferentes lugares a diferentes tempos, permitindo ao intrépido viajante percorrer espaço e tempo, simultânea e instantaneamente. Thorne só percebeu todo o potencial do trabalho que havia iniciado como um favor a Sagan quando foi a um simpósio em Chicago em dezembro de 1986 e um dos participantes assinalou as implicações do trabalho para a viagem no tempo.

Isto impôs a Thorne o que ele julgou ser um belo dilema. Ele tinha dois alunos, Michael Morris e Ulvi Yurtsever, que estavam ansiosos para trabalhar na teoria dos buracos de minhoca. Mas Thorne se preocupava com a possível ruína de suas carreiras com a publicação de artigos sobre viagem no tempo, que os tornaria motivo de riso na comunidade científica. Somente em 1988 os três publicaram um artigo sobre viagem no tempo, no periódico *Physical Review Letters* (vol. 61, p. 1446), e mesmo quando o artigo apareceu, Thorne instruiu a equipe de relações públicas do Caltech a conter seu trabalho — não só eles não tinham permissão de divulgar o artigo, como tinham que tentar suprimir qualquer publicidade sobre ele!

É claro que isso não funcionou. As notícias sobre o artigo, e a evidência de que as leis da teoria geral da relatividade — a melhor teoria do espaço-tempo que temos — não excluía a viagem no tempo, espalharam-se rapidamente. O efeito foi exatamente o oposto do que Thorne temia. Sua carreira recebeu um impulso e a de seus dois alunos teve um início triunfal. Ainda na Rússia, Igor Novikov tinha seguido linhas semelhantes de pensamento, mas temia publicar por medo de ser ridicularizado; estimulado pela recepção do trabalho do Caltech, ele apresentou suas idéias em público, e os estudos da viagem no tempo tornaram-se respeitáveis.

Hawking foi um dos pesquisadores que se uniu a esse pequeno grupo na década de 1990. Devemos destacar que nada de seu trabalho é dirigido ao desenvolvimento de quaisquer meios práticos de viajar no tempo, mesmo em um futuro distante. Qualquer civilização que quisesse *construir* uma máquina do tempo teria de ser capaz de manipular buracos negros de massas estelares, bem como ter acesso a um suprimento de corda cósmica. Os relativistas hoje estão mais preocupados com as implicações de que os buracos de minhoca que formam máquinas do tempo possam existir naturalmente no Universo, talvez como remanescentes do próprio Big Bang. Mesmo que os buracos de minhoca sejam grandes o bastante para que partículas como elétrons e prótons viajem por eles, haveria implicações sérias para nossa compreensão da forma como o Universo funciona.

Assim, os esforços dos teóricos na década de 1990 se concentraram em duas abordagens ao problema. Primeiro, eles tentaram provar que a viagem no tempo era realmente impossível e que Thorne e seus colegas estavam equivocados quando afirmavam o contrário. Esta abordagem era falha; ainda não havia evidência de que as leis da física permitiam a viagem no tempo, somente que elas dificultavam muito a construção de uma máquina do tempo. Mas a segunda abordagem é intrigantemente diferente e é onde Hawking entra na história da viagem no tempo, embora ele seja também um dos que gostariam de ser capaz de provar que é impossível. O objetivo é mostrar que o Universo é estabelecido de tal maneira que o único tipo de viagem no tempo que pode ocorrer não perturba o *status quo*.

Isto é conhecido como a "conjectura de proteção cronológica" (uma expressão inventada por Hawking), e pode-se ver sua importância ponderando-se as implicações do "paradoxo da vovó", um tema que foi explorado exaustivamente, em diferentes variações, pelos escritores de ficção científica.

Na versão clássica do paradoxo, um viajante volta no tempo e inadvertidamente (ou mesmo deliberadamente) causa a morte de sua avó materna antes que sua mãe tivesse nascido. Assim, o próprio viajante no tempo não podia existir, e neste caso sua avó não foi morta e ele *existia* — e assim por diante.

Os físicos ficam pouco à vontade quando lidam com pessoas (pelo menos quando lidam com pessoas como objetos experimentais), mas Novikov e Thorne trataram o enigma em termos que deixaria qualquer físico à vontade (as possibilidades desta variação sobre o tema foram apontadas pela primeira vez a Thorne em uma carta de Joe Polchinski, da Universidade do Texas em Austin). Imagine um buraco de minhoca que é tão curvado em torno de si mesmo que tem duas bocas lado a lado no espaço, mas em diferentes tempos. Uma boca está alguns segundos no passado da outra. Agora role uma bola de bilhar na segunda boca. A bola sai da primeira boca alguns segundos *antes* de ter entrado na primeira boca. Este já é um bom truque; mas com um pouco de prática em rolar a bola em diferentes trajetórias na segunda boca, você pode fazer uma coisa ainda mais interessante. Arranje o caminho da bola de forma que, quando ela sair da primeira boca, esbarre na versão de si mesma que ainda está viajando para o segundo buraco, chocando-se consigo mesma no caminho. Então a bola nunca percorre a alça de tempo, e neste caso ela não se choca consigo mesma no caminho, e *entra* no túnel do tempo — e assim por diante.

A importância deste quebra-cabeça é que ele se volta para temas como o livre-arbítrio e o determinismo, e se o universo "sabe" antecipadamente o resultado de um experimento científico — ele pergunta como o tempo funciona.

Uma solução para o quebra-cabeça, familiar à ficção científica e endossado por algumas interpretações da teoria quântica, é que há diferentes realidades paralelas (talvez em um número infinito) existindo lado a lado, de certa forma, em um espaço-tempo multidimensional. Neste quadro, a vovó que morreu está em um universo bem ao lado (ou a algumas quadras), e embora nessa realidade ela não tenha filhos, na primeira a vovó original (da perspectiva do viajante no tempo) cresceu e teve uma filha que teve um filho. Esse é o tipo de cenário de viagem no tempo explorado na série de filmes *De volta para o futuro*. No primeiro filme, Marty não mudou o passado para fazer de seu pai um escritor bem-sucedido; o próprio Marty (como fica claro em *De volta para o futuro II*) caiu em uma realidade paralela, e nessa realidade seu pai sempre foi um escritor bem-sucedido (deve haver, portanto, *dois* Martys na "nova" realidade, mas até Steven Spielberg ficou meio perdido!). Esta abordagem também tem uma semelhança com a abordagem de soma das histórias à mecânica quântica, mencionada no Capítulo 10,[3] embora agora cada uma das diferentes realidades seja tratada como "real" por si mesma.

A outra solução para o paradoxo da vovó é às vezes chamada de abordagem de histórias coerentes e diz que mesmo que as pessoas (ou as partículas) possam viajar no tempo, o que quer que aconteça quando elas o fazem deve ser uma solução coerente com as leis da física. Assim, você não pode voltar no tempo e matar sua avó quando ela era uma garotinha, porque a história já registra que a morte não ocorreu. Você pode *tentar* matá-la, se for suficientemente mau, mas (como vários escritores de ficção científica têm sugerido por diversão), se você tentar, alguma coisa vai acontecer para desviar você do rumo que pretendia seguir.

Hawking discute as duas possibilidades em seu último livro,[4] onde também assinala uma forma elegante de explicar por que não recebemos visitantes do futuro. Afinal, muito embora possa levar milhares de anos para desenvolver a tecnologia para viajar no tempo, uma vez que uma civilização o tenha feito, não teria ela a possibilidade de explorar todo o passado? Talvez não. Uma forma possível de explicar a ausência de visitantes do futuro hoje é que a máquina do tempo abriria todo o futuro para exploração, mas somente permitiria que os viajantes no tempo voltassem no tempo ao momento em que a máquina tornou-se operacional. Eles não podiam ir além no passado porque, em épocas anteriores, a máquina não existia!

Mas a conjectura de proteção cronológica pode tornar qualquer especulação redundante, se opera da forma como Hawking pensa que pode operar.

Isso tem a ver com a forma como a máquina do tempo não só age como máquina do tempo, mas (como você pode ter percebido) como duplicadora de matéria. No exemplo da bola de bilhar viajando na alça do tempo, há um curto período de tempo — de alguns segundos, em nosso exemplo, mas que pode ter a duração que você quiser — em que existem duas cópias da bola no mesmo presente. A matéria de que a segunda bola é feita representa uma quantidade substancial de energia (de acordo com a equação de Einstein, $E = mc^2$), e um ser humano representaria muito mais energia (e o que dirá uma nave espacial).

Esta necessidade de energia é outra restrição à construção de uma máquina do tempo viável — é preciso suprir uma enorme quantidade de energia adicional para mandar alguma coisa através da máquina, equivalente a fazer uma duplicata do objeto a ser transmitido, embora seja possível que isso não represente um problema muito grande para uma civilização que pode manipular cordas cósmicas.

Um dos argumentos propostos, como uma tentativa de provar que os buracos de minhoca de viagem no tempo não podem existir, deriva dessa propensão à "fotocópia" das máquinas do tempo. Afirma que, se existisse um buraco de minhoca desses, um feixe de luz (ou até alguns fótons, as partículas da luz) brilhando em uma boca girariam interminavelmente na alça do tempo, duplicando-se a cada vez, aumentando e formando uma rajada infinitamente grande de energia que explodiria a máquina do tempo. Thorne se convenceu (e a outros pesquisadores da viagem no tempo) de que isso não aconteceria, porque, a cada vez que sai da boca do buraco de minhoca, o feixe de luz perde o foco e é espalhado, enchendo o Universo. Somente uma minúscula fração é apanhada na outra boca do buraco e repete a viagem circular.

Mas há outro tipo de radiação que também tem de ser levada em conta — o equivalente da Radiação de Hawking para um buraco de minhoca, associada com um buraco negro. A incerteza quântica, como discutimos no Capítulo 9, permite a existência de flutuações no vácuo, em geral partículas temporárias criadas do nada; estas flutuações podem ser promovidas a partículas reais em regiões de gravidade intensa, como os arredores de um buraco de minhoca. Isto obviamente tem de ser levado em consideração em qualquer discussão satisfatória da física das máquinas do tempo. Mas as equações que descrevem as condições que permitem essas flutuações quânticas, produzindo um chuveiro de fótons em um feixe que cresceria e circularia em torno de um buraco de minhoca, são pavorosamente complicadas, e Thorne e seu colega Sung-Won Kim lutaram com o enigma na maior parte da década de 1990

O motivo por que eles calcularam os efeitos de fótons, em vez de qualquer outra partícula, é não só que os fótons são mais simples de trabalhar mas também porque eles viajam à velocidade da luz, então descrevem ciclos contínuos em um túnel do tempo com mais rapidez que qualquer outra partícula. Em princípio, Thorne e Kim descobriram que, ao contrário da luz comum, as flutuações no vácuo efetivamente se refocalizam espontaneamente. A radiação do vácuo que se espalha pelo Universo a partir de uma extremidade do buraco tenderia, insistiam as equações, a voltar à outra boca, como se por uma força misteriosa, repetidamente viajando na alça do tempo e desenvolvendo-se em níveis desastrosos. Então os dois pesquisadores concluíram que estavam errados. Eles achavam que tinham descoberto que a formação de energia eletromagnética só podia ser infinita para "um intervalo de tempo tão pequeno que tende a zero". Por que isso deve importar? Porque, como explicamos no Capítulo 11, a física quântica nos diz que até o tempo tem um tipo de granulação e que não há intervalo de tempo mais curto que o tempo de Planck, de $10^{-45}$ segundo. Assim, não existe um "intervalo de tempo tão pequeno que tende a zero".

Quando Thorne e Kim refizeram os cálculos, permitindo a granulação de tempo implicada pelo tempo de Planck, descobriram que os efeitos quânticos deteriam a formação desastrosa de radiação. Então, eles escreveram o cálculo em um artigo que submeteram ao periódico *Physical Review* e ao mesmo tempo mandaram cópias do artigo a vários colegas de todo o mundo, inclusive Hawking.

Hawking encontrou a falha em seu argumento. Embora o tempo de Planck seja o menor intervalo de tempo, como Einstein mostrou em sua teoria especial da relatividade, o comprimento medido de um intervalo de tempo depende de o relógio que faz a medição estar em movimento ou não. Para a formação de radiação em um buraco de minhoca, o tempo relevante é o tempo medido por alguém dentro do buraco de minhoca, observando o que está acontecendo. Para um relógio viajando pelo buraco de minhoca em uma alta velocidade, a interrupção causada pelos efeitos da gravidade quântica detém a formação de radiação de vácuo $10^{-45}$ segundo antes que o buraco de minhoca se torne uma máquina do tempo. Mas para alguém sentado dentro do buraco de minhoca, observando a formação de radiação, esta interrupção acontece mais tarde — somente $10^{-95}$ segundo antes que a máquina do tempo comece a operar. Graças à revisão que Hawking fez da escala de tempo, ainda haveria tempo para que a formação de radiação destruísse o buraco de minhoca antes que ele pudesse funcionar como máquina do tempo. Mas ninguém ainda era capaz de provar esta conjectura ou demonstrar que ela estava errada.

Os números envolvidos são tão pequenos que não dá para imaginar que os físicos sequer consigam começar a registrar estes efeitos em seus cálculos. O número $10^{-95}$ é um ponto decimal seguido de 94 zeros e um 1. Para termos certeza de que as máquinas do tempo possam ou não existir, precisaremos de uma compreensão da gravidade quântica, operando em intervalos ridiculamente pequenos de tempo como $10^{-95}$ segundo, para explicar o que acontece com a formação de flutuações quânticas dentro de um buraco de minhoca. E é por isso que agora o tema da viagem no tempo é de intenso interesse para os físicos — não tanto porque eles queiram provar que as máquinas do tempo podem ou não ser construídas, mas porque eles ainda estão buscando uma teoria quântica bem-sucedida da gravitação, e ao lidar com problemas como os da conjectura de proteção cronológica eles esperam saber quais são as variações sobre o tema da gravidade quântica que vale a pena procurar. Estamos bem atrás da pesquisa por uma teoria de tudo, o Santo Graal que sempre parece estar a vinte torturantes anos no futuro.

A conjectura de proteção cronológica de Hawking pode ser resumida, em sua forma mais recente, dizendo-se que se qualquer civilização, não importando seu grau de progresso, tenta construir uma máquina do tempo, por quaisquer meios, um feixe de flutuação de vácuo semelhante à Radiação de Hawking se formará dentro da máquina e a destruirá pouco antes que o dispositivo comece a operar em modo de máquina do tempo. Embora Thorne concorde que "não podemos saber com certeza até que os físicos tenham penetrado mais profundamente nas leis da gravitação quântica",[5] é significativo que ele se recuse a se colocar contra Hawking e diga que "Hawking provavelmente tem razão". A conjectura de proteção cronológica provavelmente é a última contribuição significativa para a ciência; apropriadamente, pode marcar o fim da viagem no tempo, se não o fim do tempo.

# 18

# Stephen Hawking *superstar*

O público de 1.500 amantes da música reunido no festival de música de Aspen, no Colorado, irrompeu em um aplauso espontâneo quando o mestre-de-cerimônias, o Prof. Stephen Hawking, apareceu no palco sob a enorme cobertura branca que protegia o palco ao ar livre. Aspen é o spa favorito da comunidade científica americana e um local freqüente para reuniões dos maiores físicos do mundo. O festival de música é prestigiado por muitos daqueles cientistas, inclusive Stephen Hawking, e a primeira apresentação que anunciou na noite foi de uma de suas peças favoritas, *O idílio de Siegfried*, de Wagner, o compositor que ele tocava em alto volume em seus quartos da pós-graduação em Cambridge em 1963, pouco tempo antes de saber que estava sofrendo de uma doença fatal. Esta ocasião não podia ter sido diferente. Agora aplaudido como o mais famoso cientista de sua geração, ele tinha sido especialmente convidado para apresentar as peças do concerto, e assim que apareceu no palco em sua cadeira de rodas e sua voz sintetizada explodiu, ele foi reconhecido. Mas o simbolismo foi ainda maior.

"Esta é *O idílio de Siegfried*", anunciou ele, "que Wagner escreveu em 1870 para ser apresentada na manhã de Natal do lado de fora do quarto de sua esposa. Estou aqui com minha noiva Elaine e nos casaremos em setembro, então acho que esta peça é muito apropriada."

Na época do concerto, em agosto de 1995, o mundo tinha tomado conhecimento que o casamento de um quarto de século de Stephen Hawking com sua esposa, Jane, tinha acabado. Na verdade, a sentença tinha chegado em suas casas separadas no início daquele verão, alguns meses antes da planejada data de casamento, e a imprensa já estava ansiosa por qualquer coisa que pudesse descobrir sobre o evento próximo.

Para Stephen Hawking, a década de 1990 tinha se tornado uma década de realizações ainda maiores que os anos anteriores, mas grande parte de seu sucesso ocorreu fora da ciência e pode-se afirmar que seu vigor como físico de primeira tinha começado a minguar no final da década de 1980 e que sua vida agora era dominada por atividades públicas. A década de 1980 tinha sido a década em que ele atingira um público global com seu best-seller e suas aparições na televisão; os anos 90 foram o período em que ele se tornou um nome familiar, uma figura pública confortavelmente discutida ao mesmo tempo que outros ícones da cultura popular — estrelas de Hollywood, celebridades de tevê, líderes mundiais e estrelas do pop.

Mas este era apenas um aspecto da crescente fama de Hawking. Ele parecia ter conquistado uma autoconfiança maior com o incrível e inesperado sucesso de seu livro, e tirou proveito disso vorazmente. Stephen Hawking sempre fez autopromoção e sempre foi um homem muito determinado. Escreveu *Uma breve história do tempo* com a simples intenção de ganhar dinheiro suficiente para pagar pelos cuidados de saúde de que precisava; seu sucesso superou em muito suas expectativas. Mas ele obviamente aprende muito rápido, e logo se adaptou à grande onda de aclamação que caiu sobre ele na década de 1980. Por ironia, esta realização, que tinha precipitado a mudança mais importante de sua vida, não é algo que agora ele veja como sua maior realização. Ele disse que não tem "orgulho" do sucesso de seu livro, mas que meramente "fica feliz" com ele.[1]

Durante o início da década de 1990, Hawking começou a aumentar seu cânone literário com uma coleção de outros livros. Primeiro veio o livro-do-filme-do-livro — *The Companion to* A *Brief History of Time*, que se baseou no roteiro do filme de Errol Morris, *Uma breve história do tempo*, transmitido em rede em 1992, uma produção que em parte se baseou no livro original de Hawking. Em seguida uma coletânea de ensaios chamada *Buracos negros e uni-*

*versos bebês*, que continha uma mistura de pequenos artigos cobrindo um leque de temas que ia de conferências técnicas e descrições da vida pessoal do autor a opiniões sobre religião e filosofia. Algum tempo depois, em 1996, apareceu uma nova versão completa de *Uma breve história do tempo*, chamada *The Illustrated Brief History of Time*. Não era apenas uma versão ilustrada do original de 1988, mas um livro bem diferente, que, embora se baseasse no original manuscrito, era bem mais acessível. Até a data da redação deste livro, vendeu aproximadamente 100 mil exemplares em capa dura.

Mas, de longe, o acréscimo comercial mais importante no cânone literário de Hawking foi a publicação, no final de 2001, de *O universo numa casca de noz*. Neste livro, Hawking considerou muitos dos temas que cobriu em *Uma breve história do tempo*, mas tentou lidar com eles em termos mais claros, objetivando claramente um público leigo.

As reações ao livro foram variadas. Ele certamente se saiu bem no mercado (embora não tão bem quanto *Uma breve história do tempo*). Muitos acharam *O universo numa casca de noz* muito mais acessível do que a obra anterior de Hawking, mas alguns encontraram pouco mérito nele. O crítico do *Guardian*, Jon Turney, declarou: "*O universo numa casca de noz* é mais episódico que *Uma breve história do tempo*, mas é principalmente um comentário das mesmas idéias".[2]

O fato de que o início da década de 1990 viu o começo de uma indústria Hawking (na qual a versão original deste livro teve uma participação significativa) não deve surpreender. O homem tinha se tornado uma celebridade internacional e sua vida pessoal era tão fascinante para o público em geral quanto seu trabalho fascinou por muitos anos os de inclinação científica. E Hawking foi ágil em se colocar como o centro deste processo. Mas ao mesmo tempo havia uma frieza patente em relação aos jornalistas e escritores por parte de muitos de seus amigos e alunos, que começaram a se ressentir da intrusão da fama na equação. E não é difícil entender por quê.

O próprio Hawking caíra na armadilha de sua própria criação, apanhado por seu sucesso. Por um lado ele queria explorar sua fama e seu sucesso, mas por outro ele genuinamente não queria que isso interferisse em seu trabalho. Assim começou um difícil malabarismo — manter a personagem pública, manter os livros fluindo, mas ao mesmo tempo manter sua posição na vanguarda de seu campo.

Hawking pode parecer ter capacidades sobre-humanas como cientista e sobrevivente, mas ele não pode sustentar todas as bolas no ar ao mesmo tempo, e muitos dos que o conhecem e trabalham com ele admitiriam que seu trabalho científico tem sofrido muito e que Stephen Hawking não lidera mais, mas está a um passo de outros inovadores menos famosos.

Hawking sabia desde o começo que podia usar *Uma breve história do tempo* como degrau, em vez de permitir que fosse um fim em si mesmo. Depois que o livro chegou a um público global, ele corretamente explorou o fenômeno que tinha criado e decidiu extrair o máximo que pudesse dele. Isto se manifestou de várias maneiras. Algumas das coisas que Hawking tinha feito com sua fama são puramente egoístas, outras totalmente altruístas, e algumas ele fez simplesmente por diversão.

No Natal de 1992, ele apareceu no *Desert Island Discs*, programa da Radio 4. Pouco do que ele revelou sobre sua vida não era conhecido, mas ele se saiu bem no programa, demonstrando seu charme e seu carisma apesar do som mecânico de sua voz. Ele falou das formas como lidava com sua doença e como tinha sido bem-sucedido em sua carreira variada apesar do sofrimento da ELA, sugerindo que em alguns aspectos isso o tinha ajudado, por lhe permitir focalizar seus pensamentos sem a distração da administração e de desempenhar um papel prático em sua vida doméstica. Suas músicas preferidas eram uma mistura muito previsível que incluía Beethoven, Brahms, seu amado Wagner e os Beatles.

Na primavera seguinte Hawking foi procurado pela British Telecom (BT) para estrelar uma nova série de comerciais produzidos pela Saatchi & Saatchi (ironicamente, a empresa que criara as campanhas publicitárias vencedoras para o partido tóri que Hawking abomina). A mensagem girava em torno do tema da importância da comunicação, mesmo quando é difícil realizá-la, e as peças de 90 segundos mostraram Hawking em vários locais impressionantes, com sua voz em *off* declarando como a capacidade de se comunicar era importante para a humanidade e como falar tinha sido o meio pelo qual tudo tinha sido realizado na história, implicando assim que devíamos todos investir mais nos benefícios de conversar com os outros ao telefone. A BT nunca revelou quanto Hawking recebeu por seus serviços, mas repetia com satisfação que Hawking tinha sido feito sob medida para a tarefa. "Hawking é um perfeito exemplo de alguém que vive para se comunicar. Ele age como uma metáfora muito poderosa para a BT."[3]

Embora tenha ganhado uma quantia significativa com esses anúncios publicitários, muito mais importante para Hawking foi a exposição que eles lhe deram. Embora afirme constantemente que não é fominha de mídia e que se ressente da invasão da publicidade em sua vida e as exigências que ela acarreta, ele adora a atenção que recebe com suas aparições em milhões de aparelhos de tevê. Entre os muitos paradoxos que compõem Stephen Hawking, um é o fato de que ele ao mesmo tempo evita e corteja a atenção da mídia, especialmente da televisão e do cinema. Ele genuinamente sente que o crescendo de celebridade que se seguiu ao sucesso de *Uma breve história do tempo* prejudicou o que, no centro de seu ser, é o mais importante para ele — seu trabalho científico; mas, ao mesmo tempo, seu ego considerável o impele a mais atividades que o tornam mais público e o afastam do DAMTP. Sabia-se, nos círculos da mídia, que Hawking queria desesperadamente ter seu próprio programa de televisão, e que os anúncios da BT foram um importante passo nesta direção. No outono de 1997, quase cinco anos depois dos anúncios, ele realizou seu sonho quando uma nova série, *O universo de Stephen Hawking*, entrou no ar pela primeira vez. Se a fama foi sua motivação para fazer a série de anúncios, isso funcionou, porque para um número surpreendente de pessoas na Grã-Bretanha Hawking é primeiro o homem da propaganda da BT, em segundo lugar o autor de *Uma breve história do tempo* e em terceiro um dos mais importantes físicos do mundo. É deprimente saber que para a maioria ele é somente o primeiro dos três.

No verão de 1995, na crista dessa nova onda de fama, Hawking aceitou um convite para dar uma palestra no Royal Albert Hall. Com isso ele estava novamente seguindo os passos do cientista com quem mais freqüentemente se identificava — Albert Einstein. Como refugiado da Alemanha nazista, Einstein deu uma palestra pública no Albert Hall, em Londres, quando morou por pouco tempo na Inglaterra, em 1933. A de Hawking foi a palestra de física com a maior afluência de público na Grã-Bretanha desde aquela ocasião, e lotou facilmente os 5 mil lugares; nas calçadas do lado de fora, cambistas vendiam a preços inflacionados ingressos a fãs que não tinham conseguido obtê-los pelos meios oficiais. De um jeito que lhe é peculiar, Hawking decidiu encerrar a palestra com uma observação controversa, semelhante ao modo como termina seu best-seller, discutindo a questão do papel de Deus nos mecanismos que regem o Universo. Ele concluiu: "Deus ainda tem alguns truques na manga".

Embora Hawking pudesse ganhar uma fortuna com a palestra, e na verdade podia pedir quase qualquer preço para fazer uma turnê de palestras públicas em qualquer lugar do mundo, ele prestou seus serviços ao evento no Albert Hall gratuitamente e só concordou em se envolver porque a renda foi revertida para uma organização sem fins lucrativos relacionada com a doença do neurônio motor. E, na verdade, a virtude que mais redime Hawking desde o sucesso de sua carreira literária tem sido o fato de que, à medida que sua fama explodia, ele a explorava muito mais para ajudar os outros do que a si mesmo. Em toda a década de 1990, Hawking fez tudo o que pôde para ajudar organizações beneficentes em que acreditava a ganhar publicidade por associação com seu nome. O que é muito natural, ele prefere ajudar organizações que lidem com a deficiência física e em particular a doença do neurônio motor. Ele tem sido clamoroso em seus esforços. Escrevendo a *The Times* em março de 1994, ele atacou o *establishment*, dizendo que os deficientes físicos

> (...) enfrentam grandes obstáculos quando querem participar de qualquer atividade normal, como ir ao teatro ou ao cinema, ou comer em restaurantes. Como eu mesmo sei muito bem, muito poucos teatros e salas de cinema em Londres têm lugares para cadeiras de rodas. Se houvesse esse tipo de discriminação contra negros ou mulheres, haveria um clamor público.[4]

Além de endossar campanhas e protestos nacionais, ele também trabalhou no nível local, pressionando a Câmara de Vereadores de Cambridge a fornecer aos moradores melhores acessos aos teatros, museus, bibliotecas e outros lugares públicos, e em geral ajudou a conscientizar as pessoas para as necessidades especiais de pessoas fisicamente deficientes.

Ele também acredita firmemente que a tecnologia, que agora é disponível para ele através do dinheiro que ganhou como escritor, devia estar disponível para outras pessoas com graves deficiências físicas através do Serviço Nacional de Saúde, e afirma que a dependência da caridade (e em seu caso da boa sorte) "simplesmente não é muito boa". Para ajudar a minorar o sofrimento de pessoas que ficaram paralíticas por acidentes ou por doenças como a ELA, Hawking tem encabeçado várias campanhas para gerar fundos. Parte deste esforço envolveu seu endosso em uma exposição de tecnologia potencial futura associada com a deficiência, chamada *Speak to Me*, no Museu de Ciência em Londres. Só ter o nome de Hawking associado à exposição e sua presença na abertura garantiu seu sucesso, conquistando o interesse da mídia e um público que normalmente não seria atraído a uma exposição tão esotérica.

Logo depois ele deu seu apoio a uma organização beneficente de nome Aspire (Appeal for the Professor of Disability and Technology), cujo objetivo era criar uma cátedra no University College, em Londres, dedicada inteiramente à pesquisa em tecnologia a ser utilizada pelos deficientes. Hawking disse do projeto:

> A abrangência é enorme. Há mais de 6 milhões de deficientes neste país, alguns casos muito graves como o meu, e uma grande parcela deles pode ser ajudada. Os deficientes físicos são antes de tudo pessoas, depois deficientes. Eles não devem ser condenados a uma sentença perpétua de confinamento solitário, sem conseguir se deslocar ou se comunicar com o mundo.[5]

Quando a Lei de Direitos Civis caiu por terra em 1994, Hawking instou as pessoas a reagir, opondo-se ao governo, dizendo: "Não acho que qualquer deficiente físico deva votar no governo atual, a não ser que eles façam alguma coisa para compensar a forma vergonhosa como destruíram a Lei de Direitos Civis".[6]

Mas ao mesmo tempo em que promovia sua carreira e ajudava os outros, ele se divertia um pouco. Em 1993, enquanto visitava os estúdios de *Jornada nas estrelas, A próxima geração*, Hawking deixou escapar aos executivos que o levaram pela *Enterprise* que sempre tivera a fantasia de aparecer em um episódio do programa. Não demorou muito para que os produtores conseguissem colocá-lo numa ponta de um episódio que estava sendo filmado na época. Neste, seu primeiro e único papel dramático até a época da redação deste livro, Hawking apareceu no *holodeck* da *USS Enterprise* para jogar pôquer com Data, Isaac Newton e Albert Einstein. Depois disso, um dos executivos que tinham arranjado o aparecimento de Hawking no seriado disse: "Ele pode admirar o programa, mas nós é que somos seus maiores fãs".[7]

Não é de surpreender que a presença de Hawking logo fosse solicitada no mundo do entretenimento. O Pink Floyd o sampleou falando em seu álbum *The Division Bell*; e em *OK Computer*, lançado no verão de 1997, o Radiohead compôs uma colagem musical, montada em torno da leitura que Hawking fizera de um roteiro que a banda havia escrito para ele.

Na Internet, Hawking também atrai muita atenção dos usuários não só interessados em física e na vanguarda da pesquisa cosmológica mas também fascinados com seu *status* de celebridade, seu relacionamento com a ficção científica e agora até a música popular. Há literalmente milhares de *sites* sobre Stephen Hawking e *Uma breve história do tempo* na *Web*, e nos fóruns da Internet é incrivelmente fácil encontrar pessoas de todo o mundo a qualquer hora da noite ou do dia discutindo aspectos obscuros do trabalho e das idéias do professor. Nem todos são *Websites* e fóruns de fãs comuns — existe o *Website* oficial de Stephen Hawking e textos publicados tanto pelos que apóiam Hawking como por seus detratores. Estes vão de cientistas que trabalham em campos associados, passando por produtores e jornalistas que colocam suas entrevistas e matérias *on-line*, a vigorosos oponentes das visões religiosas e filosóficas de Hawking, refutando suas declarações e oferecendo alternativas a suas idéias.

No mundo enclausurado da Universidade de Cambridge, Hawking certamente é o mais famoso e reverenciado acadêmico desde Isaac Newton. Hoje ele é atendido 24 horas por dia por nada menos que dez enfermeiras. Tem uma sala suntuosa em um novo prédio no lado oeste de Cambridge. Aqui, ele colocou novos quadros e pôsteres nas paredes, inclusive um pôster cômico que mostra Marilyn Monroe se inclinando para um Cadillac, com Hawking em sua cadeira de rodas ao lado dela como se eles tivessem acabado de ter um encontro. Ele também tem uma placa na porta com os dizeres: "Sim, eu sou o centro do universo." Retratos de seus três filhos ainda estão em evidência, mas agora não há nenhum de Jane Hawking, é claro.

A adoração e o respeito são a melhor parte do novo *status* de Hawking como uma espécie de guru universal, mas à medida que sua fama aumentou, a controvérsia naturalmente seguiu de perto; a controvérsia que com freqüência ofuscou seus pronunciamentos científicos e perturbou sua vida particular.

A forte reação (e esta não é uma descrição muito severa) começou no início da década de 1990, quando alguns de seus colegas na comunidade científica começaram a questionar abertamente o que eles viam como a hipérbole ridícula que seguira a carreira pioneira de Hawking. O escritor e físico rival John Barrow comentou em uma entrevista a um jornal: "Em uma lista dos 12 físicos teóricos deste século, Steve Hawking não chegaria nem perto."[8] E um novo ataque logo começou. Começaram a aparecer artigos escritos por jornalistas que condenavam o que viam como a falta de qualificação de Hawking para fazer seus comentários agora famosos sobre religião e a relação entre suas idéias científicas e religiosas. Em outubro de 2001, uma pesquisa de opinião feita pela publicação científica *Physics World* para descobrir quem os próprios físicos acreditavam ser os maiores profissionais em sua área em toda a história colocou Einstein no topo, com 119 votos, e Newton em segundo com 46, mas Hawking recebeu apenas um voto e ficou em último lugar (junto com muitos outros cientistas).

O mais proeminente entre os críticos de Hawking é Bryan Appleyard, que repetidamente atacou Hawking na imprensa, chamando-o de "arrogante" e afirmando que suas observações, quando fogem do mundo da física, são "intelectualmente frágeis". A principal alegação de Appleyard é que Hawking nada sabe de filosofia, mas tenta menosprezar o assunto e substituir a convicção religiosa e filosófica por uma visão puramente empírica do universo. Mas, em nossa opinião, Appleyard está cego por sua própria convicção equivocada de que a filosofia é o mais nobre dos temas, afirmando em uma declaração particularmente cáustica:

> A reconhecidamente sensacional e extraordinária natureza da física especulativa tenta convencer os leitores de que eles estão nas mãos de um grande perito universal e que este mago certamente será capaz de navegar pelos reinos humanos com a mesma habilidade com que faz com as estrelas. O primeiro perigo deste tipo de crença é que ela diminui e desacredita a própria ciência. A idéia que Hawking tem da ciência é de uma disciplina rarefeita, muito superior ao intelecto das pessoas comuns e definitivamente superior a todas as formas concorrentes de conhecimento.[9]

Se assim fosse, por que Stephen Hawking escreveria um livro de divulgação científica, por que deixaria seu trabalho para dar palestras gratuitas ao público e por que lhe apraz tanto que seus livros alcancem o mercado mais amplo possível? Sua motivação certamente não pode ser atribuída unicamente à recompensa financeira e à egomania.

A sensação geral entre muitos cientistas que apóiam a postura de Hawking é que Appleyard tem um interesse pessoal e fez de Hawking a incorporação do que ele mais despreza na ciência. O próprio Hawking disse do jornalista: "Ele tem uma índole muito agressiva. Não sei se o vi escrever aprovando alguém. Acho que ele tem uma falha intelectual e assim tem que execrar todos os outros".[10]

Appleyard certamente não é o único crítico público de Hawking. Vários acadêmicos têm criticado publicamente o que vêem como o puro e até perigoso ateísmo de Hawking e alguns têm levado seus ressentimentos ao circuito de conferências. Um dos críticos mais capazes de Hawking é o indicado ao prêmio Nobel de química Dr. "Fritz" Schaefer, do Centro para a Química Quântica Computacional da Universidade da Georgia, nos Estados Unidos. Em uma palestra dada em 1994 e agora disponível na Net, ele citou o grande físico (e ateu) Richard Feynman, que certa vez disse: "Tudo na ciência física é um monte de prótons, nêutrons e elétrons, enquanto na vida diária falamos de homens e história, ou de beleza e esperança. O que está mais perto de Deus — a beleza e a esperança ou as leis fundamentais? Ficar em um dos extremos e se afastar daquela extremidade do píer, esperando que em outra direção haja uma compreensão completa, é um erro". Schaefer então acrescentou: "Eu teria a dizer que o que Stephen Hawking tem feito é se afastar daquele píer".

A maior parte do fogo antiaéreo vem não só da atitude empírica descompromissada de Hawking mas também de seu aparente desrespeito para com as explicações religiosas e filosóficas da origem e da natureza do Universo. De sua parte, Hawking considera as muitas declarações públicas de seus antagonistas um tanto histéricas e tem comentado obliquamente que, se não tivesse incluído a famosa frase de *Uma breve história do tempo* — "Contudo, se descobrirmos uma teoria completa (...) então conheceríamos a mente de Deus" — ele provavelmente teria reduzido à metade as vendas de uma tacada só.

Embora ele possa não ser tão veemente quanto outros aclamados divulgadores da ciência, seu desprezo cínico pela religião e o que tem sido visto como uma arrogância imperdoável são apoiados por uma crença genuína nas afirmações que faz pela ciência. Visto desapaixonadamente, Hawking simplesmente oferece uma visão alternativa purista, que pode ser considerada ou deixada de lado, a critério de cada um.

Ao mesmo tempo, quer sua reputação seja justificada ou não, não é possível negar que o Prof. Stephen Hawking é agora o "gênio científico" de nossa época, e como tal é procurado para comentar sobre praticamente qualquer coisa que aconteça, mesmo à margem da ciência; e, talvez imprudentemente, em sua busca contínua por uma fama cada vez maior, ele é sempre precipitado nas respostas.

Após a tragédia de 11 de setembro, e à medida que o medo de ataque biológico varria os Estados Unidos, Hawking afirmou: "Não acho que a raça humana sobreviverá aos próximos mil anos, a não ser que nos espalhemos pelo espaço. Há acidentes demais que podem acontecer à vida em um único planeta." Quando indagado por sua opinião sobre as armas nucleares, ele respondeu: "A longo prazo, estou preocupado com a biologia. As armas nucleares precisam de grandes instalações, mas a engenharia genética pode ser feita em um pequeno laboratório. Não se pode regulamentar cada laboratório do mundo."[11]

Uma lista dos temas sobre os quais Hawking fez comentários nos últimos anos inclui alienígenas: "Acho que qualquer visita de extraterrestres seria óbvia e provavelmente desagradável." Sobre a Loteria Nacional, ele declara: "Sou contra a Loteria Nacional porque ela estimula as apostas e porque tira dinheiro dos que têm menos capacidade de gastá-lo (...). É uma vergonha que o governo explore suas fraquezas."[12] Ele se dedicou superficialmente à política, indicando Anne Campbell como candidata trabalhista em Cambridge durante as eleições gerais de 1997, e se tornou representante da Universidade de Cambridge em longas discussões com o empresário da computação Bill Gates, quando Cambridge fez o convite bem-sucedido de sediar um grande complexo de pesquisa da Microsoft na cidade. Ele é um grande fã da Internet. Depois de ter seu sistema de computador atualizado pela Intel, Hawking afirmou que ele deve ser "uma das pessoas mais conectadas do mundo e posso dizer, fielmente, que sou *Intel inside*".[13] A empresa ficou tão satisfeita com essa publicidade que colocou um novo *software* gratuitamente em sua cadeira de rodas, permitindo-lhe que usasse sinais de rádio para operar interruptores de luz, portas e outros dispositivos elétricos por controle remoto. Ele chegou a dizer uma ou duas palavras sobre a música pop, anunciando na revista dos estudantes da Universidade de Cambridge, *Varsity*, que gosta do Oasis.

Em 1998 Hawking conheceu o presidente Bill Clinton na Casa Branca. Durante a campanha eleitoral de 2000, ele deixou muito claro que considerava Al Gore a melhor esperança para os Estados Unidos e o mundo, declarando à imprensa sua crença em que "o Sr. Gore é mais preparado que qualquer outra personalidade mundial que conheço para enfrentar os desafios do futuro (...). O próximo presidente dos Estados Unidos é mais do que um líder de seu país. Ele terá de guiar todo o mundo por um período de mudança crescente provocado pelos progressos na ciência e na tecnologia, que estão transformando nossa vida. Al Gore entende as implicações desta mudança e será capaz de configurá-las e aproveitar suas oportunidades".[14]

Ao mesmo tempo que era visto endossando produtos e promovendo boas causas, a súbita fama internacional de Hawking também fez dele um alvo para a imprensa marrom. Quando ele e Elaine Mason decidiram se casar em 1995, a história ganhou as manchetes de todo o mundo e nem todos os comentários que apareceram na imprensa foram elogiosos ou congratulatórios.

Naturalmente, estavam presentes todos os ingredientes para uma história sensacionalista. Hawking, a pessoa mais fisicamente incapacitada da vida pública, o clichê da entidade puramente cerebral confinado a uma cadeira de rodas, estava tendo uma relação extraconjugal com sua enfermeira e tinha deixado sua amada esposa de 25 anos de casamento e seus três filhos. David Mason, ex-marido da noiva de Hawking, ficara arrasado, com os dois filhos do casal inconsoláveis. E para completar, bem no fundo, entre as linhas impressas, a hipérbole e a hipocrisia estavam no fato de que Hawking e Elaine claramente tinham um relacionamento sexual. Era um prato cheio para a mídia.

Infelizmente, por trás da cobertura sensacional do segundo casamento de Hawking está uma dor e um sofrimento genuíno para um grupo de pessoas que incluía Stephen e sua nova parceira. Jane naturalmente ficou arrasada com as notícias, e pela primeira vez quase quebrou o silêncio relacionado a seus sentimentos por Stephen, seu casamento e seu rompimento. Como é freqüente no caso de casais que se separam, na época em que Hawking anunciou seu casamento com Elaine e os jornais se encheram com os planos do casal, o relacionamento entre Jane e Stephen tinha há muito tempo caído em recriminações e amarguras, e por um bom tempo eles não se falaram, exceto sobre assuntos relacionados aos filhos. Durante 1995, Jane foi tema de várias entrevistas em jornais e foi franca sobre seus sentimentos. "Não sei qual é a dinâmica da situação", disse ela se referindo a Stephen e Elaine, "mas acredito que seja imprudente." Ela passou depois a comentar enigmaticamente: "Temo que ele seja apanhado por forças que estão fora de seu controle. Por um bom tempo eu me preocupei com o que estava acontecendo com Stephen e continuarei a me preocupar".[15]

A filha de Hawking, Lucy, também quebrou o silêncio e escreveu um artigo muito revelador para um jornal de circulação nacional em que descreveu uma tristeza reprimida, mas profunda, e um ressentimento em relação ao rompimento do casamento de seus pais. Mas ao mesmo tempo ela assinalou que nunca teve o que podia ser considerado uma infância "normal" e, apesar dos melhores esforços de seus pais, ela foi apanhada nos ramos do *status* de celebridade de seu pai. Aparentemente, um fã anônimo de Hawking que ela nunca conhecera tinha lhe escrito uma proposta de casamento — com a condição de que ela primeiro lesse sua tese de física.

Lucy estava em Praga quando seu pai se casou com Elaine Mason, e o filho mais velho de Hawking, Robert, estava nos Estados Unidos, onde mora e trabalha. No dia do casamento, Jane e o filho mais novo de Stephen, Tim, ficaram em casa com sua mãe, e nenhum dos filhos de Mason foi à cerimônia.

Nesta época, Jane estava casada com um músico erudito, Jonathan Hellyer-Jones, e sua vida tinha tomado outros rumos. Ela se tornara escritora e tinha escrito um livro sobre as propriedades de conversão da França chamado *At Home in France*. Mas as feridas ainda eram profundas, porque apesar de ter refeito sua vida depois da separação em 1990, as recriminações continuavam. Jane disse sobre o grande dia de Stephen e Elaine: "Não fui convidada para o casamento, e se fosse eu não iria." E anos depois, em 1999, ela publicou sua autobiografia, *Music to Move the Stars*, em que fez um relato franco de sua vida com Stephen. Seu livro retratava um quadro muito mais bonito do casamento com Hawking. Enquanto isso, David Mason (que foi duplamente atingido pela perda de sua esposa porque grande parte de sua empresa de computação girava em torno do sistema de Hawking) simplesmente comentou que Hawking "usa as pessoas".[16]

Até a mãe de Hawking, Isobel, fez um comentário público e nobre sobre o tratamento que Stephen e Elaine estavam recebendo da imprensa, revelando em uma entrevista que ela achava que o relacionamento de seu filho tinha sido deturpado. "A cobertura do casamento e o tiroteio anterior foram desagradáveis", disse ela. "A impressão era que Elaine era uma intrusa — e ela não é. Não há nada de vergonhoso no casamento, como sugeriu a imprensa. É muito normal que pessoas que ficaram juntas por anos se casem."[17]

Na verdade, a mídia parecia determinada a retratar o casamento de Hawking como um espetáculo de aberrações. A ocasião recebeu diversos títulos acintosos

"Best-seller se casa", "Boicote ao casamento de Einstein" e "Gênio casa-se com enfermeira", e alguns jornalistas com leitores em todo o país escreveram artigos condescendentes, pesados e um tanto hipócritas.

Mas talvez, nos momentos de reflexão, Hawking aceite este furor como um aspecto negativo de ter se tornado uma propriedade pública, uma figura que está nos olhos do público tanto quanto atores de Hollywood, estrelas pop e a realeza. Se ele aparece em algum jornal comentando quase sobre qualquer coisa, então não pode reclamar demais se a imprensa deixa de tratar sua vida pessoal com o devido respeito. Ele nunca fez nenhuma queixa pública desse assunto, embora o comentário de sua mãe sobre isso tenha sido: "Stephen e Elaine nunca disseram que isso os magoava, mas acho que lhes causou uma grande dor".[18]

Um lembrete tocante da vida e da carreira multifacetadas de Hawking veio com a comemoração de seu sexagésimo aniversário. Um comunicado à imprensa anunciou que haveria "um simpósio especial de aniversário e que o espaço para equipes de tevê e fotógrafos seria muito limitado". Os jornais de todo o mundo cobriram a história e grande atenção foi dada ao fato de o professor ainda estar entre nós, quase quarenta anos depois de ter o diagnóstico de ELA e de receber um prognóstico de pouco tempo de vida. Mas ao mesmo tempo "Hawking, o cientista" não foi esquecido e presidiu um simpósio especial de quatro dias na Universidade de Cambridge sobre "O Futuro da Física Teórica e da Cosmologia". Na noite de seu aniversário, em 8 de janeiro, ele deu uma festa particular para a qual foram convidados mais de duzentos familiares, amigos, colegas de trabalho e ex-alunos.

Assim, sob a hipérbole e o verniz da mídia, quem é o verdadeiro Stephen Hawking? Ele é uma potência a ser considerada, disso há pouca dúvida. A força de sua personalidade é formidável — dada sua condição física, como poderia ele ter sobrevivido e alcançado a grandeza em mais de uma arena? Ele pode ser implacável; fez um trato difícil com a vida e a encara de frente. Ele acha difícil contemporizar; sua força de vontade pode às vezes agir contra ele. Muitas pessoas o acham cáustico, mas por outro lado ele é famoso por seu senso de humor. Tem muitos amigos íntimos e admiradores, e provou ser um pai amoroso e afetuoso. É impossível conhecer os pensamentos mais íntimos do homem, tão ligado ele é a máquinas, um conjunto de dispositivos frios que lhe permitem se mover, falar e respirar. Seu rosto é mais expressivo que o da maioria porque, além de seu dom para a linguagem sucinta, é a única janela para sua mente. Uma parte importante de Stephen Hawking é seu trabalho, mas pouquíssimos de nós podem entendê-lo, exceto nos termos pictóricos mais vagos. Sua tentativa de comunicar sua compreensão ao mundo através de seu livro foi bem-sucedida. É claro que muitos exemplares de *Uma breve história do tempo* sequer foram abertos, usados para enfeitar estantes como acessórios da moda, mas apesar disso há muitos — talvez milhões — que aprenderam mais sobre o Universo em que vivemos com a leitura de suas palavras. Ele conseguiu um sucesso estarrecedor despertando um público cético e uma mídia ainda mais cética para a beleza da ciência, um tema no coração de nossa sociedade e o futuro da civilização. A popularização da ciência tem experimentado um novo renascimento, graças em grande parte a seus esforços, e na verdade existe agora um "fator Hawking" reconhecido na publicação de ciência.

Além disso tudo, ainda mais profundo do que sua imensamente bem-sucedida carreira de escritor, além até de suas realizações científicas, permanece o triunfo humano de sua sobrevivência, a força de seu espírito em conseguir mais do que a maioria de nós sonharia. Alguns afirmam que Stephen Hawking só conseguiu isso graças às circunstâncias infelizes em que se encontrou, mas tal falastrice nega a própria essência da humanidade. Outros desabam sob uma pressão muito menor. São os Stephen Hawkings deste mundo que chegam a grandes altitudes, independentemente do que acontece a eles. Para os que tencionam destruir as lendas e depreciar a realização, ele tem uma resposta modesta mas perfeitamente precisa. Ficaria igualmente bem como seu epitáfio e como uma filosofia de vida a ser seguida por todos nós: "É preciso amadurecer o bastante para perceber que a vida não é justa. Você tem que fazer o melhor que pode na situação em que se encontra".[19]

# Notas

As citações sem fontes provêm de entrevistas com o autor.

## 1. O dia em que Galileu morreu

1. S. W. Hawking, *A Short History* (folheto editado pelo autor).
2. Michael Church, "Games with the cosmos". *Independent* (6 de junho de 1988).
3. Hawking, *A Short History*.
4. Church, "Games with the cosmos".
5. *Albanian*, maio de 1958.

## 3. Ascensão

1. Hawking, *A Short History*.
2. *Ibid.*

## 4. Doutores e doutorados

1. Hawking, *A Short History*.
2. Tony Osman, "A master of the Universe". *Sunday Times Magazine* (19 de junho de 1988).
3. S. W. Hawking, *My Experience with ALS* (folheto produzido pelo autor).
4. *Ibid.*
5. *Ibid.*
6. *Ibid.*

7. *Ibid.*
8. *Ibid.*
9. Dennis Overbye, "The wizard of space and time". *Omni* (fevereiro de 1979): 45-107.
10. Hawking, *A Short History*.

## 6. Casamento e pós-doutorado

1. Hawking, *A Short History*.
2. *Ibid.*
3. John Boslough, *Beyond the Black Hole: Stephen Hawking's Universe*. Londres: Fontana, 1985.
4. Appleyard, "Master of the Universe".
5. Bob Sipehen, "The sky's no limit in the career of Stephen Hawking". *West Australian* (16 de junho de 1990).
6. *20/20*, transmissão da ABC Television, 1989.
7. Ellen Walton, "A brief history of hard times". *Guardian* (9 de agosto de 1989).
8. Overbye, "The wizard of space and time".
9. Michael Harwood, "The Universe and Dr. Hawking". *New York Times Magazine* (23 de janeiro de 1983).
10. Dennis Overbye, *Lonely Hearts of the Cosmos*. Boston: Little, Brown, 1999.

## 8. Os anos de inovação

1. Jerry Adler, Gerald C. Lubenow e Maggie Malone, "Reading God's mind". *Newsweek* (13 de junho de 1988).
2. Stephen Hawking, *A Brief History of Time*. Londres: Bantam, 1988.
3. Overbye, *Lonely Hearts of the Cosmos*.
4. *Ibid.*
5. Ian Ridpath, "Black hole explorer". *New Scientist* (4 de maio de 1978): 307.
6. Boslough, *Beyond the Black Hole*, p. 25.
7. Overbye, *Lonely Hearts*.

## 9. Quando os buracos negros explodem

1. S. W. Hawking, B. Carter e J. Bardeen, *Communications in Mathematical Physics*, 31 (1973): 161-170.
2. Hawking, *A Brief History of Time*, p. 105.
3. S. W. Hawking, *Scientific American* (janeiro de 1977): 34-40.
4. S. W. Hawking, *Nature*, 248 (1974): 30-31.
5. J. Taylor e P. Davies, *Nature*, 250 (1974): 37-38.

## 10. Os contrafortes da fama

1. Hawking, *My Experience with ALS*.
2. Overbye, *Lonely Hearts*.
3. *Ibid.*
4. Alan Lightman e Roberta Brawer, *Origins: The Lives and Worlds of Modern Cosmologists*. Cambridge, Mass.: Harvard, 1990, p. 406.
5. Harwood, "The Universe and Dr. Hawking".
6. Overbye, *Lonely Hearts*.
7. Appleyard, "Master of the Universe".
8. Ferris, "Mind over matter".
9. Boslough, *Beyond the Black Hole*, p. 25.
10. Ferris, "Mind over matter".
11. Walton, "A brief history of hard times".
12. *Ibid.*
13. *Master of the Universe*.
14. Walton, "A brief history of hard times".
15. *Master of the Universe*.
16. *Ibid.*
17. *Ibid.*
18. *Ibid.*
19. *20/20*, transmissão da ABC Television.
20. Harwood, "The Universe and Dr. Hawking".
21. Hawking, *A Brief History of Time*.
22. Appleyard, "Master of the Universe".
23. Jeremy Hornsby e Ian Ridpath, "Mind over matter". *Sunday Telegraph Magazine* (28 de outubro de 1979).

24. Kitty Ferguson, *Stephen Hawking: A Quest for the Theory of Everything*. Nova York: Bantam, 1992.
25. Hawking, *A Brief History of Time*.
26. D. Page, "Hawking's timely story". *Nature*, 333 (1988): 742-743.
27. Hawking, *A Brief History of Time*.
28. *Ibid.*
29. Appleyard, "Master of the Universe".
30. Overbye, *Lonely Hearts*.
31. *Ibid.*

## 11. De volta ao começo

1. Hawking, *A Brief History of Time*, pp. 140-141.

## 12. Celebridade da ciência

1. *Cambridge Evening News* (31 de janeiro de 1978).
2. Boslough, *Beyond the Black Hole*, p. 28.
3. Harwood, "The Universe and Dr. Hawking".
4. *Ibid.*
5. Overbye, "The wizard of space and time".
6. Shames, "Stephen Hawking: A thinking kind of hero", 1988.
7. *Sunday Telegraph Magazine*.
8. Osman, "A master of the Universe".
9. Colin Wills, "Triumph of mind over matter". *Sunday Mirror* (4 de setembro de 1988).
10. "The sky's no limit in the career of Stephen Hawking". *West Australian* (1989).
11. Ferris, "Mind over matter".
12. Overbye, *Lonely Hearts*.
13. *Ibid.*
14. Shames, "Stephen Hawking: A thinking kind of hero".
15. John Gribbin, *In Search of the Big Bang*. Nova York: Penguin, 1999, pp. 387-388.

## 13. Quando o universo tem bebês

1. E. Fahri e A. Guth, *Physics Letters*, 183B (1987): 149-153.
2. Hawking, *A Brief History of Time*, p. 137.

## 14. Uma breve história do tempo

1. "Book news". *Bookseller*, 21 de outubro de 1988.
2. *Ibid.*
3. Boslough, *Beyond the Black Hole*, p. 26.
4. *Ibid.*, p. 27.
5. Leonore Fleischer, "Talk of the trade". *Publishers Weekly* (15 de janeiro de 1985).
6. Walton, "A brief history of hard times".
7. "Top city scientist taken to hospital". *Cambridge Evening News* (17 de agosto de 1985).
8. Walton, "A brief history of hard times".
9. *Ibid.*
10. Ferguson, *Stephen Hawking: A Quest for the Theory of Everything.*
11. "Book news". *Bookseller* (21 de outubro de 1988).
12. *Ibid.*
13. *Ibid.*
14. *Ibid.*
15. Charles Oulton, "Cosmic writer shames book world". *Sunday Times* (agosto de 1988).
16. *Ibid.*
17. "Book news". *Bookseller.*
18. Denise Housby, *Cambridge Evening News* (30 de agosto de 1988).
19. John Maddox, "The Big Bang book". *Nature*, 335 (1988): 267.
20. Simon Jenkins, "A dance to the music of imaginary time". *Sunday Times* (28 de agosto de 1988).
21. Maddox, "The Big Bang book".
22. "Up and down the city road". *Independent Magazine* (27 de abril de 1991).
23. Seção de cartas. *Independent Magazine* (4 de maio de 1991).
24. *Ibid.*
25. Jenkins, "A dance to the music of imaginary time".

## 15. O fim da física?

1. Stephen Hawking, *Newsweek* (13 de junho de 1988).
2. M. Green, *Scientific American* (setembro de 1986): 44-49.

## 16. Hollywood, fama e fortuna

1. Tim Verney, "Top cash prize for brilliant city academic". *Cambridge Evening News* (21 de janeiro de 1988).
2. Alan Kersey, "Musical tribute to brave professor". *Cambridge Evening News* (junho de 1989).
3. Hawking, A *Brief History of Time*.
4. David Gritten, "A brief movie of time". *Sunday Correspondent* (1990).
5. *Ibid.*
6. James Delingpole, "Limelight". *Evening Standard* (27 de junho de 1990).
7. Nigel Hawkes, "Defying the gravity of physics". *The Times* (27 de outubro de 1990).
8. Pauline Hunt, "Glittering triumph of an inspiring family". *Cambridge Evening News* (19 de julho de 1988).
9. Osman, "A master of the Universe".
10. *Master of the Universe.*
11. *Ibid.*

## 17. Uma breve história da viagem no tempo

1. John Gribbin, *In Search of the Edge of Time*. Nova York: Penguin, 1999.
2. Kip Thorne, *Black Holes and Time Warps*. Nova York: Norton, 1994.
3. Ver também John e Mary Gribbin, *Richard Feynman: A Life in Science*. Londres: Viking, 1997.
4. Stephen Hawking, *The Illustrated Brief History of Time*, Londres: Bantam, 1996. É muito mais do que implica seu título, sendo na verdade um livro completamente novo, muito mais acessível do que o original.
5. Kip Thorne, nota 2, p. 521.

## 18. Stephen Hawking *superstar*

1. Robert Crampton, "Intelligence Test". *The Times Magazine* (8 de abril de 1995).
2. John Turney, *The Guardian* (10 de novembro de 2001).
3. *Evening Standard* (2 de abril de 1993).
4. *The Times* (7 de março de 1994).
5. *Ibid.* (21 de abril de 1994).
6. *Express* (1º de julho de 1994).
7. *Sun* (30 de março de 1993).
8. Nigel Hawkes, *The Times* (3 de julho de 1992).
9. Bryan Appleyard, "Master of a Narrow Universe". *Independent* (13 de outubro de 1993).
10. Reuters, *Toronto Star* (30 de setembro de 2001).
11. Robert Crampton, "Intelligence Test". *The Times Magazine* (8 de abril de 1995).
12. *Radio Times* (fevereiro de 1996).
13. Ben Macintyre, "Hawking Backs Gore as Leader for 21st Century". *The Times* (10 de agosto de 2000).
14. *Guardian* (27 de março de 1997).
15. *Daily Mail* (6 de julho de 1995).
16. *Evening Standard* (16 de setembro de 1995).
17. *Daily Express* (30 de outubro de 1995).
18. *Evening Standard* (16 de setembro de 1995).
19. *20/20*, transmissão da ABC Television.

# Índice

Este livro foi composto na tipologia Goudy Old Style,
em corpo 11/15, e impresso em papel off-set $75g/m^2$,
no Sistema Cameron da Divisão Gráfica
da Distribuidora Record.